SCUBA DIVING 가르치기

다이빙 강사가 알아야 하는 모든 것

SCUBA DIVING
가르치기

발행일	2018년 05월 01일(초판 1쇄)
지은이	Arnold J. Kim
펴낸곳	주식회사 더원플래닛
	(15439)
	경기도 안산시 단원구 원당길 4-2
	TEL : 070-4413-8510
	psdc.kr@psdc.kr
책임편집	원윤숙
마케팅	윤종서
디자인	박초이
가격	29,000원

Copyright © 2018 PSDC KOREA
이 책의 한국어판 저작권은 PSDC USA (SPACE AMAZING Inc.) 와 PSDC KOREA(주식회사 더원플래닛)
와의 독점 계약으로 한국어판의 판권은 '주식회사 더원플래닛' 이 소유합니다. 저작권법에 의거하여
한국 내에서 보호를 받는 저작물이므로 무단 전재와 무단복제를 금합니다.

「 이 도서의 국립중앙도서관 출판예정도서목록(CIP)은 서지정보유통지원시스템
홈페이지(http://seoji.nl.go.kr)와 국가자료공동목록시스템(http://www.nl.go.kr/kolisnet)
에서 이용하실 수 있습니다.(CIP제어번호: CIP2018005514) 」

다이빙 강사에게 필요한 모든 것

SCUBA DIVING
가르치기

Arnold J. Kim 지음

Towards World Peace

Diver is Pioneer

and

Visitor of Frontier

| 프롤로그 |

제 1 장	**다이빙 강사**	21
제 2 장	**다이빙 산업**	45
제 3 장	**다이빙 강습**	61
제 4 장	**다이빙 이론**	81
제 5 장	**다이빙 과학**	145
제 6 장	**다이빙 실습**	207
제 7 장	**라이선스 발급**	251
제 8 장	**다이빙 투어**	263
제 9 장	**PRO 다이빙 강사**	301

참고문헌

| PSDC 다이빙 강사 준칙사항 |

첫째. 본인의 안전
- 본인의 신체 상태를 최고의 상태로 유지한다.
- 안전한 다이빙을 계획하고 진행한다.
- 항상 사고발생 가능성에 대비한다.
- 통제가 가능한 사람들과 다이빙을 한다.

둘째. 교육생의 안전
- 반드시 안전이 확보된 상태에서 교육을 진행한다.
- 교육생의 수준을 과대평가하지 않는다.
- 통제가 불가능한 교육생은 즉시 퇴출한다.
- 불법적인 활동을 허용하지 않는다(채집, 사냥 등).

셋째. 다이버의 안전
- 음주 후 다이빙은 절대 허용하지 않는다.
- 매 순간 안전사고에 주의한다.
- 위험한 행동을 하는 다이버의 근처에는 가지 않는다.
- 다른 팀의 다이버를 통제하지 않는다.

| 프롤로그 |

좋은 것은 같이하고 싶다

　어린 시절 다큐멘터리를 보면서 언젠가는 바닷속을 탐험하겠다는 꿈을 꾸어왔다. 물고기도 잡고 싶고, 산호도 보고 싶었다. 그런 꿈이 이루어진 것은 20대 초반이었다. 우연한 기회에 플로리다 해양탐사 팀에 스텝으로 참여를 하게 되었고, 육상에서 또는 보트위에서 장비나 시료를 정리하고 도와주는 일을 하였다. 하지만 물속으로 들어가 해양생물을 조사하고 실험을 수행하는 일은 연구팀의 박사들과 현장 가이드들의 몫이었고, 나는 물속을 경험할 기회조차 가질 수 없었다. 가끔 남는 시간에 수면위에서 물속을 바라보며 스킨 다이빙으로 2~3m 정도를 들어가서 30초 남짓의 시간을 가지는 것이 나에게 허락된 바다 속 탐험이었다. 그렇게 바다 속을 동경하며 지내던 중 다이빙 강사자격을 가지고 있던 연구팀 소속 박사가 다이빙 교육을 하겠다는 공지를 하였고, 나는 제일 먼저 신청서를 작성해서 제출을 했다.

　며칠이 지나 그렇게 기다리던 다이빙 교육시간이 되었고, 나는 빨리 바다 속으로 들어가려는 마음에 수영복을 입고 교육장소로 갔다. 그런데 아무도 수영복을 입고 온 사람은 없었고, 모든 사람이 전부 편한 복장으로 자리에 앉아 있었다. 나는 같이 강습을 받는 동료에게 물어보았고, 오전에는 이론교육이고 실습은 오후에 하기 때문에 '미리부터 수영복을 입고 있을 필요 없다'는 답변을 들었다. 그때 강사님이 들어왔고 재미있지만 다소 지루한 강의가 시작되었다. 본인의 경험부터 다이빙 절차, 위험성 등 매우 많은 내용이 4시간에 걸쳐서 진행되었는데, 지금까지도 분명히 기억나는 것은 '패닉'이라는 한 단어이다. 즉, 물속에서 패닉이 오면 사고로 이어질 가능성이 높고, 같이 다이빙을 하는 팀원까지 위험에 빠뜨릴 수 있다는 무서운 경고를 계속해서 들어야 했다.

처음 장비를 착용하고 입수를 하는데 알 수 없는 두려움과 기대가 머릿속 가득하게 차올라, 내가 뭘 하고 있는지 조차 기억할 수 없는 시간이 지났다. 3m정도의 얕은 바다에서 진행된 해양실습이지만 얼마나 깊이 잠수를 했는지, 얼마나 오랜 시간을 물속에 있었는지 인지조차 못하고 바다에서 나왔다. 돌이켜 생각을 해보면 입수와 출수 시점이 기억이 나고 물속에서의 기억은 전혀 생각나지 않았는데 그것이 패닉상태의 초기증상이었던 것 같다.

이후 오랜 시간 다이빙 경험을 하면서 바닷속 생명체가 하나둘 보이기 시작하고, 다이빙의 즐거움을 만끽하는 시절을 보냈다. 그리고 주변의 지인들에게 다이빙을 통해 경험 할 수 있는 놀라운 세상에 대한 이야기를 유독 많이 하게 되었고, 많은 사람들을 다이버의 세계로 초대하였다. 이렇게 놀라운 바닷속 경험을 편안하게 즐기려면 숙련된 다이빙 기술을 익혀야 하는데, 초급다이버가 숙련된 기술을 획득하기까지에는 매우 오랜 시간과 비용이 소요된다. 그래서 그 기간을 버티지 못해 중도에 포기하는 다이버가 너무 많다는 것을 경험으로 알게 되었다.

다이빙의 특성상 자격을 가지고 있는 다이빙 강사만이 입문자를 교육할 수 있어, 내가 아무리 다이빙 경력이 뛰어나다고 하여도 지인을 직접 교육하지 못하는 아쉬움이 있었다. 그것은 매우 당연한 것이지만 다이빙 강사자격을 가지고 있지 못했던 필자의 입장에서는 '만약 내가 교육을 하면, 저 강사보다 더 잘 가르칠 텐데'라는 생각이 머릿속을 떠나지 않았다. 많은 다이버가 중도에 다이빙을 포기하는 모습을 보면서 내가 직접 강사자격을 획득하고 다이빙을 교육하겠다는 생각을 가지게 되었다.

다이빙 강사 코스에 등록을 하고 한 단계, 한 단계씩 교육을 받으면서 다이버로 즐기던 바다와 다이빙 강사로 경험하는 바다는 매우 다르다는 것을 확실히 알게 되었다. 레저 다이버 때는 본인의 안전만 책임지고 본인이 즐기고 싶은 상황을 여유롭게 즐기면 되지만, 다이빙 강사가 되면 같이 동반한 다이버의 안전까지 책임져야 하는 막중한 임무를 가지고 있다는 것을 명심해야 한다. 이는 나에게 바다를 대하는 자세가 더욱 진지하게 변하는 결과를 가져왔다.

다이빙 강사가 되면 다이빙을 즐기거나, 다이빙 교육을 하면서 새롭게 경험하는 모든 것들이 매번 도전과 성취라는 상황을 반복시킨다. 패닉상황에 빠져있는 다이버를 진정시키고 위험에서 탈출하는 경험은 그리 유쾌한 것은 아니지만 가끔 경험하게 되는 특별하지 않은 상황이 되기도 한다. 즉, 상급다이버에게는 전혀 위험한 상황이 아니지만, 초급다이버가 체감하는 위험도와 공포는 초급다이버를 패닉상황에 빠지게 만드는 요인이 될 수 있다. 그래서 사전에 철저한 이론교육과 긴급 상황에 대처하는 능력을 충분히 교육하여 위험한 상황을 만들지 않는 것이 매우 중요하다.

　다이빙은 실력이 한 번에 발전하지 않는다. 많은 경험이 누적되고 다양한 환경에 적응을 하면서 조금씩 다이빙 실력이 늘어간다. 그 과정은 어떻게 보면 지루하고, 어떻게 보면 매우 행복한 시간이 된다. 다이빙 라이선스가 오픈워터, 어드밴스, 마스터 다이버라는 등급으로 나눠져 있고, 다이빙 포인트 또한 초급다이버를 제한하는 장소가 많이 존재한다. 이는 다이버의 안전을 위해 분명히 필요한 것이고 반드시 따라야 하는 필수조건이 된다. 즉, 오픈워터 다이버가 실력을 과신한 나머지, 등급이상의 다이빙 포인트에 입수를 하면서 같이 다이빙을 즐기는 팀원들까지 위험에 노출시키는 당황스러운 상황을 연출하기도 한다. 그래서 다이버의 실력을 감안하여 적절하게 다이빙 포인트에 등급을 설정하고 운영을 하는 것이다. 하지만 만약 본인의 실력이 부족해서 입수를 못하는 상황을 경험한다면 그것은 그리 유쾌할 수 없고, 빨리 상급 라이선스를 획득하려는 욕구가 생기게 된다. 이때 다이빙 강사의 적절한 교육이 제공된다면 초급다이버가 상급다이버로 원만히 발전 할 수 있다.

　다이빙 강사는 일반인을 다이버로 입문시키고 상급다이버까지 성장하는 과정을 지도하는 책임을 가지고 있다. 또한, 이 모든 과정에서 가장 중요한 것은 다이버의 안전을 책임지는 막중한 임무를 가지고 있다는 것이다. 처음에는 지인을 가르쳐 다이빙 세계에 초대 하겠다는 생각으로 다이빙 강사의 자격을 획득하려 하였지만, 다이빙 강사가 되고 다이빙 교육과정을 진행하면서는 가장 중요한 '안전한 다이빙을 할 수 있는 다이버를 양성한다'는 목표가 더욱 확실하게 대두된다. 다이빙 강사는 다이버의 안전에 대한 분명한 책임감을 가져야 한다.

'안전한 다이빙은 우리 모두의 의무다'

01 다이빙 강사

이 책을 읽고 있는 당신은 아마도 다이빙 강사 교육과정에 있거나, 다이빙 강사를 꿈꾸는 사람일 것이다. 다이빙 강사자격을 하루라도 빨리 획득하고 누군가를 지도하는 꿈을 가지고 있을 것이다. 그래서 이 글을 읽고 있고, 이 책을 통해 다이빙에 관련된 많은 정보를 얻으려고 할 것이다. 만약 당신이 지금 다이빙 강사교육을 받고 있다면, 이 책을 완독하고 그 내용을 충분히 숙지하는 것과는 관계없이 당신은 다이빙 강사의 자격을 획득 할 것이다. 즉, 다이빙 강사 교육과정이 쉽다고 말하기는 어려워도, 열심히 훈련을 하는 시간을 충분히 가진다면 물속의 경험이 축적되면서 자연스럽게 실력도 발전해 다이빙 강사 교육과정을 원활히 마칠 수 있을 것이다. 강사 교육과정은 강사 후보생의 기초실력과 교육훈련 시간에 따라, 어떤 사람은 두 달이 될 수 있고 어떤 사람은 6개월이 될 수 있다. 그렇게 짧지 않은 시간을 다이빙 강사라는 자격획득을 위하여 노력한다면, 충분한 실력이 축적되고 본인이 가진 능력을 심사관들에게 보여준다면 당신은 다이빙 강사 자격을 획득하게 될 것이다.

다이빙 강사가 되기 위한 교육기간동안에 많은 실습을 하였고, 이론 교육을 받았지만 과정이 끝나고 강사 자격을 획득하면 많은 부분 기억이 나지 않는다. 이는 코스과정에서 몰입하여 충분한 훈련과 학습을 하였지만 경험이 동반되지 못한 이론교육은 기억 속에 자리 잡기 어렵기 때문이다. 그러나 교육기간이 종료되고 본인이 직접 교육생을 받아서 교육과정을 진행하면서 지속적으로 다이빙 이론에 대한 보충학습이 필요하다는 것을 체득하게 되고, 교육생을 가르치기 위해서 다시 공부하는 본인의 모습을 보게 될 것이다. 그때 당신은 이 책을 다시 한 번 열어보게 될 것이다. 교육을 진행하며 발생하는 문제를 해결하는 방법부터 교육생을 통제하는 방법 등 교육에 필요한 모든 것들을 이 책에 담으려고 노력을 했고, 이를 바탕으로 당신은 다양한 방식의 실무 적용과 응용으로 많은 교육생들을 우수하게 배출 할 수 있을 것이다. 이 책은 한 번 읽고 책장에 넣어두는 것이 아니라, 교육과정에서 발생하는 모든 문제에 대한 해결책을 찾을 수 있는 해법을 제안하는 동반자가 될 것이다.

다이빙 강사는 어떤 사람인가?

선생(先生)의 사전적 의미는 '학생을 가르치는 사람을 두루 이르는 말'이다. 반면에 강사(講師)는 '강습회 따위에서 강의하는 사람'을 뜻한다. 즉, 선생은 학생을 지도하며 발전해 가는 과정을 지속적으로 관찰하고 방향을 제시하는 사람으로서 학생의 성장과정에 지대한 영향을 주는 사람이다. 그런데 강사는 '특정한 장소에서 특정한 목적을 가진 강습회와 같은 곳에서 강의를 하는 사람'으로 강습회를 벗어나면 특별히 수강생과 관계를 가지지 않는 매우 사무적인 관계의 제한적인 선생을 뜻한다.

다이빙 강사는 분명히 다이빙이라는 행위를 안전하게 즐길 수 있도록 교육생을 지도하는 역할을 한다. 그런데 이 과정은 결코 단순한 강습회 정도로 폄하할 수 없다. 다이빙의 특성상 사고의 위험성이 항상 존재하고 있고, 다이빙 사고는 인명사고로 이어질 수 있는 매우 위험하다고 할 수 있는 스포츠이기 때문에 강습회 등에서 잠시 만나고 헤어지는 강사와는 절대로 같지 않다. 즉, 강사라고 불려진다고 하지만 선생님에 더 가까운 존재가 된다. 이는 다이빙 강사가 되어 교육생을 대할 때 일정한 비용을 받고 다이빙 기술을 전달하는 단순한 역할이 아닌, 교육과정 및 교육생의 다이빙 적응 과정까지 모든 과정을 책임지는 교육생의 다이빙 선생님이라는 마음가짐이 되어야 한다.

　다이빙 교육을 진행하다 보면 매우 다양한 사람을 만나게 된다. 이 과정에서 흔히 이야기 하는 진상고객을 만날 수 있고, 진심으로 강사를 신뢰하고 선생님으로 대우를 하는 교육생을 만날 수 있다. 이때 가장 주의해야 할 부분은 신뢰관계이다. 다이빙 강사는 다이빙 교육과정에서 교육생에게 교육비와 실습비를 받고, 때로는 장비를 판매하면서 이익을 남기기도 한다. 이는 매우 당연한 것이고 상거래의 기본이 되는 정당한 거래가 된다. 하지만 이 과정이 불투명하고 불완전 하다면 교육생은 남들보다 비싼 비용을 지불했다는 생각을 떨칠 수 없고, 다이빙 강사는 교육생으로부터 신뢰를 잃어 다이빙 교육과정이 원활히 진행 될 수 없다. 물론 흔히 말하는 진상고객으로부터 말도 안 되는 트집을 잡히는 경우도 종종 있지만 이 경우는 그 진상고객에게 환불을 해주고 교육과정에서 퇴출을 시키면 해결할 수 있다. 그러나 평범한 교육생을 불신이 가득 찬 교육생으로 변화시키는 것은 분명히 강사에게 전적인 잘못이 있다. 다이빙 강사는 교육생에게 자원봉사를 하는 것이 아니고 정당한 대가를 받고 그에 적합한 교육서비스를 제공하는 것이다. 즉, 다이빙 교육과정에서 발생하는 비용을 사전에 정확히 공지를 하고 그 비용에 대한 납부의사가 충분히 있는 교육생을 다이빙 교육과정에 등록시켜야 한다.

　길을 가다보면 종종 '다이빙 교육비 무료'라고 써서 붙인 현수막을 만날 수 있다. 절대 다이빙 교육과정이 무료가 될 수 없는데 그런 현수막을 붙이는 것은, 교육비는 무료이지만 비싼 가격의 다이빙 장비를 구입해야 되는 조건 등을 숨기고 있다. 이는 다이빙 교육을 전업으로 하는 다이빙 강사가 먹고살기 위해서 불합리하지만 어쩔 수 없이 선택하는 마케팅 기법이라고 강변하고 있다. 하지만 이는 교육생을 잘못된 정보로 현혹하여 모집하는 행위로 다이빙 강사에 대한 이미지를 실추시키고, 나아가서는 다이빙 산업 전반을 위협하는 사기행위이다. 모든 다이버가 오픈워터 라이선스를 최초에 다이빙을 배울 때 딱 한 번만 취득하기 때문에 정확히 얼마의 비용을 필요로 하는지 알기 어렵다. 또한 라이선스를 받는다고 하여도 혼자 다이빙  을 가기 위해 많은 시간이 더 필요하고, 이때도 바다 실습비 같은 명목으로 별도의 비용이 필요하기 때문에 다이빙을 배우는 과정을 통틀어 얼마의 비용을 사용했는지 기억하기 어렵다. 즉, 정확히 공개된 시장가격이 없고 교육과 서비스의 수준에 따라 천차만별의 가격이 형성될 수 있기 때문에 교육생들은 혼란스러울 것이다. 그래서 다이빙 강사는 교육생에게 다이빙 교육과정에 소요되는 전체적인 비용을 정확히 안내하고 그 가격을 납득할 수 있는 교육생을 선발하는 것이 좋다. 다이빙 교육비를 무료라고 생각하고 수강을 하는 교육생은 반드시 한 가지 이상의 문제를 발생시킨다는 점을 잊어서는 안 된다.

다이빙 강사는 단순한 기술을 전달하는 강사가 아니다. 교육생의 안전한 다이빙을 위한 모든 과정을 책임지는 선생님이다. 이 과정에서 교육생이 물속에서 강사를 전적으로 믿고 따르게 만들어야 안전한 교육과정을 진행할 수 있고, 이는 교육생과 다이빙 강사 사이에 충분한 신뢰가 있어야 가능하다. 다이빙 강사는 정확한 교육과 실습을 통하여 교육생에게 확신 있는 모습을 보여줘야 하며 '우리 강사는 항상 교육생의 안전을 책임지고 있다'는 생각을 교육생이 가질 수 있도록 노력해야한다. 이 모든 과정에 필요한 신뢰관계를 사소한 돈

26

몇 푼과 바꿔 그르치면 안 된다.

다이빙 강사가 되기 위한 조건

다이빙 강사가 되기 위해서는 사전조건을 모두 만족하고 있어야 다이빙 강사 교육과정에 등록 할 수 있다. 그 요건은 기초체력, 라이선스, 레스큐 자격증 등 3가지의 선행요건을 만족하고 있어야 한다. 그것은 다이빙 강사가 되고 교육생을 받아서 교육을 진행하는 과정에서 발생할 수 있는 위험을 사전에 차단하기 위한 조치로 다이빙 강사가 되기 위해 필요한 자격요건은 반드시 갖춰야 한다.

기초 체력

다이빙 강사는 우선 본인의 안전을 책임질 수 있어야 하고, 교육생의 안전을 지켜야 한다. 이를 위해서는 기본적인 체력을 가지고 있어야 하고 물에서 필요로 하는 수영기술을 충분히 연마하여야 한다. 그 구체적인 조건을 보면 아래와 같다.

100m 수영 3분 이내(수영법 제한 없음)

다이빙 강사에게 수영능력은 필수요건이다. 그러나 모든 다이빙 강사 후보생들에게 완벽한 수영능력을 요구 한다는 것은 다이빙 강사 자격취득 과정에 도전하는데 제약조건이 된다. 그래서 최소한의 생존 능력인 100m 수영을 선행능력으로 요구한다. 즉, 100m 이상의 수영능력을 가지고 있다면 다이빙 강사 교육과정에서 충분한 연습을 통하여 교육생을 지도할 수 있는 능력으로 거듭날 수 있기 때문이다.

50m 머리들고 수영이동(시간 제한 없음)

다이빙 상황에서 필요한 수영능력은 완벽한 영법이 아니다. 물밖으로 고개를 내밀고 주변을 살피면서 수영할 수 있는 능력을 가지고 있어야한다. 이를 위해서는 평형의 응용동작 또는 자유형의 응용동작으로 머리들고 수영이동이 가능하다. 100m 이상의 수영능력을 가지고 있는 사람이라면 50m의 머리들고 수영이동은 쉽게 할 수 있다.

25m 잠영(시간 제한 없음)

다이빙 상황에서 잠영은 필수요건이다. 스킨다이빙 상황에서 필요할 수 있고, 긴급 탈출 같은 위급한 상황에서 필요한 경우도 있다. 이런 상황을 대비하기 위해 25m정도의 거리를 잠영으로 이동하는 능력을 가지고 있어야 한다. 즉, 본인의 잠영실력에 대한 자신감이 있다면 위험한 상황이

닥쳐도 무리 없이 해결할 수 있는 능력을 가진 것과 같기 때문이다.

수면대기 5분 이상(두 손은 수면위에 있어야 함)

수면위에서 편안한 자세로 오랜 시간 떠있을 수 있는 능력은 생존능력이다. 이런 기술을 확보하기 위해서는 조금은 어려운 동작을 연습하면 자연스럽게 생존능력이 발전한다. 몸을 세운 상태의 수면대기 방법은 다리를 가위돌리기 방식으로 움직이면 가능하다. 두 팔은 균형을 잡는데 사용하면 더욱 편하게 수면위에서 떠 있을 수 있다. 이때 두 팔을 사용하지 않고 수면위로 올리면 두 다리만 사용해서 수면에 떠 있는 동작이 되는데, 이는 다리만을 사용하여 몸을 조절하는 요령을 터득할 수 있어 다이빙 상황에서 유용하게 응용할 수 있다.

라이선스 등급

다이빙 강사는 기본적으로 다이빙 경험이 풍부하여야 한다. 그 경험을 증명하는 방법은 다이빙 로그와 다이빙 라이선스 자격이다. 대부분의 다이빙 교육단체에서 '마스터 다이버' 등급을 획득하기 위해서는 100회 이상의 다이빙 로그를 요구한다. 다이빙 로그가 부족한 경우 마스터 다이버 교육과정에서 추가로 다이빙 실습을 실시하여 100회 이상의 다이빙 경험을 보유할 수 있도록 교육을 진행한다. 즉, 100회 이상의 다이빙 경험이 필수요건이고 이는 100회 이상의 다이빙 경험으로 다이버가 가지게 되는 특별한 능력이 필요하기 때문이다.

다이빙을 100회 이상 경험하게 되면 다이버는 다이빙 상황에서 더 이상 조급해 하거나 사소한 실수를 하지 않는다. 그리고 다른 다이버를 살펴볼 수 있고 만약

Open Water Diver
다이빙이론 Test 70점 이상
4회 이상의 인증된 로그

Advanced Diver
다이빙이론 Test 80점 이상
25회 이상의 인증된 로그
2종류 이상의 스페셜티

Master Diver
50회 이상의 인증된 로그
6종류 이상의 스페셜티

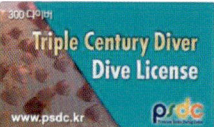
Triple Century Diver
300회 이상의 인증된 로그

Double Century Diver
200회 이상의 인증된 로그

Century Diver
100회 이상의 인증된 로그

Class 500S Diver
500회 이상의 인증된 로그

Thousands Diver
1,000회 이상의 인증된 로그

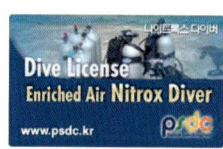
Nitrox Diver
이론교육 이수 및
4회 이상의 Nitrox실습

Stress & Rescue Diver
Advanced Diver 이상등급
긴급조치 교육이수

초보 다이버가 도움이 필요하면 손쉽게 도울 수 있다. 이는 다이빙 상황에서 다이빙 강사의 기본 역할을 어렵지 않게 수행할 수 있다는 것을 의미하고 이미 100회의 다이빙 경험에서 종종 그런 상황을 겪는 경우가 대부분이다. 그래서 100회 이상의 다이빙 경험은 다이빙 강사가 되기 위한 선행요건이 된다.

www.psdc.kr

레스큐 자격

다이빙 강사가 되고 실제 교육과정에 들어가면 긴박한 상황이 발생할 가능성이 항상 존재한다. 이런 상황에 맞닥뜨리면 레스큐 자격이 없는 사람들은 어쩔 줄 모르고 초기 대응을 못해 더욱 심각한 상황으로 발전할 수 있다. 또한 레스큐 자격이 없는 사람이 잘못된 초기 대응을 실시하다가 더욱 더 심각한 위험을 초래 할 수 있다.

다이빙 상황에서 발생할 수 있는 위험은 물속에서 보다 물 밖에서 더욱 많다. 물속에서 위험한 상황이 발생하면 초기 조치를 하고 반드시 물 밖으로 나와서 후속 조치를 하여야 한다. 이때 초기 대응은 매우 중요한데 그 절차에 대한 교육은 별도의 교육기관에서 수행하여야 한다. 우리나라의 경우 국가기술자격으로 '응급구조사' 라는 자격을 검정하고 있으며, '수상인명구조사' 라는 자격으로 민간단체에서 교육하는 민간자격이 있다. 이러한 자격들은 12~16주 정도의 교육과정을 거쳐야 하고 평가를 거쳐야 자격을 획득할 수 있으니 다이빙 강사과정에 등록하기 전 미리 준비를 하여야 한다.

다이빙 강사가 되어서 좋은 점

다이버가 되면 바다 속을 여행하면서 경험하는 경이로운 풍광을 주변의 지인들에게 자랑하곤 한다. 그리고 그들에게 나와 같이 행복한 경험을 하자고 추천하게 된다. 그것은 너무나 아름답고, 매우 즐거운 경험을 같이 나누고자 하는 자연스런 모습이다. 그들은 당신의 추천을 받고 다이빙을 같이하려는 마음의 준비를 하였지만, 그 시작 단계인 다이빙 교육을 시작하려면 그때부터 고민이 시작된다. 물론, 당신이 직접 다이빙 교육을 할 수 없어도 교육과정에 참관을 하면서 사소한 도움을 줄 수 있기 때문에 같이 하고 싶은 마음이 있다. 그러나 이미 오래전 오픈워터 강습을 받은 당신은 당신을 교육한 강사와 연락이 닿지 않고 일면식도 없는 강사에게 무작정 지인을 보내기도 부담스럽다. 그래서 알음알음으로 개인적으로 알지 못하는 강사에게 지인의 교육을 부탁하고 교육과정을 참관하며 도움을 주게 된다. 그 과정에서 뭔가 부족한 아쉬움을 경험하게 되고 당신이 직접 지인을 교육하고 싶다는 욕망이 발생한다. 그래서 다이빙 강사 교육과정에 참가를 하게 되고 다이빙 강사 자격을 얻으려 하는 것이다.

　다이빙 강사가 되어서 좋은 점은 크게 두 가지를 이야기 할 수 있다. 첫 번째는 다이빙 강사가 되면 당신은 누구나 교육을 할 수 있다. 당신의 지인을 교육할 수 있고, 당신의 가족을 교육할 수 있다. 다이빙 교육과정은 단순한 기술교육이 아니다. 다이빙은 특성상 죽음까지 이를 수 있는 위험성이 있는 레저스포츠이다. 즉, 정해진 절차와 과정을 따르지 않으면 매우 심각한 상황을 만날 수 있어 오픈워터의 교육과정에서 철저한 교육을 통해 다이버의 안전을 확보해야 한다. 그래서 다이빙 교육을 마치고 나면 초급다이버가 갖는 성취감은 어떤 레저스포츠의 교육과정보다 크다고 할 수 있다. 이런 기쁨을 교육생에게 직접적으로 제공하는 사람이 바로 다이빙 강사이다. 당신이 교육한 교육생이 오픈워터 자격을 획득하고, 새로운 다이버로 즐거운 여행을 떠나는 것을 바라보는 것만으로도 당신은 행복감을 느낄 수 있다.

두 번째는 경제적 이익을 가질 수 있다는 점이다. 다이빙 교육과정은 무료가 될 수 없으며 교육서비스에 대한 정당한 대가를 교육생에게 청구 할 수 있다. 이것이 다이빙 강사가 가지는 경제적 이익의 주된 부분이다. 교육비의 수익은 당신이 프리랜서 강사로 교육생을 직접 교육하며 받을 수 있고, 다이빙 리조트의 소속강사로 취업을 하여 급료를 받을 수 있다. 이런 부분은 모두 당신이 제공하는 다이빙 교육 서비스가 근간이 되므로 항상 교육생에게 최선의 노력을 다해 교육을 진행해야 한다.

다이빙 강사가 되는 비용

다이빙 강사가 되는 비용은 다이빙 교육단체마다 차이가 많다. 어떤 강사는 500만원을 사용하였다 하고, 어떤 강사는 700만원을 지불했다고 한다. 그것은 다이빙 강사가 되기 위한 과정에서 사용한 다이빙 투어비용, 장비 대여비 또는 구입비 등을 모두 합쳐서 계산을 했기 때문에 나오는 비용의 차이에서 발생하는 차액이다. 대부분의 다이빙 교육단체에서 200만원(2018년 3월 기준) 정도의 교육비를

표준교육비로 정하고 있으며 교육과정에 함께하는 강사 후보생의 인원에 따라 약간의 차이가 있는 것으로 확인되고 있다.

PSDC에서는 5개의 강사교육과정을 개설하고 있으며 온라인 이론교육과 8회의 실습교육을 수강하고 소정의 시험을 통과하면 강사가 될 수 있다. 이론 교육은 온라인으로 제공되기 때문에 8회의 실습기간동안 충분히 숙지할 수 있다. 또한 실습교육은 다이빙 교육이 이루어지는 거주지 근처 다이빙 수영장에서 할 수 있으며 동해안, 제주도, 오키나와, 사이판, 필리핀 등의 지역에서 진행 할 수 있다. 자세한 사항은 www.psdc.kr에서 확인할 수 있다.

많은 비용과 시간을 사용해서 다이빙 강사가 되었다면 당장이라도 교육생을 받아서 다이빙 교육을 실시하고 라이선스 발급을 하고 싶을 것이다. 그렇게

교육생을 받아 다이빙 교육을 하고 바다 실습 등 라이선스 발급에 필요한 내용을 전부 끝내도 라이선스 발급의 실무 절차를 다이빙 교육단체와 진행하여야 한다. 이 과정이 어떤 단체는 2주에서 한 달이 소요되는 경우도 있고, 발급에 필요한 비용 또한 과다하여 교육생에게 적지 않은 부담을 주는 경우도 있다. 또한 다이빙 강사의 입장에서는 라이선스를 발급하기 위해서는 매년 USD 200 이상을 연회비로 다이빙 교육단체에 납부해야 교육생에게 정상적으로 라이선스를 발급할 수 있으니 이 또한 금전적인 부담이 된다. 만약 일 년에 두세 명 정도의 지인을 교육하는 프리랜서 강사라면 라이선스 발급비 뿐만 아니라 본인의 등급을 유지하기 위한 연회비까지 교육단체에 납부를 해야 된다는 것은 불합리하다고 느낄 수 있다. 그런데 이뿐만 아니라 본인이 획득한 다이빙 강사의 등급이 '오픈워터 다이빙 강사'라는 점을 알게 되고, 어드밴스 또는 마스터 등급의 라이선스를 발급하기 위해서는 일정량의 오픈워터 라이선스를 발급한 경력이 필요하고 별도

의 추가비용을 내야 '마스터 다이빙 강사'가 될 수 있다는 점을 알게 되면 끝도 없는 지출에 혀를 내두를 수 있다. 물론 다이빙 교육단체가 '다이빙 교육과정을 개발, 라이선스 발급, 다이빙 강사 교육 등'을 하기 위해서는 안정적인 수익이 있어야 가능한데 다이빙 교육단체의 수익은 대부분 소속 강사들의 활동에 연관되기 때문에 수없이 많은 라이선스 등급과 교육과정 등을 개설하여 다이빙 강사와 다이버

에게 판매하고 있는 것이다.

　PSDC에서는 여타 교육단체와는 다르게 다이빙 강사에게 연회비를 받고 있지 않다. 또한 '오픈워터 다이빙 강사'에서 '마스터 다이빙 강사'로 업그레이드 하는데 별도의 비용을 청구하지 않는다. 단지 오픈워터 교육을 얼마나 했는지 교육실적에 대한 증빙을 요구한다. 즉, PSDC 다이빙 강사는 최초의 다이빙 강사 자격을 획득할 때 납부한 강사 라이선스 발급비를 제외하면 평생 교육단체에 다이빙 강사가 납부하는 비용은 전혀 없다. 물론, 다이빙 강사의 자격을 유지하기 위해서는 다이빙 교육을 지속적으로 실시하여야 하며 이를 다이빙 로그 등록 같은 과정을 통하여 증빙을 하면 된다. 만약, 당신이 다른 단체의 다이빙 강사 자격을 가지고 있지만 연회비를 납부하지 않아 라이선스 발급을 할 수 없다면 PSDC에 다이빙 강사 자격의 크로스오버를 신청하기 바란다. 그러면 심사를 거쳐서 PSDC 강사 자격을 획득할 수 있으며 연회비 같은 추가 비용 없이 라이선스 발급을 할 수 있을 것이다(자세한 문의는 070-4413-8510).

산업다이버

우리나라의 경우 국가기술 자격으로 잠수산업기사(2018년 3월 현재)를 검정하고 있으며 매년 4회의 시험을 실시한다. 시험은 필기와 실기로 나눠져 있으며 필기는 48.7%, 실기는 40.9%의 합격률을 보이고 있다. 잠수산업기사는 국가 및 각종 수중 전문건설업체에서 다리나 부두 및 방파제, 수중교각이나 선박접안 시설, 유조선 터미널, 화력 및 원자력발전소 냉각시설 등의 구조물을 시공하기 위해 물 속에서 해야 하는 용접, 수중준설, 수중암석 파쇄, 수중 터파기, 수중콘크리트 타설 같은 일을 주로 하며, 수중에 생활용수관이나, 송유관, 하수처리관, 통신케이블 부설공사, 인공어초 투하공사, 선박수리 및 보수 등의 일도 한다. 방송프로덕션이나 해양개발연구소의 수중작업 부서에서 해저 사진촬영, 수중조사연구 및 해안 조사업무, 소방서, 해경특수기동대에서 해난구조업무, 수산물 채취업, 스포츠 잠수업 및 훈련강사 등으로 진출 할 수 있다. 상당수의 잠수사는 해군이나 육군 공수특전단, 해병 특수수색대에서 잠수기술을 배운 후 업체에 취업하고, 자격증을 취득하는 경우가 많다. 업체에서는 수중공사업 면허를 취득하기 위해 토목기술자 또는 관련 종목의 기능사가 2인 이상 근무하여야 하므로, 자격증을 취득하는 것은 취업에 유리하다. 그러나 이 자격증만으로 수중작업을 할 수 있는 것은 아니므로 비파괴검사, 용접, 발파, 촬영 등 추가 자격증을 취득해 두는 것이 좋다. 산업다이버의 대부분은 수중공사에 종사하고 있으므로 건설경기에 영향을 많이 받는다. 조직적이고 체계적인 일정 규모 이상 업체

ⒸHalcyon

의 경우에도, 대부분 기능직을 상시 보유하지 않고 어떤 공사 계획이 확정된 후 사정에 따라 연고자 소개 등의 사적 경로를 통하여 기능 인력을 선발하여 운영하고 있다. 단기적으로 산업다이버의 고용수준은 현 상태를 유지할 것으로 보이며, 장기적으로도 고용상황은 밝지 않은 것으로 보인다. 점차 해안도시를 중심으로 관광산업이나 항구개발 등의 해양자원 개발에 관심을 갖고 투자를 늘리려는 경향을 보이고 있지만, 그 규모가 전체 수중공사에서 차지하는 비중이 낮고, 또 해안 매립공사 등의 자연생태계를 파괴한다는 이유로 공사허가를 얻기가 어려운 것과 같이 수중공사 중에서도 환경에 유해한 공사는 점차 줄어 이들의 고용규모도 감소할 것으로 보인다(한국산업인력공단, 2018).

ⓒ Halcyon

위에서 언급한 것과 같이 산업잠수기사는 수중공사, 수중탐사 용역, 해난 구조 같은 상업적인 활동 현장에 투입되는 잠수사를 말하며 레저 다이빙을 즐기는 다이버 자격과는 전혀 관계가 없다. 즉, 우리가 일상적으로 이야기하는 다이버 자격은 레저 다이빙 교육 단체에서 발급하는 민간자격을 의미하며 이는 레저 다이빙 강사가 교육을 하는 부분이다. 그래서 레저 다이빙을 교육하기 위해 잠수산업기사 자격을 취득할 이유는 전혀 없다.

레저 다이빙 강사

레저 다이빙은 수심 30m이내의 지역을 여행하며 관찰하는 다이빙을 의미한다. 물론 수심 40m까지 다이빙을 시도하며 '딥다이빙' 스페셜티를 교육하지만 수심 30m이내의 다이빙을 원칙으로 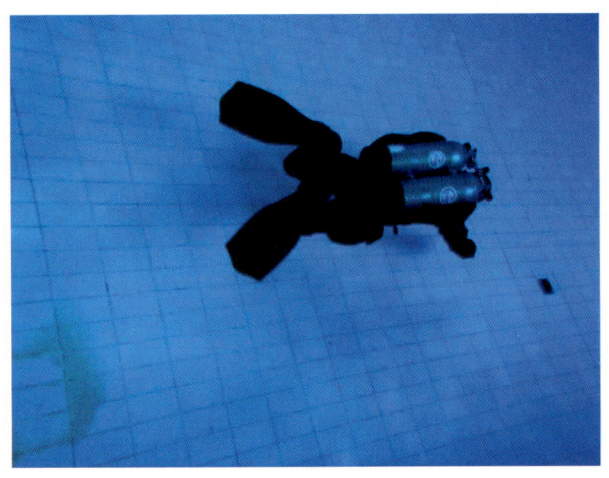 한다. '딥다이빙' 스페셜티를 교육하는 이유는 다이버가 대비하지 못한 사이에 급격하게 가라앉아 30m의 수심을 기록하는 경우 적절한 교육을 받지 못하였다면 큰 사고로 이어질 수 있기 때문에 깊은 수심 환경에 대비할 수 있는 교육을 실시하는 것이다. 즉, 레저 다이빙은 다이버의 안전을 최우선으로 하며 안전이 확보된 다이빙을 즐기는 것을 의미한다.

레저 다이빙 강사는 교육생에게 항상 안전을 최우선 요건으로 교육해야 한다. 바다에 도착하였을 때 파도가 높아 위험하다고 판단이 되면 아무리 아쉬워도 다이빙을 포기하여야 하고, 수중에서는 위험한 행동이나 장난을 하는 다이버는 반드시 통제를 하여야 한다. 다이빙은 단 일회의 경험으로 끝나는 것이 아니고 평생을 즐기는 스포츠이기 때문에 반드시 다음번에 더 좋은 기회가 있다는 점을 교육생에게 상기시키며 다이빙을 포기 할 수 있는 용기를 만들어줘야 한다.

레저 다이빙 강사는 산업잠수사가 아니라는 점을 명심해야 한다. 오랜 기간의 다이빙 경험이 축적되면 수중에서 활동하는 것이 매우 편안해지면서 부의를 묶는 작업 같은 행위를 쉽게 할 수 있게 된다. 하지만 수중용접이나 수중굴착 같은 전문적인 작업은 육상에서도 시도해 본적 없는 일이기 때문에 절대로 시도해서는 안 된다. 다이빙 보트가 이동 중에 밧줄에 걸리거나 그물에 걸리는 경우 경험이 많은 다이버가 물속으로 들어가 제거작업을 도와주는 경우도 있는데 이는 분명히 레저 다이버의 영역이 아니기 때문에 매우 위험한 일이 된다. 레저 다이빙 강사는 다이빙 현장에서 다이빙 교육이라는 본연에 업무에 충실하게 노력하는 것이 본인과 교육생의 안전을 확보할 수 있는 일이라는 것을 명심해야 한다.

다이빙 교육은 서비스업

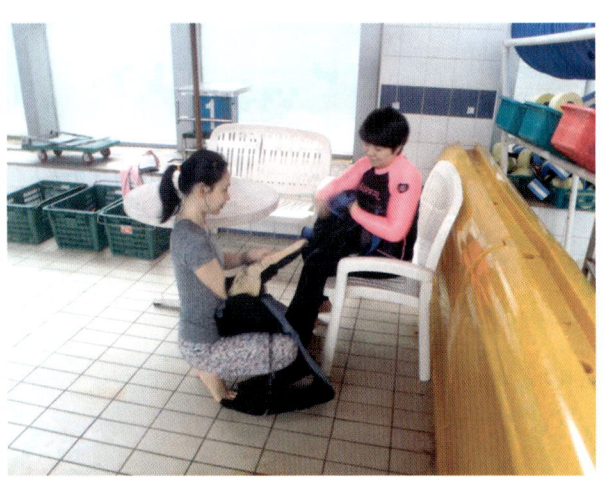

다이빙 강사가 교육생을 받아 교육을 실시할 때 교육생은 '강사님' 이라고 호칭을 한다. 이는 선생님과 같은 의미를 내포하고 있으며 교육생은 다이빙 강사에게 본인을 안전하게 교육해 달라는 희망의 메시지이다. 그런 교육생의 꿈을 이뤄주기 위해 다이빙 교육을 하다보면 매우 다양한 사람을 만날 수 있다. 어떤 이는 다이빙 교육과정에 매우 적극적으로 참여하며 실습 또한 별다른 어려움 없이 수행하는가 하면, 어떤 이는 두려움을 이기지 못하고 매우 더디게 수업을 따라오기도 하고 중도에 포기하는 경우도 있다. 또 다른 사람은 수업에 집중하지 않으며 강사의 통제를 벗어나는 경우도 있다. 이런 다양한 상황은 다이빙 강사에게 스트레스로 부담을 주며 종종 교육생에게 화가 나서 교육생을 퇴출하고 싶은 경우도 있다. 물론 특정 교육생의 위험한 행동으로 다른 교육생 전체를 위험한 상황으로 빠트릴 수 있다면 반드시 그 교육생은 퇴출시켜야 한다. 하지만 대부분의 경우 다이빙 강사가 통제를 할 수 있는 범위 내에 있으며, 노련한 경험을 가진 강사라면 그 상황을 슬기롭게 해결 할 수 있다.

그럼 노련한 강사가 사용하는 슬기로운 방법은 뭘까? 해답은 의외로 간단하다.

다이빙 교육은 서비스업이라는 점을 명심하는 것이다. 즉, 다이빙 강사는 교육생에게 교육서비스를 제공하고 교육생은 그에 합당한 비용을 지불하는 것이다. 반드시 교육생에게 교육 서비스의 범위를 설명하고 이해를 구해야 한다. 만약 교육생의 요구가 그 범위를 넘어서는 것이라면(흔히 말하는 진상고객), 그 교육생은 퇴출시키는 것이 응당하다. 그런데 그런 교육생은 특별히 기술하지 않아도 다이빙 교육의 등록 단계에서 쉽게 파악할 수 있기 때문에 처음부터 교육과정에 들어오지 못하도록 하면 된다. 그리고 다이빙 교육과정에 참여한 교육생에게는 열정과 성의를 다하여 다이빙 교육 서비스를 제공하여야 한다. 이는 당신이 교육생을 받았고 당신은 교육생을 다이버로 탄생시키는 중대한 역할을 수행하고 있기 때문이다. 학창시절 선생님이 포기한 학생은 매우 어려운 시기를 보내게 되고 졸업 후에도 많은 시련을 갖게 되는 경우가 많다. 당신의 교육생으로 다이빙에 입문한 초급 다이버를 베테랑 다이버로 성장시키는 시작이 당신에게 달려있다.

02 다이빙 산업

다이빙 강사가 된다는 것은 다이빙 업계의 일원이 된다는 것을 의미한다. 모든 산업계가 각각의 분야별 특성을 가지고 있고, 업계의 관행과 불문율을 따라야 원활히 적응할 수 있다. 특히, 다이빙 업계는 누구도 정확히 설명해주지 않는 불문율과 특별한 분위기가 있다. 이는 순간의 실수로 목숨까지 잃을 수 있는 위험성이 항상 존재하고 그 위험은 본인과 팀원, 보트에 동승한 다른 팀까지 위험에 빠트릴 수 있는 파급력을 가지고 있다. 그래서 항상 서로를 배려하고 실수를 최소화하려는 노력이 필요한 것이다.

다이빙 산업계는 크게 다이버를 교육하는 부분과 다이빙 관련 서비스를 제공하는 부분으로 나눌 수 있다. 다이빙을 교육하는 부분은 다이빙 기술을 직접 지도하는 다이빙 강사와 다이빙 강사를 양성하는 다이빙 교육단체를 들 수 있다. 두 번째, 다이빙 관련 서비스를 제공하는 부분은 다이빙을 직접 수행할 때 제반한 편의를 제공하는 다이빙 리조트가 있고 다이버의 안전을 책임지는 장비를 개발 판매하는 다이빙 장비회사가 있다. 각각의 주체는 상호 보완적으로 상생을 하는 체계를 유지하고 있다. 이번 장에서는 다이빙 산업계를 구성하고 있는 주체에 대하여 자세히 알아보기로 한다.

다이빙 장비회사

　인간과 바다는 역사적으로 불가분의 관계를 구성하며 공생을 해왔다. 4,000년 전 역사기록에 잠수를 시도하였다는 기록이 있고 자맥질을 통하여 해양생물을 채집했다는 기록은 문명이 발생하고 기록문화가 시작된 시점부터 기술되어 왔다. 현재에도 제주도 등에서는 해녀를 볼 수 있으며 대양에서는 참치 같은 대형어종을 포획하는 선단이 돌아다니고 있다. 또한 인간이 잠수할 수 있는 범위를 넘어선 심해까지 광물자원, 생명체 연구 같은 다양한 목적의 탐사활동이 지속되고 있다. 이런 모든 활동의 기반에는 과학기술의 눈부신 발전이 있다. 인류는 이미 화성까지 탐사로봇을 보내서 지질검사를 하는 수준의 과학기술 발전을 이루었고, 마음만 먹으면 지구의 심해 어디라도 탐사로봇 또는 인간이 탑승한 잠수함을 보낼 수 있다. 그러나 레저 다이빙이 시작된지 70년이 지나고 있는 아직까지도 레저 다이버가 잠수를 할 수 있는 수심은 30m로 제한을 두고 있다. 이는 기술적인 한계가 아니라 가성비(가격대비 성능)라고 하는 경제성의 논리가 다이빙 시장을 점유하고 있기 때문이다. 최근 들어 테크니컬 다이빙이라고 하는 새로운 장비를 사용한 대심도 다이빙이 관심을 받고 있어 30~100m 정도의 수심을 탐사할 수 있는 새로운 길이 열렸다. 그러나 이 또한 높은 장비가격, 새로운 다이빙 포인트의 개발, 다이버의 신체에 대한 안전 등의 문제가 완벽히 해소되지 않아 대중화되지 못하고 있다.

다이빙 장비는 크게 기술적인 노하우가 축적되어야 제작할 수 있는 제품이 있고 기술적

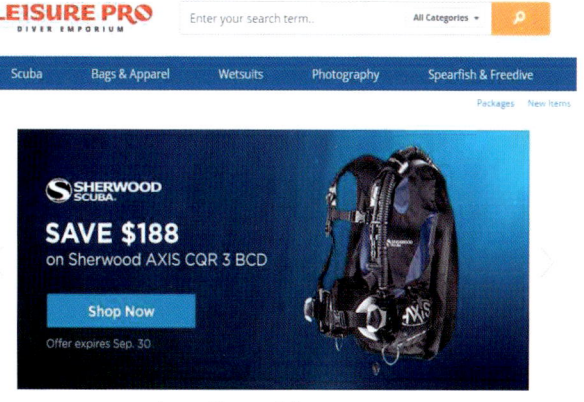

https://www.leisurepro.com

인 진입장벽이 낮아 박리다매로 판매가 가능한 제품이 있다. 그래서 기술력을 축적한 회사에서는 호흡기같이 다이버의 생명에 직결되는 장비에 기술력을 집중하여 고성능, 고가격의 제품을 판매하고 있다. 그리고 쉽게 제작할 수 있는 제품들이나 소모품은 세계의 공장인 중국에서 저가의 제품으로 제작해서 판매를 하고 있다. 이런 다이빙 장비회사의 시장 환경은 쉽게 변화되지 않을 것이다. 즉, 다이빙을 시작하는 초급자에게 장비를 추천한다면 호흡기 같은 장비는 신뢰도가 높은 브랜드의 제품을 사용하고 슈트, 장갑, 신발 같은 소모품은 저렴한 제품을 사용하도록 제안하는 것이 현명하다.

다이빙 강사는 교육생을 받고 교육을 진행하면서 교육비를 받는다. 그것은 교육에 필요한 수영장 사용료, 공기통 대여료, 강사의 인건비 등으로 구성되어서 반드시 적절한 가격으로 책정되어야 강사의 수익을 보상받을 수 있다. 그러나 아직까지도 시장가격이 형성되지 못하여 강사에 따라 천차만별의 가격으로 교육이 진행되고 있다. 만약, 강사가 교육비에서 적절한 수익을 보상받지 못한다면 강사는 장비판매 같은 방법으로 부수익을 올리려고 할 것이고 이 또한 강사의 수익의 원천이라는 생각을 하게 된다. 하지만 그것은 정말 잘못된 생각이고

http://www.pongdang.com

방법이다. 인터넷을 통하여 해외직구를 할 수 있는 지금 국내에서 판매되는 다이빙 장비의 소비자가격은 어느 누구도 이해할 수 없는 고가의 가격으로 책정되어 있다. 때문에 다이빙 강사가 본인의 교육생에게 소비자가격의 정가를 받고 장비를 판매한다면, 당장은 수익을 볼 수 있지만 교육생이 장비의 해외 판매가격을 알게 된다면 다이빙 강사는 선생님에서 사기꾼으로 전락해버린다. 즉, 다이빙 강사는 장비를 구입하는데 조언을 하고 추천을 할 뿐, 그 과정에 개입하여 수익을 보려고 하면 절대 안 된다.

다이빙 리조트

다이빙 리조트가 없다면 우리는 어느 곳에서도 다이빙을 편하게 즐길 수 없을 것이다. 국내의 경우 법적으로 다이빙 포인트를 제한하지는 않는다. 즉, 몇 곳의 군사지역이나 발전소 주변, 양식장 등 위험하거나 영리적 목적으로 접근이 제한된 곳을 제외하면 국내의 모든 바다에서 다이빙 장비를 착용하고 입수를 하여 다이빙을 즐길 수 있다. 그러나 대부분의 다이버가 아무 곳이나 들어가지 않는다. 이유는 매우 간단하다. 그것은 다이버의 안전을 아무도 책임질 수 없기 때문이다. 국내외 대부분의 다이빙 리조트들이 수중 가이드를 겸하고 있고 주로 안내하는 다이빙 포인트에 대한 자세한 정보를 누구보다 잘 알고 있다. 우리가 아무리 다이빙 기술이 뛰어나다고 하여도 사전정보가 전혀 없는 처음 가는 다이빙 포인트에 무작정 입수할 수 는 없다. 수심이 어떤지? 조류가 빠른지? 폐그물은 없는지? 알 수 없는 위험에 노출된 상태에서 목숨을 걸고 다이빙을 시도하는 것은 절대 있을 수 없는 일이다.

다이빙 리조트는 다이버에게 다이빙에 관련된 모든 편의를 제공한다. 수중가이드를 맡아 우리를 안내할 수 있고 다이빙에 필요한 공기통과 웨이트를 대여해주며 다이빙 포인트까지 보트로 이동을 해서 입수와 출수를 도와준다. 이런 모든 편의를 제공하기 때문

http://www.marea.jp

에 그에 합당한 비용을 지불하고 다이빙을 즐긴다. 다이빙 강사가 교육생을 동반해서 다이빙을 나가서 개방수역 실습을 시행한다면 다이빙 강사는 교육생에게 바다 실습비 명목

http://www.belmar-bonaire.com

의 비용을 받으면 된다. 그리고 그 비용에서 다이빙 리조트에 사용료를 지불하고 나머지를 다이빙 강사의 수익으로 취하면 된다. 그런데 그 비용을 계산을 해보면 다이빙 강사가 절대로 큰 수익을 얻을 수 없다. 만약 바다 실습비로 두 명의 교육생에게 1박 2일에 50만원을 받는다고 하면 교육생은 적지 않은 비용부담을 갖지만 실상 다이빙 강사는 그렇게 큰 이익을 볼 수 없다. 총 수익은 100만원이라고 하여도 다이빙 비용을 1회 5만원씩 2일간 총 12회(1인 4회, 강사포함 3인)의 비용을 리조트에 지불을 하면 40만원이 남고 왕복교통비, 숙박비, 식대 등을 제외하면 거의 남는 것이 없을 수 있다. 그래서 현명한 다이빙 강사라면 1, 2명의 교육생을 위한 바다실습을 단독으로 진행하지 말아야 하고 다이빙 투어가 구성될 때 병행을 하는 것을 선택하여야 한다. 어떤 교육생이 수영장 교육을 끝내고 바다 실습을 빨리 하고 싶다면, 그 교육생 한 명을 대상으로 바다실습을 계획하지 말고 연계된 해외리조트 또는 국내리조트에 소개를 해서 교육생이 그곳으로 직접 방문해서 비용을 지불하고 바다실습을 끝내는 방법을 사용해야 한다.

　다이빙 강사는 다이빙 리조트와 반드시 원활한 협력관계를 유지해야 한다. 5명 이하의 소규모 그룹으로 다이빙 투어를 떠난다면 다이빙 강사는 그 투어에서

본인의 인건비 등을 보상받을 수 없으며, 보상받으려 참가자에게 비용부담을 줘서는 절대 안 된다. 이후 제 7장에서 자세히 기술하겠지만 10명 이하의 다이빙 투어는 다이빙 강사가 이익을 가져가기 매우 어렵다. 즉, 소규모의 다이빙 투어에서는 본인이 즐기는 마음으로 또는 봉사하는 마음으로 투어를 진행해야 한다. 결과적으로 이는 '전업강사의 수익보존 원칙'을 훼손하게 되고 투어가 강사에게 손해를 발생시키는 손익역전 현상이 나타남을 명심해야 한다.

다이빙 교육단체

전 세계적으로 다이빙 교육단체는 3,000곳이 넘는다. 국내의 경우에도 30곳이 넘는 교육단체가 다이빙 교육을 진행하고 있다. 각각의 다이빙 교육단체는 나름의 교육매뉴얼을 가지고 안전하게 다이빙 교육을 수행해 왔다. 그리고 교육단체별로 추구하는 이상에 적합한 특수 교육 프로그램을 개발하여 특화된 교육을 실시하기도 한다. 이런 모든 단체의 교육목표는 동일하다. 다이버의 안전한 다이빙을 위한 기술을 교육하는 것이다. 그래서 안전을 위한 표준 교육프로그램을 구성하고 그에 따른 교육을 실시하려는 노력을 기울이고 있다.

다이빙 교육매뉴얼과 프로그램은 U.S. Navy Diving Manual에서 시작되었다고 해도 과언이 아니다. U.S. Navy Diving Manual은 인터넷을 통하여 전 세계에 공개되어 있으며 주기적으로 업데이트를 하고 있는 표준 매뉴얼이라 할 수 있다. 이를 기반으로 국제표준협회(International Organization for Standardization)에서는 다이빙 표준 교육프로그램을 제정하였으며 그 프로그램을 따르는 교육과정을 수행하도록 다이빙 교육단체에 권장하고 있다. 국내의 경우 '수중레저활동의 안전 및 활성화 등에 관한 법률'이 2017년 7월 26일 시행되면서 국내에 주소지를 두고 있는 다이빙 교육단체의 자격을 인증 관리하는 절차를 진행하고 있다.

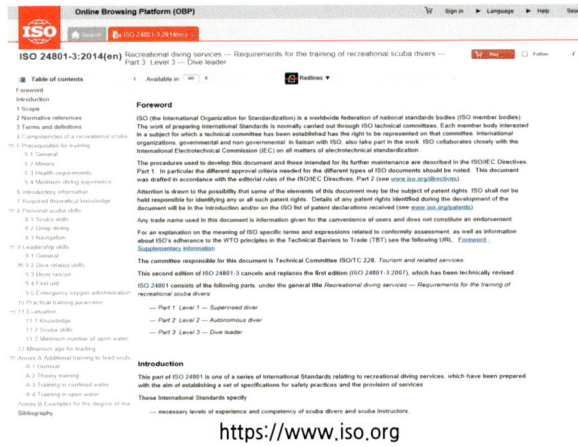
https://www.iso.org

다이빙 라이선스 획득을 위한 교육을 신청할 때 다이빙 교육단체는 그렇게 중요하지 않다. 국내의 경우 국가의 인증을 받은 다이빙 교육단체의 교육프로그램은 대동소이하기 때문에 어떤 단체에서 교육을 받아도 무방하다. 즉, 당신이 운전면허증을 획득하기 위해 운전학원을 찾는데 반드시 서울 강남에 있는 유명한 운전학원에 등록할 필요는 없는 것과 같다. 단, 주의 할 점은 다이빙 교육단체보다 중요한 다이빙 강사의 자질이다. 교육생과 직접적인 교육과정을 수행하고 교육생의 안전을 책임지는 모든 절차를 수행하는 사람은 바로 다이빙 강사이기 때문이다. 그래서 다이빙 강사는 교육생에게 최선을 다해서 교육서비스를 제공하여야 하고 다이빙 교육단체가 제안하는 교육프로그램을 철저히 준수하여 안전한 교육을 실시하여야 한다.

다이빙 강사들이 초급다이버에게 다이빙 교육을 할 때 가장 힘들어 하는 부분이 이론교육이다. 다이빙 실습 같은 현장에서 직접 수행하는 행위는 교육생과 대면을

하며 직접 지도할 수 있지만 보일의 법칙, 샤를의 법칙 같은 과학적 이론을 바탕으로 다이빙 이론을 교육해야 하는 부분은 특별한 공부를 하지 않으면 지도할 수 없는 부분이다. 즉, 많은 다이빙 경험을 통해 잘 알고 있지만 누군가에게 설명하기에는 매우 어려운 부분이 다이빙 이론부분이다. 그래서 다이빙 이론부분은 인터넷 강의를 통하여 교육생이 직접 수강할 수 있도록 하는 것이 좋다. 교육생은 다이빙 교육을 신청할 때 뭐라도 빨리 배우고 싶어 하는 욕망이 생긴다. 이때 인터넷 강의를 통하여 다이빙 이론교육부터 다이빙 실습 동영상까지 숙지를 하고 실습교육에 임한다면 다이빙 교육은 매우 빠르고 원활하게 진행될 수 있다.

다이버

다이버는 다이빙 산업을 탄생시킨 주역이고 다이빙 산업을 유지하는 주인공이다. 특히, 레저 다이빙을 즐기는 다이빙 동호인은 가장 큰 주축이라 할 수 있다. 가까운 일본의 경우 전 인구의 10%가 다이빙을 경험했거나 즐기고 있다는 보고가 있다. 우리나라의 경우에도 급증하는 해외여행으로 여행지에서 경험하는 체험다이빙이 다이빙에 도전하는 가장 큰 계기가 되고 있다. 이렇듯 다이빙은 더 이상 먼 나라 이야기가 아니고 우리 모두가 즐길 수 있는 친근한 레저 스포츠로 자리 잡았다.

다이빙을 입문하는 사람들은 바다에 대한 많은 동경과 기대를 가지고 시작을 한다. 그런데 국내에서 다이빙을 배우는 경우 바다실습을 나가면서 그 환상이 바로 무너진다. 무거운 장비를 본인이 전부 컨트롤하며 어렵게 입수를 하면, 열대 바다에서 경험하였던 물고기를 거의 찾아 볼 수 없고 생각하지 못한 추위와 잘 보이지 않는 시야로 엄청난 공포감이 엄습하게 된다. 이는 대부분의 입문자들이 경험하는 과정으로 이때 강사의 역할이 매우 중요하다. 그 순간을 극복하고 지속적인 도전을 이어 나간다면 열대바다와는 다른 즐거움을 우리 바다에서 느낄 수 있고 도전과 극복이라는 성취감이 다이빙을 평생의 취미로 가져갈 수 있는 기반을 이루는 것

이기 때문이다. 만약 이 과정에서 실망감과 공포를 극복하지 못하고 다이빙을 포기하게 된다면 그 다이버는 더 이상 다이빙을 하려 하지 않을 것이다. 국내에서 다이빙을 시작하는 입문자 중에 10% 이하만이 마스터 등급을 획득한다는 것을 보면 얼마나 많은 사람들이 중도에 다이빙을 포기하는지 알 수 있다.

다이빙 강사는 다이버가 없이는 존재할 수 없다. 새로운 다이버가 다이빙의 길에 입문을 하고 그 사람이 만족감과 행복감을 느끼며 주변의 지인을 다이빙의 길로 인도를 하면 다이버는 계속 증가할 것이고 우리나라의 다이빙 환경은 더욱 개선 될 것이다. 그래서 한 명의 다이버라도 절대로 중도에 포기하지 않도록 관심과 격려를 아끼지 말아야 한다.

다이빙 보험

여행을 떠날 때 가입하는 여행자 보험에서는 스킨스쿠버 다이빙 활동을 보상받지 못하는 레저 활동으로 명시하고 있다. 또한 상해보험 같은 실손보험을 가입할 때 역시 스킨스쿠버 다이빙을 제외하고 있다. 국내의 경우 최근 들어 다이빙 리조트에 손해배상 보험을 의무적으로 들어야 되는 법이 시행되면서 일부나마 다이빙 사고에 대한 보상이 이루어지고 있다. 또한 국내에서 활동하는 강사는 의무적으로 '전문인배상책임' 보험을 가입하여야 교육생을 동반해서 바다로 나갈 수 있다. 하지만 해외로 다이빙 투어를 나가는 다이버가 급증하고 있는 지금, 해외에서의 사고를 보상하는 보험은 2018년 3월 현재까지 국내에는 없다. 물론 안전한 다이빙을 진행해서 사고를 당하지 않는 것이 최선이지만 사고는 조심한다고 100% 예방할 수 있는 것이 아니기 때문에 뭔가 대책이 필요하다. 그래서 해외로 나가는 다이빙 투어를 진행한다면 인솔강사는 참가자에게 여행자 보험을 반드시 가입하도록 종용해야 한다. 인솔강사의 입장에서는 참가자의 인적사항을 받아 한꺼번에 가입하는 것이 간편하지만 다이빙 투어를 목적으로 단체로 떠나는 투어라면 그 보상 범위가 한정되어 정작 다이빙 사고에 대한 보상을 받을 수 없는 경우가 있을 수 있다. 그러니 각각의 다이버가 직접 여행자 보험을 가입하면서 가입조

http://diveassure.com

건, 보상조건을 꼼꼼히 따져서 보험에 가입을 해야 한다.

국내에서 여행자 보험을 가입하고 해외투어를 나갔다고 하여도 현지에서 사고가 발생하면 그에 대한 조치는

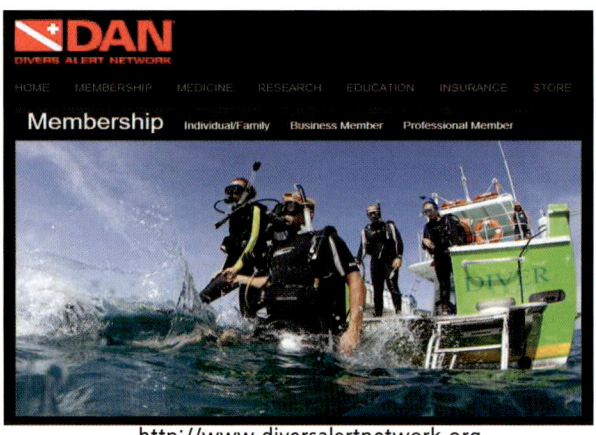

보험 가입자가 선 조치를 하고 국내에 들어와서 비용을 청구하는 방식으로 보상이 이루어진다. 그런데 심각한 부상으로 응급헬기나 응급구조선이 필요한 경우가 있을 수 있는데 이때 발생하는 비용은 가입자가 직접 지불할 수 있는 범위를 벗어난다. 이런 위험을 대비하기 위해 전 세계에 네트웍을 가지는 다이빙 보험이 있다. 구글에서 'scuba diving insurance'라는 검색어를 입력하면 많은 다이빙 보험을 찾을 수 있는데 대표적으로 DAN 과 DiveAssure가 있다. 년간 USD100 정도의 비용으로 다이빙 사고시 긴급출동, 치료비 보상 등을 보장해주고 있다. 자세한 금액과 보상내역은 해당 보험사의 홈페이지를 참고하기 바란다.

03 다이빙 강습

다이빙 강사가 되고 교육생을 처음 받게 되면 다이빙 강사 교육과정에서 숙지한 강습절차, 강습방법 등 다이빙 교육에 필요한 모든 것이 거의 기억나지 않는다. 그것은 매우 당연한 현상이다. 많은 교육생을 받아서 성공적인 교육과정을 수행한 경험이 있는 베테랑 강사의 경우는 자연스럽게 강습절차를 진행할 수 있지만 초보 다이빙 강사는 그 과정을 정확히 기억하기 매우 어렵기 때문에 반드시 교육 매뉴얼을 가지고 그 과정을 따라야 하는 것이다. 강습에 필요한 교육 매뉴얼은 다이빙 교육단체별로 약간씩 차이는 있지만 다이버의 안전한 다이빙 생활을 위한 필수 교육과정을 대부분 수용하고 있어 그대로 준수하는 것이 좋다. 물론 교육현장의 상황에 따라 진행할 수 없는 교육도 있고 교육생의 수준에 따라 진행이 어려운 기술 부분도 있다. 이런 점들은 강사의 판단에 따라 재량 것 조율을 하면 된다. 하지만 앞에서 언급한 것과 같이 다이버의 안전을 위한 필수 기술 항목들은 반드시 안정적으로 수행을 할 수 있도록 다이버에게 철저한 교육을 실시하여야 한다.

스킨스쿠버 다이빙 활동은 여가활동이다. 약간의 위험성을 가지고 있지만 그 점을 극복하면서 성취감을 즐기는 활동이다. 하지만 다이빙 활동을 통하여 심각한 위험에 빠지거나 부상을 당하여 평생의 장애를 얻는다면 정말 안타까운 일이 된다. 만약 당신이 교육한 교육생에게 그런 일이 발생한다면 당신을 평생 원망하면서 살아갈 것

이고 당신은 죄책감에 시달리며 살게 될 것이다. 그래서 다이빙에서 안전은 최우선 원칙이고 안전한 다이빙은 안전을 중시하는 교육에서 보장된다는 점을 명심해야 한다.

    이 장에서는 교육생을 받아서 다이빙 교육을 계획하는 것부터 다이빙 교육을 진행하면서 기록해야 하는 교육진행 상황 등 강습관련 절차를 다룬다. 최대한 많은 정보를 다루려고 하지만 지면 관계상 부족한 부분이 있을 수 있으니 보다 실무적이고 자세한 사항은 다이빙 강사 교육과정에서 당신을 교육하는 담당 트레이너에게 문의하여 궁금증을 반드시 해소하고 나아가야 한다.

다이빙 강습

다이빙 강습은 크게 이론교육과 실습교육으로 이루어진다. 또한 실습교육은 제한수역교육(수영장교육)과 개방수역교육(바다실습)으로 이루어지는데 개방수역교육은 실제 다이빙 활동으로 특별한 교육을 하지 않고 바다 환경에 적응하는 시간을 가지는 것으로 실제 다이빙 기술은 제한수역교육(수영장교육)에서 대부분을 익히게 된다.

PSDC에서는 다이빙 강습의 이론교육 부분을 온라인 강의를 통하여 제공하고 있으며 교육생의 평가 또한 온라인으로 이루어진다. 다이빙 강사는 교육생이 다이빙 교육과정에 등록을 하면, 이론교육을 받을 수 있는 정보를 제공하여 실습교육이 시작되기 전에 이론교육을 모두 완수 할 수 있도록 지도하여야 한다.

교육생이 이론교육을 마무리하고 평가를 완료하면 수영장 실습을 위한 일정을 편성하는데 되도록 2명 이상의 교육생이 참여할 수 있도록 일정조율을 하여야 한다. 일대일 교육이 교육성과가 높을 것 같지만 실제로는 2~3명의 교육생이 참가하는 교육이 더 교육성과가 높다. 이는 본인의 자세를 확인할 수 없는 교육생이 같이 참여하는 동료 교육생의 자세를 보면서 본인의 자세를 교정하는 간접교육 효과가 발생하기 때문이다. 물론 다이빙 강사의 입장에서도 수익률이 개선되는 도움을 받는다.

이론교육과 수영장 교육이 마무리되면 바다실습 일정을 편성하는데 교육생들만을 위한 바다실습 투어를 구성하게 되면 다이빙 강사도 힘들고 교육생은 더 많은 다이버를 만날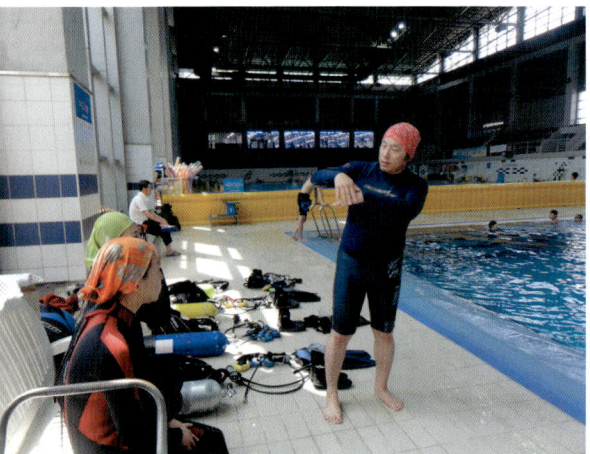
수 있는 기회를 잃게 된다. 그래서 되도록 편 다이빙 그룹이 다이빙 투어를 나갈 때 동행을 하는 일정으로 교육다이빙을 진행하는 것이 여러모로 이득이다. 다이빙 강사는 비용을 줄일 수 있고, 교육생은 상급다이버의 모습을 보면서 간접적으로 느끼고 배우는 과정을 통해 스스로 다이빙 활동에 적응을 해나갈 수 있다.

다이빙 강습교재

다이빙 강습교재는 오픈워터 교육생을 위한 '스쿠버 다이빙 – 시작하기'가 있고, 어드밴스 이상의 교육생을 위한 '스쿠버 다이빙 - 고수되기'라는 교재가 출판되어 서점에서 판매되고 있다. 교육생이 서점에서 직접 구입할 것을 우선 추천하는 것이 좋고 담당 다이빙 강사가 판매를 하는 것도 좋다. 다이빙 강사는 PSDC 본부에서 시중에서 판매되는 가격보다 할인된 가격으로 구입할 수 있으니 PSDC 본부를 통해서 구매하는 것도 방법이다. 단, 교육생에게 판매를 할 때는 반드시 정가로 판매를 하여야 한다.

다이빙 교육과정

다이빙 교육생의 표준 교육과정은 다음과 같다. 각각의 항목에 대한 기준 교육시간은 반드시 이수되어야 하는 항목이고 교육생의 수준에 따라 연장은 가능하지만 단축은 불가하다. 그래서 교육 등록을 하고 최종적으로 라이선스를 수령하는 순간까지 빠르면 1주일, 평균적으로는 1개월 정도의 시간이 소요될 수 있다.

순서	내용	장소	기간
1	교육과정 등록	사무실	즉시

교육과정 등록은 사무실에 내방을 해서 교육신청서 등 서류를 작성하고 수업을 진행하는 것을 원칙으로 한다.

| 2 | 다이빙 이론 수업 수강 및 평가 | 자택 | 1~3일 |

교육과정 등록이 완료되면 PSDC 홈페이지에 등록을 해서 온라인으로 담당강사에게 교육신청을 하는 과정을 수행해야 한다. 이 과정은 교육생이 메뉴항목을 찾아서 등록하기가 어려울 수 있으니 담당 강사가 대행을 해서 등록을 해주고 ID를 알려주는 것이 좋다. 교육생은 전달받은 ID로 접속을 해서 다이빙 이론수업을 수강하고 평가를 통과할 때까지 반복적인 학습을 하여야 한다. 반복평가에는 횟수제한이 없으니 충분한 반복학습으로 다이빙 이론을 숙지하여야 한다.

3	제한수역 실습교육	수영장	1회
	수영장 실습 내용은 아래 장에서 자세히 기술하고 있는 표준 실습항목을 전부 수행하여야 한다. 수영장 교육은 개인의 실력차이에 따라 부족한 경우 반드시 연장교육을 실시하여 바다실습에 대비하여야 한다.		4시간 2~3회

4	개방수역 실습	바다	1일 2회
	바다실습은 되도록 1박 2일간의 연속적인 시간으로 집중교육을 실시하여야 한다. 초급 다이버들은 바다실습을 하였어도 그 과정조차 기억하지 못하는 긴장상태로 다이빙을 진행하는 경우가 대부분이기 때문에 다이빙이 끝나고 자세한 설명이 필요하며, 그 과정을 짧은 기간에 반복적으로 수행하는 것이 다이빙 기술을 체득하기 쉬운 방법이다.		2일간

| 5 | 라이선스 신청 및 수령 | 온라인 | 3일 |

　다이빙이 끝나고 출수하여 휴식시간이 되면 반드시 다이빙 로그를 등록하고 인증해주는 과정을 즉시 실시한다. 그렇게 4회 이상의 다이빙 실습이 마무리되면 다이빙 강사는 온라인으로 라이선스를 신청할 수 있는데, 수령지를 교육생의 주소로 직접 보내거나 교육사무실로 수령해서 교육생에게 전달 할 수 있다.

강습생 통제

사람에 대한 평가는 첫인상에서 이루어진다고 한다. 다이빙 강사에 대한 인상 또한 처음 만나는 장면에서 결정된다고 봐도 무방하다. 다이빙은 스포츠의 특성상 교육강사, 인솔강사, 다이빙 가이드의 다이빙 현장 통제가 반드시 필요한 운동이다. 즉, 리더십이 반드시 필요한 운동이라 다이빙 강사가 교육생에게 어떤 인상으로 기억되는가는 매우 중요하다. 그래서 되도록 첫 만남에서 강렬한 카리스마를 보여줄 수 있는 모습을 연출하는 것이 좋다. 최근에는 리더십 중에 받드는 리더십을 최고로 인정하는 분야가 많이 있지만 아직까지도 다이빙에서는 권위적 리더십이 필요한 운동이기 때문에 다이빙 강사의 카리스마는 반드시 필요한 항목이다.

카리스마 있는 다이빙 강사의 모습을 보여야 한다는 것은 교육생이 공포감을 조성하는 교육 분위기를 만들라는 것이 아니다. 교육생이 믿고 의지하며 무한한 신뢰를 가지고 교육과정에 자발적으로 참여 할 수 있는 분위기를 만들어야 한다는 것이다. 그런 분위기를 조성하기 위해서는 반드시 완벽한 자세의 다이빙 실습을 보여줘야 하고, 말 한마디라도 분명하고 정확하게 전달하는 소통기술을 가져야 한다. 다이빙은 특별하게 많이 설명을 해야 하는 운동이 아니다. 육상에서는 조심해야 될 사항을 전달하고 수중에서는 천천히 안전한 다이빙을 진행하면 그것으로 충분하다.

다이빙 강사는 교육 서비스를 제공하는 직업이기 때문에 반드시 교육생의 편안한 다이빙 교육을 위하여 최선의 편의를 제공하여야 한다. 이점이 교육생에게 강제적으로 지시를 해야 되는 교육과정과 불합치 되는 점이라 할 수 있는데, 다이빙은 반드시 혼자서 모든 절차를 수행해야 한다는 원칙을 교육생에게 인지시켜 다이빙 강사의 지시사항은 무리한 요구가 아니라는 이해를 교육생 스스로 가질 수 있도록 해야 한다.

이론교육

다이빙 교육생은 온라인으로 이론교육을 수강하기 때문에 다이빙 강사가 별로로 수업을 해야 되는 부담은 없다. 그렇다고 해서 다이빙 강사가 다이빙 이론을 전혀 모르고 있어도 된다는 것은 아니다. 우리가 다이빙을 즐기면서 알아야 되는 다이빙 이론은 온라인 이론 강의를 통해서 대부분 전달이 되었다. 그렇기 때문에 다이빙 강사는 해양생물에 관한 책을 보거나 바다 관련 다큐멘터리를 시청하거나 해서 바다에 관한 상식을 전반적으로 넓히는 것이 좋다. 교육생과 바다에 나가면 다이빙 이론에 대한 질문보다 바다 환경에 대한 궁금증이 더욱 많기 때문에 다이빙을 떠나는 지역에 대한 사전 정보를 습득하는 것도 교육생을 교육하는데 매우 유용하게 활용될 수 있다.

 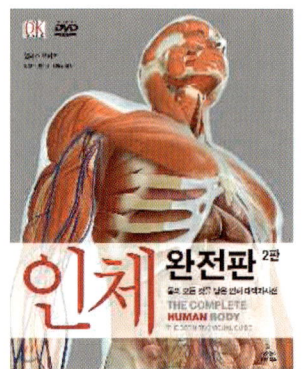

교육과정 기록

다이빙 교육과정은 '코스레코드'라고 하는 문서에 수기로 기록하여야 한다. 물론 온라인으로 자세한 내용을 관리하고 있지만 다이빙 교육의 등록부터 라이선스 발급까지 진행된 모든 과정을 서면으로 기록하고 교육생과 다이빙 강사가 같이 서명을 해서 증빙을 남겨야 한다. '코스레코드'에는 교육생과 다이빙 강사가 다이빙 교육과정에서 해야 되는 책임과 역할을 분명하게 규정하고 있으므로 만약, 분쟁이 발생하면 그 증빙으로 법적효력을 보일 수 있다. 그러므로 서면으로 남기는 '코스레코드'는 교육생과 다이빙 강사 모두에게 반드시 필요한 서류가 되니 반드시 정확히 기록하고 절대로 분실 하는 일이 없도록 잘 관리하여야 한다.

수영장 실습

다음은 수영장 실습과정에서 수행해야 되는 동작을 순서대로 설명을 한다. 이 과정은 다이빙 교육과정을 처음 시작할 때는 기억하기 어려우니 작은 방수 메모지에 기록을 해서 확인하며 교육을 진행하여야 한다.

순서	동작	장소
1	준비운동	육상
2	슈트착용	육상
3	수면 마스크 착용 및 물 빼기	육상
4	핀 착용	육상
5	입수(다리벌려, 뒤로굴러, 옆으로, 다리모아)	수면
6	수면 이동	수면
7	스노클 수중으로 입수 (머리먼저, 다리먼저)	수면-수중
8	상승하여 스노클 물빼기	수중
9	정지, 상승, 하강 수신호 학습	수면-수중
10	휴식	육상
11	장비결합	육상
12	장비착용	육상
13	호흡기 찾기	육상
14	옆으로 입수	육상-수면
15	수면대기	수면
16	얕은 수심 호흡하기	수면-수중
17	얕은 수심 마스크 물빼기	수면-수중
18	줄잡고 하강	수면-수중
19	자유하강	수면-수중
20	집합	수중
21	호흡확인	수중
22	마스크 물빼기	수중
23	이동	수중
24	호흡기 찾기	수중
25	이동	수중

26	핀킥 4가지	수중
27	공기주입으로 상승 및 긴급하강하기	수중
28	상승 수신호	수중
29	줄잡고 상승	수중
30	안전정지 데코흡입	수중
31	수면대기후 이동	수면
32	웨이트 올리기	수면
33	BC 벗기	수면
34	사다리이용 출수	수면-육상
35	장비정리	육상
36	수중실습 브리핑	육상
37	종료	육상

04 다이빙 이론

다이빙 이론의 대부분은 이미 오픈워터 과정에서 충분히 다루고 있다. 이 책의 시리즈 1권인 '**스쿠버 다이빙 시작하기**'에서 소개하고 있는 다이빙 이론은 다이버가 다이빙 생활을 즐기는데 부족함이 없는 수준까지 설명이 되었다. 그래서 여기서는 다이빙 이론을 복습하기보다 교육생에게 어떻게 다이빙 이론을 잘 전달 할 것인가에 중점을 두고 설명을 한다. 또한 다이버는 정확히 알아야 되는 부분은 아니지만, 다이빙 강사라면 반드시 알고 있어야 되는 다이버의 안전과 관련된 다이빙 이론을 더 중요하게 다룬다. 다이빙 이론이라는 것이 과학을 바탕으로 축적이 되고 현재 시점의 과학기술의 관점으로 설명되고 있다. 그래서 향후 50년 또는 100년이 지난 시점에 지금의 다이빙 교육 시스템을 보면 매우 엉성하게 보일 수 있다. 이는 새로운 과학정보가 소개되고 그것이 보편화가 된다면 다이빙 이론에도 반드시 소개되어야 하는 부분이 있기 때문에 이 책에서는 아직까지 과학적 논란이 진행되고 있는 다이빙관련 이론은 배제를 하고 기술을 하였다.

다이빙 이론 복습

다이빙 이론수업을 언제 들었는지? 무슨 내용을 수업하였는지 거의 기억나지 않을 것이다. 기억나는 것은 깊은 수심에서 갑자기 상승하면 잠수병에 걸릴 수 있다는 것과 보일, 샤를 같은 물리학 법칙을 들었던 것 같다는 가물가물한 기억 정도일 것이다. 다이빙 라이선스를 획득하고 원칙에 벗어나지 않는 다이빙을 수행한다면 다이빙 이론수업과정에서 배운 유용한 정보들이 거의 필요 없게 느껴질 것이다. 이는 다이빙 이론교육과 다이빙 수칙이 '왜? 그렇게 수립되었는지' 이론적 배경을 설명하는 정도이기 때문에 실제 다이빙 과정에서는 모르고 있어도 그렇게 불편하지 않다. 특히, 다이빙 컴퓨터 같은 훌륭한 장비가 다이버의 안전한 다이빙을 위한 정보를 제공하기 때문에 굳이 다이빙 테이블을 계산해야 하는 번거로움을 덜 수 있다. 또한 15~25m정도의 수심에서 다이빙을 진행하고 중간 휴식시간을 두 시간 이상 보낸 후 두 번째 다이빙을 진행한다면 잠수병에 대한 걱정은 특별히 하지 않아도 된다. 물론 급상승이나 요요다이빙 같은 수심이 급격히 변하는 다이빙은 자제하여야 한다는 원칙은 지켜져야 한다.

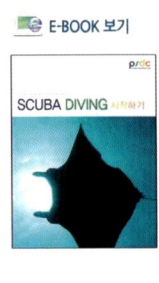

PSDC에서는 다이빙 강사가 교육생에게 직접적인 다이빙 이론 교육을 하는 것을 권장하지 않는다. 이미 온라인으로 공개되어 있는 이론교육 과정이 매우 잘 구성되어 있기 때

문에 교육생은 직접 온라인으로 이론교육을 수강하고 시험 또한 온라인으로 실시할 수 있도록 제공한다. 다이빙 강사는 온라인으로 공개되어 있는 다이빙 이론교육 동영상을 반드  시 수강하여 그 내용을 충분히 숙지하고 있어야 한다. 교육생들이 평가받는 온라인 시험도 횟수에 관계없이 시도할 수 있으니 문제풀이를 반복적으로 수행하면서 다이빙 이론을 학습할 수 있도록 노력해야 한다. 다이빙 이론의 자세한 내용은 '스쿠버 다이빙 - 시작하기'에서 충분히 다루고 있으니 다시 한 번 그 책을 읽어볼 것을 권장한다.

다이빙 투어지역

다이빙 투어지역은 다이빙 목적에 따라 결정하여야 한다. 투어의 목적이 펀다이빙이라면 가고 싶은 장소를 결정하면 되지만 바다 실습 같은 교육다이빙이라면 반드시 목적에 부합하는 리조트를 선택하는 것이 좋다.

다이빙 강사가 인솔강사로 다이빙 투어를 구성해서 해외다이빙을 떠난 다면 진행이 원활한 지역을 우선으로 선택하는 것이 좋다. 멕시코, 홍해, 지중해 등 국내 다이버들에게 환상적인 장소로 알려진 다이빙 지역은 절대로 다이빙 투어를 구성해서는 갈 수 없는 곳이라는 것을 유념해야 한다. 즉, 그렇게 멀리 떠날 수 있는 다이버를 모객 하는 것도 어렵고 소규모 그룹이 장기간의 여행을 떠난다면 인솔강사가 가져갈 수 있는 이익을 만들기가 불가능에 가까워 반드시 손해를 보는 다이빙 투어가 될 가능성이 높다. 물론 본인의 이익을 포기하고 본인이 가고 싶은 장소를 선택하여 마음 맞는 다이버들과 떠난다면 그것은 좋은 경험이 될 것이다. 하지만 여기서 논의 하는 다이빙 투어는 전업강사가 인솔강사, 교육강사 같은 역할을 하면서 정당한 대가를 받는 상업적인 다이빙 투어를 이야기 하는

것이다. 그래서 해외 다이빙을 간다면 3박 4일 또는 4박 5일정도의 일정으로 일본, 대만, 사이판, 괌, 필리핀 같은 근거리로 다이빙 투어를 계획하는 것을 권장한다. 다이빙 투어를

떠나는 현지의 다이빙 리조트에 대한 안내를 원한다면 PSDC 한국 본부로 연락을 하면 자세한 소개를 받을 수 있고, 최근에는 해외 리조트에서 국내 다이버를 대상으로 인터넷을 통

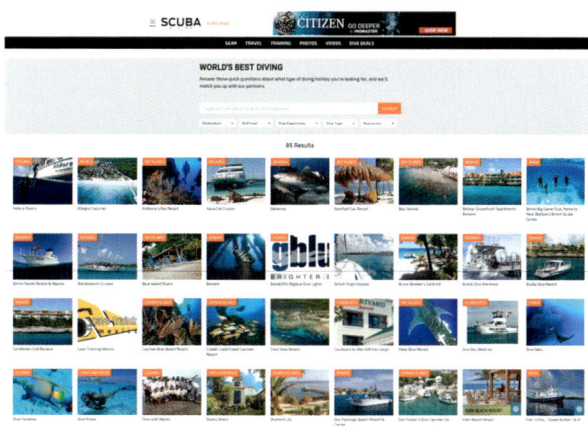

http://www.scubadiving.com

한 예약을 받고 있어 현지로 직접 연락을 취하는 방법도 있다.

국내 다이빙 투어는 인솔강사의 역할을 하는 다이빙 투어 그룹을 구성하기가 어렵다. 다이버들이 현지 리조트로 직접 연락을 취해서 방문할 수 있고 그 곳에서 다이빙 관련 도움을 대부분 받을 수 있기 때문에 국내 다이빙 투어를 위한 대규모 투어 그룹을 구성하는 것은 권장하지 않는다.

바다실습을 위한 교육다이빙은 현지리조트의 배려가 필요하다. 펀 다이빙을 즐기는 2~30m 수심지역에 교육생을 바로 입수시키는 것은 위험한 시도가 될 수 있다. 그래서 얕은 수심의 다이빙을 먼저 시도해야 하는데 이런 배려는 다이빙 리조트와 사전에 조율이 되어야 한다. 되도록이면 리조트 측과 친밀 관계를 유지하여 교육다이빙에 편의를 부탁하는데 어려움이 없도록 하여야 한다.

다이빙을 즐기는 바다

우리가 다이빙을 떠나는 지역은 크게 국내바다와 해외바다로 구분할 수 있다. 대부분의 한국인들이 국내바다에서 다이빙을 즐기고 있기 때문에 국내 바다에 대한 설명을 우선적으로 하고, 어렵지 않게 떠날 수 있는 해외바다를 중심으로 선정하여 추가적인 안내를 한다.

국내바다 - 동해안

동해안 지역은 북한 한류와 대마도 난류가 계절별로 순환되는 지역으로 사시사철 다양한 환경의 변화를 보인다. 수온 또한 4℃에서 25℃까지 급격한 수온변화가 있다. 여름철인 8월 중순에 수면온도는 25℃이지만 수심 30m 에는 수온약층이 형성되어 수온이 6도로 측정되는 경우도 종종 있다. 또한 육상에서 느끼는 계절의 변화처럼 수중생물도 계절의 변화에 따라 다양하게 바뀌기 때문에 같은 다이빙 포인트라고 하여도 같은 분위기를 느낄 수 없고 물속의 시야도 종잡을 수 없다. 어떤 때는 20m 이상의 깨끗한 시야를 만날 수 있고 어떤 때는 2~3m의 매우

탁한 시야 환경을 만날 수 있다. 만약 시야가 좋은 환경을 만나고 싶다면 동해바다의 파도가 1~2m의 안정된 상태로 3일 이상 지속되는 경우 부유물이 가라앉아 시야가 좋을 가능

성이 높으니 기상청의 파도정보를 지속적으로 확인하여 다이빙 시기를 정하는 것이 좋다. 더 확실한 방법은 현지 리조트에 전화를 해서 바다 상태를 확인하는 것이 정확한 바다 생태를 파악하는데 도움이 된다. 단, 현지 리조트는 손님을 유인하기 위해 조금 더 긍정적으로 이야기하는 경우가 종종 있다는 점을 유념해야 한다.

국내바다 - 남해안

남해안은 난류의 영향을 많이 받아 겨울에도 수온이 18℃ 이상을 유지하는 경우가 많다. 그래서 산호, 해조류 같은 부착생물이 다양하게 살고 있으며 물고기 또한 매우 많이 관찰 할 수 있다. 다도해 지역에서는 시야가 그렇게 좋지 못한데 프랑크톤 같은 작은 생명체가 매우 풍족하게 살고 있기 때문이다. 거문도나 욕지도 같은 지역은 제주도 쪽에서 올라오는 난류의 영향으로 대형어종의 물고기가 많이 관찰되는 지역으로 다이버들의 많은 사랑을 받고 있다.

국내바다 - 서해안

2,000만 명 이상의 인구가 살고 있는 수도권에서 가장 가까운 바다는 당연히 서해안이다. 이곳에서 다이빙을 편하게 즐길 수 있다면 정말 좋을 것 같은데

안타깝게도 자연이 그렇게 허락하지 않는다. 다이빙은 수중에서 다양한 바다생명체를 관찰하면서 즐거움을 느끼는 활동이다. 그런데 서해안의 경우 수심이 깊지 않고 모래바닥으

로 이루어진 지역이 많아 수중생명이 부착되는 암반지역을 찾기 힘들다. 외연도, 십이동파도, 홍도, 가거도 등은 서해안에 위치하지만 제주도에서 유입되는 난류로 남해안과 유사한 해양환경을 구성하고 있기 때문에 경기도 서쪽에 위치하는 서해안과는 확연히 구분이 된다.

또한 서해안은 조수간만의 차이가 크기 때문에 밀물과 썰물이 멈추는 정조시간 30분 동안에만 다이빙을 즐길 수 있어 그 시간을 정확히 맞추는 다이빙을 진행하여야 한다. 물론 다른 시간에 다이빙을 할 수 있지만 매우 빠른 유속으로 다이빙에 많은 체력소모가 될 수 있어 위험한 상황이 발생할 수 있다. 또한 시야도 1~2m 정도의 불투명한 환경으로 상승줄, 하강줄을 찾기 어려울 때도 있다. 하지만 이런 어려운 환경을 극복하고 다이빙을 진행하면 그에 따른 성취감이 배가 될 수 있다.

국내바다 - 제주도

제주도는 하나의 섬이지만 바다 환경은 매우 다양하다. 서귀포 앞바다에 문섬이 가장 좋은 다이빙 포인트로 소문나있지만, 제주도를 동서남북으로 나눈다면

지역마다 훌륭한 다이빙 포인트가 각각의 특성을 가지고 뽐내고 있다. 성산포 지역의 다이빙 포인트에는 다양한 해조류와 동해나 서해에서 보기 힘든 대형 해삼과 흔히 랍스터라
고 부르는 닭새우(Japanese spiny lobster)가 살고 있으며, 특히 우도 지역에서는 50cm가 넘는 거대한 해삼을 관찰할 수 있다. 파도가 높아 남부지역에서 다이빙을 할 수 없다면 제주시 지역에서 다이빙을 할 수 있는데 어영 같은 지역은 비치다이빙으로 수심 30m이상을 경험할 수 있는 환경을 가지고 있다. 원칙적으로 국내바다는 군사시설, 발전시설 등 입수가 금지된 지역을 제외하고는 어디든지 들어갈 수 있다. 그래서 제주도 지역에서는 아직도 다이빙 포인트를 개척하기 위한 현지리조트의 노력이 지속되고 있고 다이버를 위한 수중공원 조성 같은 사업도 병행되고 있으니 제주도의 다이빙 여건은 지속적으로 개선될 것으로 기대해도 좋다.

해외바다 - 일본

세계적으로 다이빙 시스템이 가장 잘 만들어진 곳이 일본이다. 혼자 리조트에 방문을 해도 충분히 다이빙을 즐길 수 있으며 다이빙 가격, 시간, 장소 등을 인터넷 사이트에서 완벽히 공개를 하고 있어 인터넷을 통한 예약을 하고 약속된 장소로 나가면 즐거운 시간을 보낼 수 있을 것이다.

일본의 다이빙 지역은 태평양을 맞대고 있는 모든 지역에서 다이빙을 즐길 수 있지만 다이빙 인구, 수온 등의 영향으로 도쿄를 기준으로 남부지역에 다이빙 리조트가 많이 위치하고 있다. 도쿄 남부의 모든 지역에서 사시사철 다이빙을 즐길 수 있으며

다양한 다이빙 프로그램을 인터넷으로 공개하고 있으니 본인이 원하는 패키지를 선택해서 신청을 하면 참가를 할 수 있다.

최근 들어 많은 한국인들이 즐겨 찾고 있는 오키나와는 태평양 한가운데 있는 사이판, 괌과 같은 바다환경을 가지고 있으나 섬 자체가 매우 커서 수없이 많은 다이빙 포인트를 가지고 있다. 오키나와에는 다이빙 바다실습을 대행할 수 있는 다이빙 리조트가 많이 있으니 1~2명의 교육생이 바다실습을 원한다면 그곳으로 보내는 것도 빠르게 교육과정을 마칠 수 있는 방법이다. 자세한 사항은 PSDC 한국본부로 문의하면 안내를 받을 수 있다.

해외바다 - 사이판, 괌

사이판, 괌은 미국령으로 가까운 거리에서 미국 분위기를 즐길 수 있어 많은 관광객들이 찾는 다이빙 지역이다. 이곳에서의 다이빙은 다이빙 보트의 스케줄에 따라 다이빙을 진행할 수 있다. 즉, 본인이 원하는 곳으로 다이빙을 갈 수 있는 것이 아니라 미리 정해진 다이빙 보트의 스케줄에 따라 다이빙을 진행해야 하는 것이고 이 또한 현지 다이빙 샵의 담당자가 미리 예약을 해서 다이빙 보트에

자리를 확보해야한다. 물론 비치 다이빙은 예약 없이 당일 다이빙이 가능하지만 산호초 안쪽에 위치하고 있는 비치 다이빙 포인트 보다는 보트다이빙으로 느낄 수 있는 다이빙 포인트가 좋은 것은 당연한 사실이다.

사이판과 괌 지역은 광대한 대양인 태평양의 한가운데 위치하고 있어 맑은 시야를 자랑한다. 15~25 정도의 시야는 국내다이빙에서 답답함을 느끼던 다이버에게 새로운 즐거움을 느끼게 해주며 수심 100m가 넘는 지역에서 절벽을 따라 이동하는 다이빙을 한다면 자연에 대한 경외감까지 느낄 수 있다.

해외바다 - 필리핀

한국 다이버가 가장 사랑하는 다이빙 지역이 필리핀 지역이다. 한국인이 운영하는 다이빙 리조트가 가장 많은 지역도 필리핀 지역으로 한국인의 편의를 위해 식사, 숙소, 다이빙 편의 등 다이빙에 최적화된 시스템을 제공하고 있다. 필리핀 다이빙의 특징은 황제다이빙이라고 말하는 서비스를 제공하고 있는데 다이버는 입수직전 장비를 착용하고 출수할 때 장비를 벗어두면 공기통의 교체, 장비의 운반, 세척과 건조까지 현지의 스텝들이 모두 도와주는 편의를 제공받을 수 있다.

수중환경은 열대바다의 다양한 물고기가 우리를 유혹하는데 바라쿠다, 잭피쉬 같은 대형어종의 군무를 만나게 된다면 매우 환상적인 경험을 하게 될 것이다. 열대바다의 생명체는 간혹 다이버에게 치명적인 독성으로 위협적인 요소가 될 수 있으므로 현지 스텝의 안내를 따라 주의를 기울이며 다이빙을 진행해야 한다.

해외바다 - 태국, 인도네시아, 말레이시아

동남아시아 지역에 속하는 태국, 인도네시아, 말레이시아 등지는 필리핀과 같이 태평양 연안에 위치하고 있는 열대 바다 지역이다. 즉, 바다 생물군이 유사하고 바닷속 분위기도 미묘한 차이를 제외하면 비슷하다. 그래서 한국인 다이버들은 한 두 시간의 비행시간이 더 소요되는 동남아시아 남부 지역보다 필리핀 지역을 선호한다. 그러나 시파단, 시말란, 발리 북부 같은 특별한 지역을 경험해 본다면 필리핀에서만 다이빙을 했다는 것이 어쩌면 어리석었다는 생각을 하게 될 것이다.

송아지 크기의 나폴레옹 피쉬가 무리를 지어서 이동하는 모습을 보거나, 마스크가 들릴 정도의 조류에서 조류걸이에 의지하고 참치떼의 유영을 본다면 평생 잊지 못하는 경험이 될 것이다. 다이빙 경험이 지속되면 흥미도 반감되고 다이빙 활동에 즐거움을 느끼기 어려운 시기가 분명히 찾아온다. 마스터 등급의 다이빙 실력을 가지고 있는 다이버가 주변에 많다면 소규모 그룹으로 특별한 지역에 투어를 떠나는 것도 슬럼프를 극복하는 좋은 방법이다. 몇 번의 클릭으로 인터넷에서 동남아시아의 환상적인 다이빙 포인트를 찾을 수 있을 것이다.

교육시 주의가 필요한 해양생물

다이빙 교육을 처음 받는 교육생에게 바닷속 가장 무서운 생물이 뭔가? 질문을 하면 대부분이 상어라는 답변을 한다. 그런데 우리가 다이빙을 다니면서 상어를 마주치는 경우는 극히 드물고, 만약 상어를 만난다고 하여도 우리가 다니는 다이빙 지역에 살고 있는 상어는 다이버가 먼저 공격하지 않으면 다이버를 공격하는 경우가 거의 없기 때문에 상어에 대하여 그렇게 걱정하지 않아도 된다. 이런 상식적인 이야기를 교육생에게 하면 교육생들은 안심을 하고 다이빙 활동에 집중할 수 있다.

교육생과 같이 바다에 나가면 의외로 실수를 하는 교육생이 많다. 입수를 하기 전에 물속에서 만나는 생명체는 위험하지 않아도 절대로 건들거나 위협을 가하면 안 된다는 이야기를 분명히 교육한다. 그러나 궁금증에 또는 아무 생각 없이 생물체에 손을 대는 경우가 종종 있는데 이는 크고 작은 부상으로 이어질 수 있기 때문에 반드시 입수 전에 주의를 정확히 주고 입수하여야 한다. 아래는 주의가 필요한 해양생물에 관한 안내이니 교육생에게 다시 한 번 정확히 지도하여야 한다.

성게

국내바다에서 가장 많이 문제를 발생시키는 생물체 중에 한 가지가 성게이다. 성게는 바위틈에 숨어 있다가 야간에 나와서 활동하는 생명체로 낮 시간에 다이빙을 할 때는 잘 보이지 않는 경우가 많다. 그러나 다이버가 무의식적으로 암반 위에 앉거나 바위틈으로 손을 넣다가 성게의 가시에 찔리는 경우가 종종 있다. 성게의 가시는 톱니 모양으로 되어서 찔리면서 잘린 부위가 피부 속으로 파고들면 제거하기가 매우 어렵다. 국내에서 자주 볼 수 있는 보라성게에 찔리는 경우 생명에 지장을 주지는 않아도 무척 따끔거리는 심한 통증을 유발하기 때문에 찔리지 않도록 주의하여야
한다. 국내에서 다이빙을 할 때는 대부분 5mm이상의 다이빙 슈트를 착용하기 때문에 성게 가시가 다이빙 슈트를 뚫고 피부에 직접적인 손상을 주는 경우는 드물다. 하지만 암반위에 있는 성게를 보지 못하고 그 위에 앉게 되면 슈트 곳곳을 찔리면서 가시가 피부까지 파고들어 상처를 입고, 더 이상 다이빙을 진행할 수 없는 통증을 느끼게 된다.

성게는 여러 곳을 찔리게 되면 반드시 병원치료를 받아야 할 정도로 극심한 통증을 유발하는데 심한 경우 쇼크가 발생할 수 있으니 주의하여야 한다. 하지만 한 두 곳을 찔리는 경우 상처부위를 식초나 암모니아성분의 물로 가볍게 씻어내고 휴식을 취하면 회복이 된다.

산호

국내바다의 산호는 연산호 같은 종류의 산호가 주종을 이루고 있어 크게 위험하지 않다. 그러나 열대바다에 있는 산호들은 대부분이 매우 위험한 산호충으로 이루어져 손으로 직접 만지는 경우 심각한 부상을 당할 수 있다. 산호는 전체의 산호덩어리가 수천만개의 산호충으로 이루어진 동물이다. 즉, 산호를 직접 손대는 경우 피부속으로 산호충이 파고들며 모기에 물린 것 보다 100배 이상의 가려움과 통증을 발생시킨다. 특히, 불꽃산호라고 하는 회초리모양의 산호는 스치기만 해도 참을 수 없는

고통을 발생시키니 절대로 접근해서는 안 된다. 경험이 없는 교육생들은 물속에서 아름다운 생물체를 보면 손으로 만지려는 행동을 스스럼없이 시도한다. 이는 다이빙을 중단해야 하는 고통과 심한 경우 즉시 병원치료를 필요로 하는 상황을 만들 수 있다. 그러므로 교육생에게(특히 열대바다에서는) 바닷속 생물체를 직접 만지는 경우가 없도록 주의를 당부해야 한다.

위험한 생물체

국내바다에서는 특별하게 주의를 요하는 위험한 생물체가 드물다. 물론 대왕문어같은 생물체를 잡으려 시도하다가 호흡기를 놓쳐서 사고로 이어지는 소식은 종종 회자된다. 이는 관찰을 하는 것이 목적인 바닷속에서 불법적인 사냥활동을 하다가 사고가 발생하는 것으로 평범한 다이빙 활동에서는 문어를 만나더라도 그렇게 위협적인 상황이 발생하지 않는다.

최근 들어서 국내바다의 수온이 변화되면서 노무라입깃해파리 같은 대형 해파리가 동해바다에서도 종종 발견된다. 해파리 종류들은 빠르게 다이버에게 접근하면서 공격을 하는 경우는 거의 없다. 다만 몸통의 5배가 넘는 길이의 촉수를

길게 늘어뜨리고 천천히 이동하는 경우, 이 때 다이버가 촉수를 보지 못하고 지나가다가 촉수에 쓸리는 부상을 입는 것이 대부분이다. 해파리의 촉수에 쓸리게 되면 피부가 부어오

르고 물집이 잡히며 심한 통증을 느끼게 되는데, 국내에서는 다이버가 5mm긴팔슈트를 입고 있는 경우가 대부분이라 촉수에 쓸리는 부분이 노출되어 있는 얼굴 부위가 될 가능성이 많아 매우 주의가 필요하다. 교육생과 다이빙을 같이 한다면 인솔강사는 주변을 잘 살펴 해파리가 다가오는 경우 반드시 다른 곳으로 이동하는 것이 좋다.

열대바다에서는 모든 생물체를 만지지 않는 것이 좋다. 트리거 피쉬 같은 경우는 산호를 깨먹는 강한 이빨을 가지고 있으며 자신의 영역에 근접한 다이버에게 공격을 가하는 경우도 종종 있으니 주의하여야 한다. 또한 곰치, 바라쿠다 같은 물고기에게 물리는 경우 손가락이 잘려나가는 심각한 부상을 입을 수 있으니 접근하지 않는 것이 좋다. 교육생에게는 모든 생명체가 위험할 수 있으니 현지 가이드가 안내하는 상황에 따라 눈으로만 관찰하는 습관을 기르도록 교육하여야 한다.

교육생에게 관찰을 유도할 수 있는 생물체

국내바다에서는 수중에서 유영하는 물고기는 매우 빠르게 도망을 쳐서 다이버

가 쉽게 접근하기가 어렵다. 그래서 교육생에게 부착생물과 작은 생물체 위주로 안내를 하는 것이 좋다. 우리가 횟집에서 즐기는 해삼이나 멍게, 미더덕 같은 생물체를 바닷속에서 직

접 관찰하는 것도 매우 즐거운 활동 중에 한 가지가 된다. 해조류의 경우는 시기에 따라 다양하게 변화하기 때문에 시즌별로 변화되는 모습을 관찰하는 것도 즐거움이 된다. 또한 암반지역에는 매우 많은 소라가 살고 있고 작은 새우 같은 생명체가 말미잘 사이에 있을 수 있으니 자세히 관찰하도록 노력한다. 특히 작은 생명체의 관찰을 위해서는 수중 랜턴을 사용해서 주의를 집중시키는 방법을 사용하면 쉽게 관찰 할 수 있다.

해외 바다에서는 대부분의 경우 현지의 가이드가 다이빙을 동행하기 때문에 현지 가이드가 안내하는 대로 따라가며 관찰을 하면 된다. 수중 카메라를 사용해서 교육생과 생물체를 함께 촬영하는 것

도 잊지 말아야 한다.

다이버의 신체제약

안전한 다이빙을 위해서 다이버는 본인의 신체 상태를 최상으로 유지하여야 한다. 그러나 해외로 다이빙 투어를 나가는 경우 들뜬 나머지 너무 많은 음주를 하고, 다른 활동으로 체력안배를 적절하게 하지 못해서 정작 다이빙시간에 힘들어 하는 다이버가 종종 있다. 이런 분위기는 인솔강사의 책임도 일정부분 있다. 초급다이버의 경우 어떻게 컨디션을 유지하는지 알 수 없고 상급다이버는 본인의 실력을 과신한 나머지 실수를 범하는 경우가 있다. 그래서 인솔강사는 모든 다이버가 적절한 컨디션을 유지할 수 있도록 세심한 관찰과 지도를 아끼지 말아야 한다. 물론 대부분의 다이버가 본인의 행동에 책임을 지는 성인으로 구성된 다이빙 투어 팀이라면 너무 깊게 관여하는 것은 자제하고 적절한 안내수준으로 통제하는 것이 좋다.

다이빙을 즐기는데 특별한 신체의 제약은 없다. 가끔은 지체장애를 가지고 있어 육상에서는 휠체어에 의존해서 이동하는 다이버가 수중에서는 본인의 의지로 팔 또는 다리를 이용해서 자유롭게 유영을 하며 자유를 만끽하는 경우도 종종 있고, 청각장애를 가진 다이버들이 수중에서 수화를 사용하며 자유로운 대화를 하는 모습도 쉽게 볼 수 있다. 그래서

ⓒ David pilosof

다이빙교육에 참여하는 교육생의 신체 상태를 특별하게 제한하지는 않는다. 단, 다이빙 강사의 입장에서는 분명히 주의가 필요한 교육생이 존재한다. 흔히 말하는 주의가 산만한 사람들은 물속에서도 주의가 산만하여 실수를 할 확률이 높아진다. 그래서 다이빙 강사는 아래 기술하는 위험요소가 교육생에게 있는지 확인을 하고 교육과정에서 장애요소를 충분히 제거하고 극복 할 수 있는 과정을 완수해야 한다. 교육과정의 통제와 교육생의 다이빙 기술 습득과 완성은 100% 다이빙 강사의 책임이니, 교육생의 상태에 따른 맞춤형 준비를 철저히 하고 다이빙 교육을 실시하여야 한다.

지병이 있는 다이버

다이빙 교육을 시작할 때 다이버의 신체 상태에 관한 사전조사를 실시한다. 그리고 교육에 참가하는 다이버가 본인의 신체 상태를 충분히 파악하고 있으며 다이빙 활동에서 발생할 수 있는 위험성을 인지하여 안전한 다이빙을 위한 사전준비를 다이버 본인 스스로 할 수 있도록 지도하여야 한다. 심장질환, 폐질환, 고혈압 같은 지병이 있는 경우라고 하여도 수중에서 활동하는데 큰 위험이 발생하지는 않는다. 하지만 갑자기 만나는 수온약층이나 깊은 수심으로 급격히 하강하는 경우 신체에 무리를 발생시키며 위험한 상태에 빠질 수 있는 위험성은 항상 존재한다. 이는 지병을 가지고 있는 환자라고 하여도 적절한 운동프로그램을 사용한 주기적인 운동은 환자의 상태를 호전시키는데 도움을 주기 때문에 의료계에서 권장하는 경우가 많다. 평상시 일상생활에 지장이 없는 상태라면 다이빙을 즐기는데 어려움이 없지만 환경의 변화에 따라 급격한 컨디션 변화를 겪는 사람이라면 다이빙을 중단하는 것이 좋다.

다이빙 강사는 다이버의 신체 상태를 면밀히 살펴서 다이빙의 진행여부에 대한 조언을 하는 것이 중요하다. 본인의 몸 상태는 본인이 가장 잘 알고 있지만 다이빙 강사의 판단으로 다이빙 활동을 만류해야 하는 상태라면 반드시 다이빙을 중단시켜야 한다. 간혹 감기나 몸살을 앓

ⓒ 국민건강진흥센터

고 있는 상태에서 다이빙을 강행하는 경우도 있는데 코 막힘 같은 상태에서는 다이버가 잠수를 하면서 필수적으로 수행해야 하는 압평형을 시행하기가 매우 어렵기 때문에 고막파열 같은 심각한 문제가 발생할 수 있다. 그래서 다이빙 강사는 함께 다이빙에 참여하는 교육생, 참가자의 신체 상태를 반드시 확인해서 수중에서 문제가 발생될 원인을 최소화 시키는 것이 중요하다.

체력이 약한 다이버

다이빙은 20대 젊은 남자들의 스포츠라는 말이 있다. 이는 그만큼 체력적으로 힘들고 다이빙 과정에서 많은 체력소모가 진행되는 운동이라는 것을 의미한다. 특히 수중활동에서는 장비의 부력 조절을 통해 거의 무중력 상태에 가까운 활동을 하다가 수면으로 출수를 하면서 즉각적으로 중력의 힘을 받게 되면 약해져 있던 관절부위에서 염좌(주로 근막이나 인대가 상하는 부상으로 발생)가 발생하는 부상을 입을 가능성이 높아진다. 그래서 출수 과정의 움직임에 주의를 기울여야 하는데 평상시 체력이 약한 다이버는 그 과정에서 무리한 자세를 취하면서 부상을 당하게 된다.

특히 여성 다이버의 경우 공기통을 결합한 BC를 착용하는 것조차 체력적으로 부담이 될 수 있다.

체력을 단련해서 다이빙을 즐기는데 무리가 없도록 신체 상태를 유지하는 것이 최선이지만, 레저 다이버에게 체력단련을 위한 운동을 강요할 수 없어 다이버의 체력상태를 개선시키는 것은 불가능에 가깝다. 그래서 다이빙 강사의 배려는 체력이 약한 다이버가 다이빙 활동을 즐길 수 있는 필수요건이 된다. 다이빙 강사는 상급자와 초보자, 남성과 여성 등으로 버디를 지정해서 상호간의 도움을 줄 수 있도록 팀 구성을 해야 한다. 또한 무리한 움직임이 발생하지 않도록 초급자가 출수를 할 때 BC를 들어주거나 BC를 벗어두고 출수할 수 있도록 도움을 줘야한다. 그리고 다이빙 경험을 지속하는 다이버에게는 체력을 안배하는 요령을 중간 중간에 알려줌으로서 편안한 다이빙을 할 수 있도록 도움을 줘야 한다.

겁이 많은 다이버

누구나 죽음에 대한 공포는 가지고 있다. 레저 다이빙을 즐기러 와서 죽음의 공포를 느낀다면 절대로 다이빙을 지속하는 사람은 없을 것이다. 초급 다이버가 겁이 나서 다이빙을 못한다면 그것은 100% 다이빙 강사의 책임이다. 이는 교육생에게 신뢰를 주지 못하여 '저 강사를 따라 물속에 들어가면 죽을지도 몰라'

라는 생각이 가득하기 때문에 다이빙을 하지 못하는 것이다. 교육과정에서 물과 친해질 수 있는 경험을 만들어주고 실습과정에서 다이빙 강사의 실력을 의심하지 못하도록 완벽한

모습을 보여준다면 교육생은 다이빙 강사를 신뢰하고 깊은 바닷속으로 뛰어내릴 수 있다.

　수영장 교육에서 충분한 강습을 하고 바다 실습을 나가도 1~2m높이의 보트에서 바다로 뛰어드는 것은 용기가 필요하다. 다이빙 강사들은 본인의 초급 다이버 시절을 잃어버리고 교육생이 뛰어내리지 못하는 것을 이해하지 못할 수 있다. 하지만 이는 매우 자연스러운 현상이며 그 상황에 무리하게 입수를 강요한다면 마스크를 분실하거나, 호흡기를 놓치는 것 같은 실수를 범할 수 있다. 그래서 겁이 많은 다이버와 바다 실습을 나갔다면 사다리를 이용해서 입수할 수 있도록 배려를 해주는 것이 중요하다. 실습생이 공포를 느낀다면 바다실습을 원활히 진행하기 어렵고 이는 다른 다이빙 팀원에게도 피해를 줄 수 있는 상황이 될 수 있기 때문에 다이빙 강사는 교육생에게 편안한 환경을 만들어주는 노력이 필요하다.

주의가 산만한 다이버
　위에서 기술한 다이버들은 대부분의 경우 다이빙 강사가 통제할 수 있다.

아무리 힘든 상황이 되어도 다이빙 강사와 신뢰관계에 있는 초급다이버는 다이빙 강사를 믿고 그 위험한 상황을 해결 할 수 있다. 그런데 주의가 산만한 다이버는 통제하기가 매우 어렵다. 다이빙 강사의 지시를 정확히 이해하지 못하는 경우도 있고 본인의 판단으로 다이빙 강사의 지시를 따르지 않는 경우도 있다. 특히, 수영 경험이 많아 수영에 자신감을 가지는 교육생에게는 반드시 주의사항을 정확히 인지시켜야 한다. 수영장 교육과정에서 수중교육이 진행되는 도중에 혼자 호흡기를 버리고 올라가버리는 경우도 있고 호흡을 최대한 멈추고 이동을 하는 경우도 있다. 이는 '긴급 상승은 매우 급박한 상황에서만 시도해야 한다'는 것과 '수중활동 중에는 절대 호흡을 멈추지 않아야 한다'는 원칙을 무시하기 때문이다. 이러한 상황은 본인의 신체에 대한 자신감으로 그런 무리한 행동을 하게 되는데 수영장과 같이 최대 5m를 넘지 않는 수심에서는 문제가 없어도 2~30m의 수심에서는 심각한 신체손상이 온다는 위험성을 충분히 주지시키지 못한 다이빙 강사의 교육실수가 맞물려 위험에 노출되는 것이다. 또한 주의가 산만한 다이버는 보트 위나 물속에서 주변을 살피지 않고 본인 마음대로 활동을 하며 다른 다이버에게 상해를 가할 수 있다는 점을 간과하면 안 된다. 즉, 잔소리처럼 들릴 수 있어도 지속적인 지적을 하고 통제하지 않으면 분명히 문제를 발생시킬 수 있기 때문에 다이빙 강사는 주의가 산만한 다이버가 주변에 있다면 더 주의를 기울여야 한다.

만약, 다이빙 강사의 통제를 전혀 따르지 않는 교육생이 있다면 그 교육생은 반드시 퇴출하여야 한다. 교육과정을 무리하게 수료한다고 하여도 다이빙 활동과정에서 반드시 문제를 발생시킬 수 있기 때문에 다른 동료 다이버, 교육생을 위해서 교육비를 돌려주고 교육을 중단하여야 한다. 다이빙은 심각한 상황이 되면 죽음의 경계를 넘나들 수 있다는 점을 명심해야 한다.

해양환경

우리는 아직도 대부분의 바다를 탐사하지 못하였다. 그것은 인간이 육상에서 호흡을 하면서 살아야 하는 동물이기 때문이고 그런 이유로 기초적인 어려움이 많은 곳 또한 해양지역이다. 국내 바다를 경험하며 자라온 한국인이 열대 바다에 가서 다이빙을 하러 물속에 들어 갈 때, 두 가지 새로운 경험을 느낀다. 한 가지는 매우 따뜻한 수온이고 두 번째는 생각보다 짠 바닷물의 염분 농도 이다. 열대 바다의 수온이 높은 것은 당연히 따뜻한 지역이라 그런 것 이라 할 수 있는 데 그럼 염분 농도가 높은 이유는 무엇 때문일까? 바닷물 성분 중에 짠맛을 느끼게 하는 물질은 소금 성분의 대부분을 차지하는 염화나트륨 때문이다. 염화나트륨은 많은 광물에 함유되어 있으며 비와 같은 물의 순환 과정을 따라 바다로 계속 흘러 들어가기 때문에 바닷물이 짠 이유가 된다. 즉, 열대지역은 다른 지역보다 상대적으로 강우량이 많아서 염화나트륨의 유입도 많고 따뜻한 대기온도로

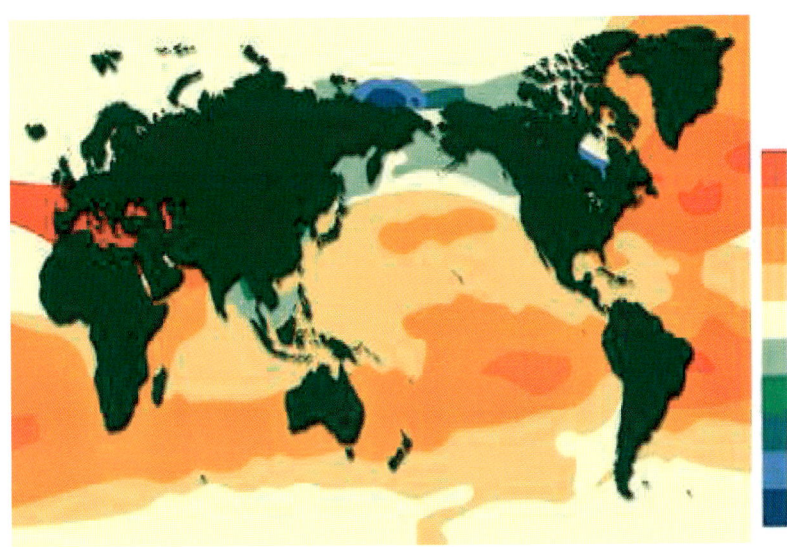

해양의 염분농도(37~29‰)

바다물의 증발이 많이 되기 때문에 상대적으로 증발이 덜 되는 국내바다보다 더 짜게 된다. 일반적으로 염분의 농도는 백분율이 아닌 1,000분에 얼마인 천분율‰(퍼밀)을 사용하는데 한대 지역인 발트해 같은 곳은 평균적으로 9‰정도인데 비하여 증발이 심한 이집트 홍해 지역은 46‰를 넘게 측정되는 경우도 종종 있다.

바다는 지구상에서 생명체가 제일 먼저 탄생된 곳으로 추정하고 있다. 그 곳에는 플랑크톤, 해조류, 어류 등 다양한 생물이 살고 있다. 다이버는 다이빙을 하면서 평생 처음 보는 생물체를 종종 관찰하기도 하는데 사진을 찍어 어떤 생물체인지 확인하려 할 때 아직 학계에 보고되지 않은 미 기록종인 경우가 종종 있다. 이렇게 아직까지도 학계에 보고되고 연구되어 지지 않은 미 기록종 생물이 바다에는 많이 살고 있다. 이런 점에서 바다는 우리가 살고 있는 곳과 매우 다른 환경이란 것을 새삼 느끼게 된다. 바다 환경은 우리가 즐기는 다이빙 환경이고 우리가 살아가는 삶의 터전이기도 하다. 우리는 그 아름다운

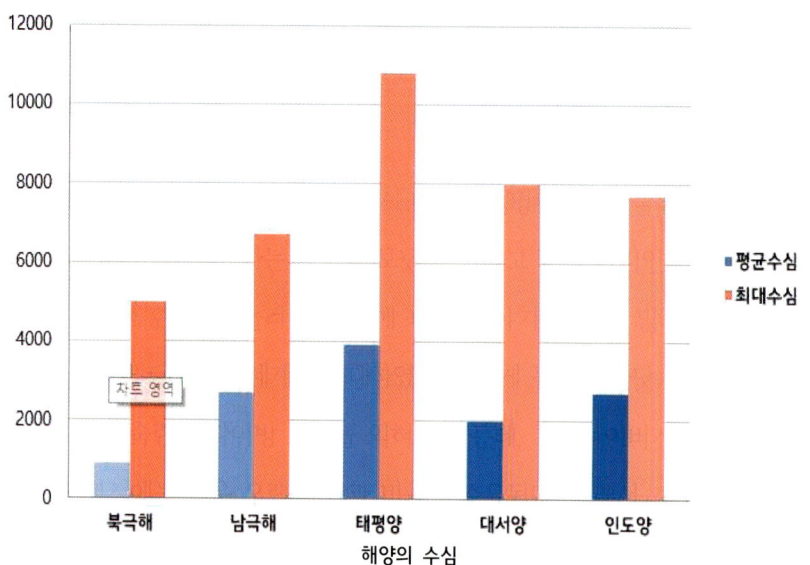

환경을 보존하고 후손에게 전달해야 하는 의무를 가지고 있다. 바다에 대하여 학습하고 환경변화에 대비하여 해양 환경에 영향을 주는 다이빙을 해서는 절대로 안 된다. 이러한 바다환경에 다이빙을 즐기기 위해 알고 있어야 하는 지식은 아래와 같은 것들이 있다. 이 중에 조류, 해류, 서지, 서프 와 같은 물의 흐름은 다이빙계획을 수립하는데 중요하게 검토되어야 하는 사항으로 반드시 알아 두어야 한다.

바람

다이빙을 즐기는 해양환경에서 바람은 다이빙 환경에 많은 영향을 준다. 왜냐하면 바람의 세기에 따라 파도의 높고 낮음이 결정되고 각종 주의보에 따른 다이빙 보트의 출항 여부

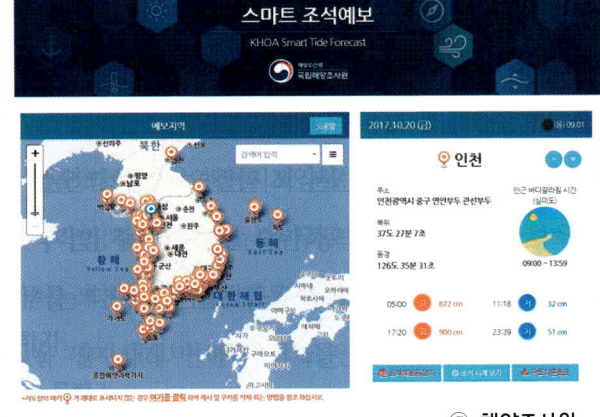

ⓒ 해양조사원

가 결정되기도 한다. 또한 바람에 의한 큰 너울 발생은 다이빙 자체를 어렵게 한다. 바람의 종류는 세기나 방향에 따라 산들바람, 높새바람, 센바람 등 다양한 구분이 있지만 다이빙에서는 바람의 속도에 민감하기 때문에 기상청의 바람속도 발표를 유의하여야 한다. 일반적으로 초속 5m이상의 바람이 불면 레저 다이빙은 어렵다고 보는 것이 일반적이다. 국내의 바람 상황이나 예보는 실시간 관측정보를 국립 해양 조사원(http://www.khoa.go.kr)에서 확인할 수 있지만, 다이빙을 위한 현지 정보는 방문예정인 리조트에 문의를 하는 것이 가장 좋다.

파도

파도의 원인은 크게 두 가지가 있다. 하나는 바람의 영향에 따른 발생이 있고 다른 하나는 지진의 충격에 따른 파도가 있다. 후자의 경우 해저에서 발생하는 지진이 그 원인인 경우가 대부분인데 일시적인 충격으로 물의 출렁임을 만들어내고 그러한 출렁임의 이동이 별다른 저항 없이 물의 움직임을 따라 육지까지 영향을 미치는 것을 지진 해일(Tsunami)이라고 한다. 2011년 3월 일본의 동쪽 해저에서 발생한 지진으로 인한 쓰나미(Tsunami)가 대표적인 경우라고 하겠다. 그렇지만 대부분의 파도는 바람의 영향에 따른 것을 일차적인 원인으로 볼 수 있다. 욕조에 물을 채우고 수면위로 바람이 불면 수면 위에 작은 움직임이 발생하는데 그러한 현상이 바다에서 발생하는 것을 파도라고 한다. 파도의 발생은 바람의 세기(풍속)와 바람이 지속되는 시간, 바람이 발생되는 지역의 거리에 따라 파도의 크기와 모양이 결정된다. 파도가 진행됨에 따라 파장이 짧아지고 파고가 높아져서 파도가 깨지는 현상이 발생하는데 이러한 파도를 백파(White Cap)라고 한다. 이러한 백파가 발생한다는 것은 먼 바다에서 커다란 너울이 밀려오고 있다는 증거이기도 하고 바닷속 다이빙 환경이 순탄치 않을 수 있음을 예상할 수 있는 결정적 증거가 될 수 있다. 이러한 변화 있는 파도의 모습들은 바람이 없는 평온한 바다에서도

일반적인 형태   말리는 형태   부서지는 형태(백파)

다른 바다에서 불어오는 바람의 영향으로 새로운 파도를 발생시키는 경우도 있다. 다른 방향의 파도가 밀려와 여러 개의 파도가 합쳐지며 발생하는 불규칙적인 파도 형태를 만들어 내는 경우도 있는데, 이런 상태의 바다를 항해하는 선박들은 불규칙한 바다의 흔들림으로 생기는 불편한 움직임으로 승객들에게는 심한 멀미를 발생시킨다. 파도는 물이 흐르는 것이 아니라 운동에너지가 전달되는 것이다. 그러한 움직임은 일정하게 회전하는 모양으로 작동하는데 이런 움직임은 마치 파도가 밀려오는 것 같이 느끼게 하지만 실제로 물은 거의 움직이지 않는다.

서프와 서지

우리는 파도가 물의 움직임이 순환적으로 발생하는 것이라는 것을 알고 있다. 이때 물의 움직임은 어느 수심이나 동일하게 움직이려는 성질이 있다. 그런 성질은 수심이 낮아질수록 움직임의 형태가 바닥에 닿기 때문에 특별한 모양으로 변화를 가져온다. 즉, 이런 순환 움직임은 얕은 수심에 바닥이라는 장애물이 있는 지역에서는 원형으로 순환할 수 없기 때문에 움직임이 찌그러지며 최종적으로는 앞뒤로 움직이는 피스톤 운동을 하게 된다. 이러한 현상을 서지(Surge)라고 부른다. 서지는 파도가 크고 수심이 낮은 경우 바닥지역에서 상대적으로 크게 느껴지며 심한 울렁거림으로 다이버에게는 수중 멀미의 원인이 되기도 한다. 또한 심한 흔들림은 한자리에 정지하기 어렵게 만들기도 한다. 특히 초보 다이버들은 바위 지역이나 산호가 많은 지역에서는 앞뒤로 움직이는 흔들림의 영향으로 몸에 상처를 입는 경우도 종종 발생하니 주의를 하여야 한다. 이렇게 흔들림이 많은 경우 조금 더 깊은 수심으로 이동하면 상대적으로 서지의 세기가 줄어드는 경우가 많으니 다이빙에 참조하여야 한다.

파도에너지가 해안가로 계속 밀려들어오며 바닥뿐만 아니라 수면에서도 회전

서프와 서지의 생성

움직임이 방해를 받는데 그러한 이유로 파도의 꼭대기가 부서지는 현상이 발생하여 해안에서 바다 방향으로 물의 흐름이 역류되는 현상이 발생하기도 한다. 이렇게 부서지는 파도를 서프(Surf)라고 한다. 서프는 부서지는 모양에 따라 3가지 형태로 나타난다. 파도의 꼭대기가 천천히 올라와 자잘하게 부서지는 파도가 있고 파도가 갑작스럽게 올라와 한 번에 부서지는 파도가 있다. 또 한 가지의 모양은 정상 부분에서 부서지는 파도와 다른 파도 에너지가 합쳐지며 위쪽으로 솟구치는 형태가 있다. 이러한 파도가 발생하는 부분을 서프존(Surfzone)이라고 하는데 크기에 따라 다이버의 입, 출수에 큰 불편을 주기도 한다. 또한 가끔씩 발생하는 너울성 파도는 해안가 방파제를 갑자기 넘어와 소중한 인명을 앗아가기도 한다. 서프존에서의 입, 출수는 매우 힘들고 위험이 따르므로 되도록이면 피하는 것이 좋다. 하지만 어쩔 수 없이 다이빙을 진행하여야 하는 경우 나름대로의 방법을 습득하여야 한다. 그 중 대표적인 방법은 파도의 리듬을 활용한 입, 출수 방법이다. 서프존의 경우 파도의 흐름이 바다 쪽으로 나가는 파도와 들어오는 파도가 일정한 시간의 차이를 두고 교차하면서 발생한다. 이러한 리듬을 적절히 활용하여 입, 출수를 한다면 생각보다 수월하게 다이빙을 진행할 수 있다. 이때 가장 중요한 것은 당연히 안전이며 안전을 위해서 마스크를 단단히 조이고 호흡기를 놓치는 경우가 없도록 긴장을 늦추면 안 될 것이다. 파도에 휩쓸려 부상을 입지 않도록 5mm이상의 긴팔 슈트를 착용하는 것도 잊지 말아야 한다.

조석

조석은 지구 주변의 달과 태양의 위치에 변화로 일어나는 중력 변화로 발생하는 해수면의 변동을 말한다. 그것은 지구에서 발생하는 파도 중에 가장 큰 파장을 갖고 있는 파도이고 그 파장은 지구 둘레의 반이 된다. 우주 크기를 고려한 관점에서 볼 때 중력을 가지고 있는 행성들은 서로 잡아당기는 힘이 있다. 이러한 힘(만유인력)은 태양과 지구의 관계만 볼 때 끌어당기는 인력과 회전하는 원심력이 어느 정도 균형을 이루어 거의 비슷한 궤적으로 공전을 하게 만든다. 이런 동일한 작용으로 달과 지구 또한 같은 균형을 가지고 돌게 된다. 이런 인력과 원심력이 작용하는 힘의 변화는 질량이 많은 암석부분에는 형태의 변화를 만들지 않는다. 하지만 지표면적 약 70%를 차지하고 있는 물은 중력이 당기는 방향으로 부풀어 오르게 된다. 이렇게 부풀어 오른 부분은 지구가 자전을 하면서 계속 변하게 되는데 지구상의 어느 지점을 기준으로 가장 많이 부풀어 오르는 시점을(실제로는 물이 차오르는 현상) 만조(High Tide)라 하고 가장 많이 빠지는 시점을 간조(Low Tide)라 한다. 이러한 만조와 간조 간의 차이를 조수간만의 차이라 하는데, 만조시에 부풀어 오른 부분만큼 다른 지역에서 바닷물이 내려가야 하고 간조의 경우 반대의 현상이 발생한다. 그래서 바다의 크기와 물의 양, 수심 등의 변수로 지역마다

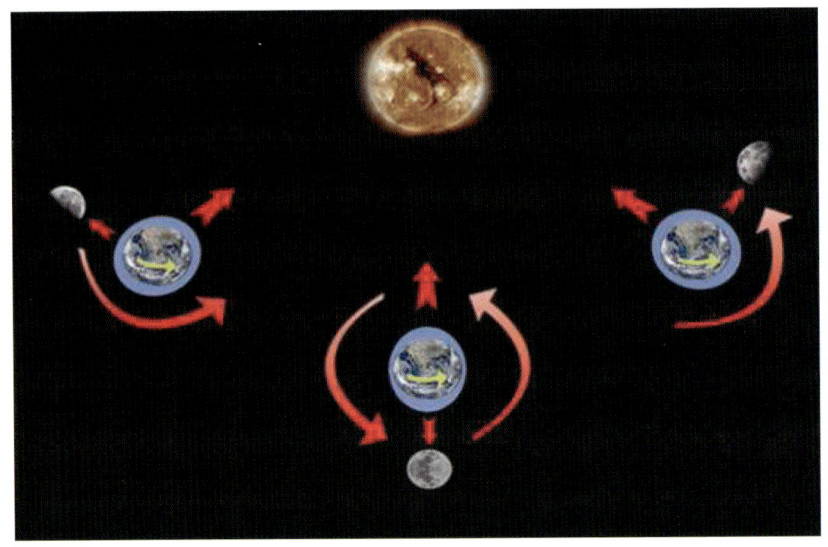

태양과 달의 영향

다른 조수간만의 차이를 보인다(동해와 서해, 태평양과 지중해 등 바다의 크기와 수심에 따라 다르다). 밀물과 썰물이 반복되는 주기는 매 12시간 24분 정도의 간격으로 발생한다. 이때 12시간의 주기는 지구의 자전 때문이고 24분의 차이는 달의 공전 때문이다.

그림에서 보는 것과 같이 달의 위치에 따라 더 많이 부풀어 오르기도 하고 적게 오르기도 하는데 이런 차이를 사리, 조금 이라고 하는 시점으로 표현한다. 정확한 조석을 예측하는 것에는 많은 변수가 존재한다. 우리가 상식적으로 알고 있는 것은 지구 주변을 달이 원형으로 돌고 있다고 알고 있다. 하지만 달은 실제로 달과 지구의 무게 중심을 기준으로 서로 맞물리면서 회전하는 궤적으로 태양주변을 공전하고 있다. 이것은 회전의 모양이 정확히 원형으로 도는 것이 아니라 변형된 타원 형태로 되는 것을 의미한다. 이러한 회전은 약 27.3일 주기로 회전을 하는데 달의 위치에 따라 매우 큰 변화를 가져온다. 거기에 또 다른 변수로는 지구의 자전과 공전의 움직임 차이로 지구상 같은 지점에서 달은 매일

만조 수위로 접안이 어려움   공기통을 높은 곳으로 이동

제주도 문섬의 만조

50분씩 늦게 떠오르는 것으로 관측된다. 따라서 만조 시간도 매일 약 50분씩 늦게 돌아온다. 그 외에도 많은 변수가 있지만 단순히 지구와 태양, 지구와 달의 관계를 계산하면 달은 최대 55cm, 그리고 태양은 최대 23cm정도의 조석을 보이게 된다. 하지만 실제 지구상에서 여러 곳이 매우 다르게 조수간만의 차이를 보이는데 이러한 이유는 지구가 회전하기 때문에 발생하는 조석파 에너지의 이동 때문이다. 즉, 지구의 자전 속도로 인하여 부풀어 오르는 최고점이 지구 위를 1,600km/h 정도로 이동하게 되는데 이러한 조석파가 일정하게 이동하려면 수심이 22,000m이상 되어야 한다. 하지만 앞에서 언급한대로 바다의 평균 깊이는

간조시 제주도 문섬

4,117m정도이기 때문에 파장의 왜곡 현상이 나타난다. 이런 왜곡은 해안가로 가까워질수록 지형적인 영향을 많이 받게 되는데 에너지가 물의 흐름을 빠르게 만들어 강력한 조류를 발생시키는 원인이 된다. 조석의 예측과 예보는 140여 가지의 항목을 감안해

서 계산을 해내는데 아직까지도 바닷속 지형이 100% 탐사되지 않은 관계로 정확히 일치하는 예보는 할 수 없는 수준이다. 국내의 경우 오랜 기간 측정치와 여러 변수를 고려 약 3cm내외의 오차를 보이는 조석 예측을 하고 있다. 다이버의 입장에서 볼 때 조석은 매일 반복되는 것으로 그다지 다이빙 여건에 영향을 주지 않는다. 하지만 물의 흐름이 많이 발생하는 사리와 조금 같은 시기적인 문제는 다이빙에 영향을 많이 주기 때문에 사리 와 조금 보다 그 중간 정도의 기간에 다이빙을 하는 것이 상대적으로 편안한 환경에서 다이빙을 즐길 확률이 높다고 볼 수 있다. 우리나라의 경우 서해안지역에서 다이빙을 하는 경우 조수간만의 차이가 크기 때문에 밀물과 썰물이 교차하는 정조 시간대(약 1시간)를 이용해서 다이빙을 하는 경우가 일반적이다.

조류

조류(Tidal Current)는 조수간만의 차이로 발생하는 에너지의 흐름이 주변의 물을 움직여 흐르게 하는 해수의 흐름을 말한다. 물이 차오르며 발생하는 조류를 창조류(Flood Current-밀물)라 하고 빠지면서 발생하는 흐름을 낙조류(Ebb Current-썰물)라고 한다. 또한 밀물과 썰물이 교차하여 물의 흐름이 거의 없는 상태를 정조(Slack Water)시간이라 하는데 조수간만의 차이가 많은 지역에서는 이 시간대가 다이빙을 즐기는데 최적의 시간이라 할 수 있다. 조류는 조수간만의 차이가 심한 지역과 지형적으로 좁은 입구를 가지고 있는 큰 만의 입구 같은 곳에서 매우 빠른 조류의 흐름을 관측할 수 있다. 이렇게 빠른 조류에 흐르게 되면 다이빙을 시작한 지점에서 적게는 2km, 많

해안을 따라 흐르는 조류

게는 5~6km까지 흘러가는 상황이 발생하기도 한다. 이렇게 조류를 따라 흐르는 다이빙을 하는 경우 다이버는 입수직후 수면 표시 부의(SMB) 즉, 소시지를 올려 다이빙 보트의 스텝에게 흘러가는 위치를 알려주는 것이 좋다. 하지만 조류가 빠른 지역에서 다이빙을 하는 것은 매우 위험한

산호초 경계부분의 조류

다이빙으로 만약 대양으로 흘러 나가는 빠른 조류에 휩쓸리면 망망대해에서 혼자 떠오르는 심각한 위험에 처하는 경우도 있을 수 있다. 그렇기 때문에 조류 다이빙을 시도한다면 사전에 철저한 계획과 준비를 해서 사전에 위험 요인을 최소화해야 한다.

조류는 바다가 좁은 지역일수록 또, 수심이 낮을수록 강하게 흐르기 때문에 조류가 강하게 있는 경우 다이빙을 들어가기 전에 조류의 방향을 반드시 확인하여야 한다. 조류가 많이 흐르는 곳에서 입수를 할 경우 같이 다이빙을 하는 다이빙 팀 전체의 입수 시간이 지연되면 팀원들이 서로 멀리 떨어지는 경우가 생길 수 있다. 그런 경우는 입수 직후 수면에서 대기하지 말고 즉시 하강을 해서 미리 약속한 물속의 지점에서 만나 같이 다이빙을 진행하는 것이 좋다.

조류 다이빙은 조류가 많은 지역에 위치하고 있는 물고기, 예를 들어 대양의 참치 떼를 관측하는 것과 같이 특정한 목적을 가지고 하는 다이빙이 대부분이다. 조류가 빠르기로 유명한 팔라우의 블루코너 같은 곳은 조류의 흐름에 떠내려가지 않기 위해 조류 걸이라고 하는 장비를 추가적으로 가지고 들어가 암반 지역에 조류 걸이를 걸고 유영하는 물고기를 관찰하는 것으로 유명하다.

지협적인 조류

정확히 말하면 조류라고 할 수는 없지만 지역적인 영향으로 특정한 형태의 흐름을 보이는 조류가 있다. 이러한 흐름들은 해안가의 지형에 따라 특별하게 흐르는데 해안으로 밀려들어온 파도 에너지가 완전히 소멸되지 않고 다시 대양으로 밀려 나가는 남은 에너지의 배출 때문에 발생한다. 대양에서 들어오는 파도는 거의 일정하게 밀려들어오지만 다시 돌아 나가는 흐름은 저항이 가장 적은 길을 통해 흘러 나간다. 물이 배출되기 쉽도록 배수구를 만드는 것과 같이 바닷속 지형이 배수구처럼 잘 흐르는 지형으로 만들어진 경우 그 쪽으로 흘러 나가려는 경향이 있다. 이런 움직임은 다이버에게도 문제가 될 수 있지만 물위에서 해수욕을 즐기는 사람에게 더 큰 문제를 발생시킨다. 여름철 가끔씩 부산 해운대 해수욕장에서 2~30명의 사람들이 먼 바다로 흘러 나가 해양 경찰이 출동해서 구조했다는 뉴스가 보도되는 것을 보면 알 수 있다(여름철 해수욕장에 위험한 '이안류' 라고 방송에 나온다).

다이버는 이러한 조류의 흐름이 많은 곳을 피하는 것이 좋지만 특별한 목적으로 그곳에 다이빙을 한다면 적절히 조류를 활용해서 다이빙을 하는 것이 좋다. 최초 입수 지점에서 조류의 흐름을 예측한 다이빙을 진행하여 그 흐름을 따라 거스르지 않는 다이빙을 해야 한다. 역 조류를 극복하며 다이빙을 시도할 경우 같은 그룹에서 다이빙하는 사람마다 다이빙 기술이 달라 공기 소모량이 많은 사람이 분명히 나오며 그 사람의 공기 부족 때문에 예정된 다이빙을 다하지 못하고 출수해야 하는 경우가 나오기 때문이다.

좁은 해안의 이안류

이렇게 조류가 많이 흐르는 경우는 다이빙 진행 중간 보다 안전 정지를 위해 5m수심에서 머무르는 경우에 무척 힘든 상황이 연출된다. 다이빙 보트가 정박을 하고 있는 경우는 내려놓은 줄을 잡고 안전 정지를 하면 그나마 수월하게 출수 할 수 있지만, 수면 표시 부의 (SMB-소시지)를 올리고 안전 정지를 할 경우

좁은 해안의 와류

같은 그룹의 다이버 들은 소시지(SMB)를 올린 사람을 중심으로 주변에서 같이 흘러가며 안전 정지를 해야 한다. 이때는 머리 쪽을 조류가 흘러오는 방향으로 두며 핀으로 균형을 잡아주는 형태로 수평 자세를 유지하면 한결 수월하게 안전 정지를 진행할 수 있다. 안전 정지를 끝내고 수면에 오른 후에도 소시지(SMB)를 내리지 말고 세워서 다이빙 보트에서 잘 보이도록 해야 한다. 같은 그룹의 다이버는 서로의 공기통을 붙잡아 흩어지지 않도록 한다. 다이빙 보트가 다가오면 미리 정해둔 순서대로 보트에 접근해서 출수를 하면 된다. 모든 다이버가 보트 쪽으로 한꺼번에 접근을 해서 우왕좌왕 하는 경우가 없도록 주의해야 한다.

해류 Ocean Current

조류의 흐름은 다이버에게 다이빙을 할 때 직접적으로 어려움을 주기도 하지만 가끔은 즐거움을 주기도 한다. 이런 지엽적인 물의 흐름을 제외하고 대양 전체를 크게 관측한다면 대규모 물의 흐름이 관측되는데 이것을 해류 Ocean Current 라고 한다. 해류 Ocean Current 는 계절풍 같은 바람에 의하여 발생하는 것도 있고 바닷속 지형의 경사 때문에 흐르는 경사류의 흐름도 있다. 하지만 해류의 흐름에 가장 큰 원인을 차지하는 것은 바닷물의 밀도 차이로 발생하는 흐름이다. 이는 적도

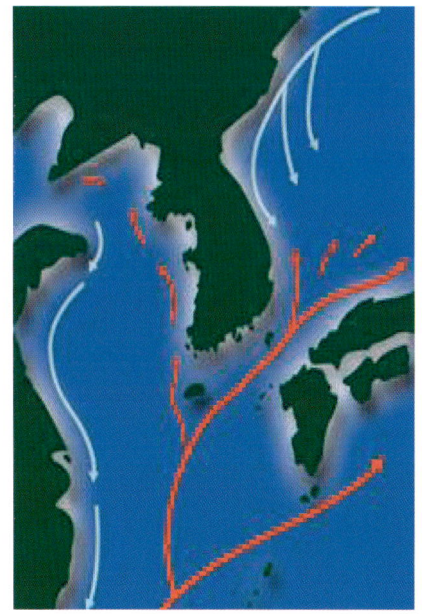

우리나라 주변 해류

지방의 온도와 남극, 북극 지방의 온도 차이와 바다 상층부의 온도와 하층부의 온도 차이 등이 원인이 되어 염분 농도와 밀도가 다르게 된다. 이때 무거운 물질이 아래로 내려가는 성질이 대양 전체에 상호 작용하여 전반적으로 일정하게 해류의 흐름을 보인다. 우리가 일상적으로 해류의 흐름을 온도에 따라 난류와 한류로 구분해서 이야기 하는데 그것은 학문적 용어가 아닌 따뜻한 곳 또는 차가운 곳 에서 흘러오기 때문에 붙인 이름이 된다. 학술적으로는 해류

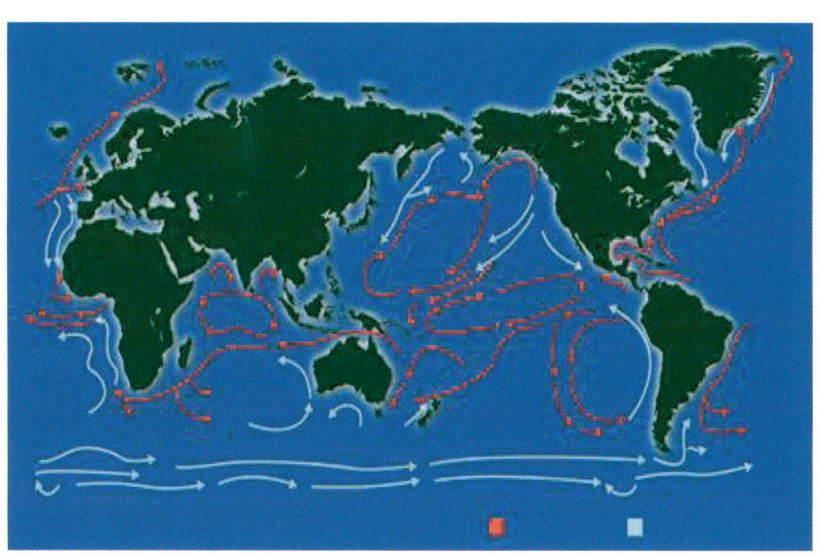

대양의 해류

의 이름을 정할 때 해류가 흐르는 지역의 이름을 붙여 북태평양 해류, 알래스카 해류 같은 이름을 사용한다. 국내 바다에 영향을 주는 해류로는 쿠로시오 난류(Kuroshio Current)가 열대 바다의 생물체를 국내 바다로 공급하고 북한 한류가 차가운 물을 동해로 내려 보낸다. 이렇게 난류와 한류가 동해에서 혼합되면서 동해는 다양한 종류의 수산 자원을 보유한 황금 어장이 되는 것이다. 최근 지구 온난화로 난류의 흐름이 예년보다 더 활발하게 올라오고 있다. 이러한 이유로 독도 같은 곳에서도 열대 바다에서 관찰되는 어류인 파랑돔이 관측되고 있다.

다이빙 위험요소

바다 환경에는 본인도 모르는 사이에 겪을 수 있는 위험요소가 몇 가지 더 있다. 그 중에 종종 경험하게 되는 대표적인 위험요소는 아래와 같다.

상승, 하강조류

남태평양에 유명한 다이빙 지역 중에 팔라우라는 곳이 있다. 그 곳에 블루코너라고 하는 대표적인 상승, 하강 조류의 포인트가 있다. 이곳을 방문하는 다이버는 조류 걸이 라고 하는 특수 장비를 가지고 다이빙을 해야 한다. 블루코너는 조류가 빠르게 흐르는 지역까지 이동을 해서 다이버의 몸이 흐르지 않도록 조류 걸이를 주변 암반에 걸고 해양 생물체를 관찰하는 대표적인 포인트이다. 이렇게 조류의 상태를 미리 알고 있는 지역을 방문하는 경우 조류 걸이 같은 장비를 준비해서 별다른 문제없이 다이빙을 진행할 수 있다. 하지만 지형적인 특징이나 조류의 급격한 이동으로 특정 지역에서 상승 또는 하강 조류를 급격히 만나는 경우도 종종 있을 수 있다. 이때는 그곳을 빠르게 빠져 나오는 것이 가장 좋은 선택이다. 아무리 베테랑 다이버라도 조류는 이길 수는 없으며 역방향 조류를 만나는 경우 운동량 초과로 공기를 많이 마셔 급격한 공기 부족이 올 수 있게 된다. 지역을 잘 알고 있는 현지 가이드와 같이 다이빙을 진행하여 그런 일이 없도록 하여야 한다. 만약 어쩔 수 없이 조류에 쓸려 들어가는 경우 하강조류는 BC에 공기를 주입해서 상승할 수 있고 상승조류는 BC의 공기를 빼고

조류는 공기방울을 관찰해서 확인

핀을 이용해 속도를 조절하여 최대한 느리게 상승하는 것이 최선의 선택이 된다. 물론 그렇게 조치하면서도 그 지역을 최대한 빨리 빠져 나오려 노력하는 것이 더 중요하다.

시야

경험해 보지 못한 맑은 시야는 매우 위험한 숨겨진 위험 요소 중에 한 가지가 된다. 만약 시야가 50m까지 나오는 맑은 바다에서 다이빙을 할 경우 입수를 해서 바닥을 보면 아래가 보이는 경우가 있다. 이때 국내 다이빙을 생각하고 계속 하강을 하다 보면 본인도 모르는 사이 수심 50m까지 내려가는 위험에 노출될 수 있다. 다이버는 레저다이빙의 한계수심인 30m를 넘지 않는 범위에서 다이빙을 하여야 하며 수심계를 자주 확인해서 계획 수심을 초과하는 일이 없도록 주의해야 한다.

수온약층

수온약층(Thermoc line)은 바닷속의 수온이 급격히 변화되는 수심을 말한다. 대양의 깊은 바다의 경우 아주 깊은 지역은 일 년 내내 변화가 없는 수온을 보이는 지역과 갑자기 수온이 급격히 떨어지는 수온 약층 지역이 일정하게 깊은 수심에서 분포한다. 하지만 레저 다이버가 즐기는 다이빙 환경인 수심 30m이내는

상층부 수온의 물이 바람의 영향으로 하층부와 잘 혼합되어 일정한 온도를 보이는 경우가 많아 열대 지역에서는 수온 약층을 경험 하는 경우가 거의 없다. 그런데 여름철 동해안에서 다이빙을 하는 경우 수온 약층을 경험했다는 이야기를 종종 접한다. 여름철 대기온도가 30℃ 이상으로 매우 더운 상태에서 물속에 들어갔는데 수면 온도가 20℃ 정도라 매우 놀라고 하강을 하며 수심이 깊어질수록 점점 내려가는 수온으로 당황스러운 경우가 있다. 이때 갑작스러운 수온 변화를 대비하지 않고 3mm같은 얇은 슈트를 착용하고 다이빙하는 다이버는 다이빙을 지속하지 못하고 올라와야 하는 상황이 되기도 한다. 2012년 8월 11일 13시 동해안 강릉 앞바다 수심 25m에서 수온이 4 ℃를 기록한 경우도 있어, 한여름

에도 5mm이상의 슈트와 후드 착용을 권장하는 이유가 된다. 다이버가 수온 약층을 만나는 경우 하강 할 때는 모르지만 상승을 하면서 봄철 아지랑이가 오르는 것 같이 시야가 흔들려 몽롱해지는 경우가 있다. 이때 갑작스런 온도 상승으로 BC에 남아있던 공기가 급격히 팽창하여 안전 정지를 못하고 상승하는 경우가 발생할 수 있으니 주의하여야 한다.

다이빙 스트레스

다이빙을 하면서 다이빙 환경 변화에 따라 갑자기 밀려오는 스트레스로 심각한 위험 상황에 직면하는 경우도 있을 수 있다. 편안한 상황에 다이빙을 즐겨야

하지만 실수로 해양 생물을 만져서 쏘이거나 장비의 이상으로 불편한 상황이 지속되면 문제가 해결 될 때까지 계속 스트레스를 받는다. 계속된 스트레스는 패닉이라는 더 큰 문제를 발생 시킬 수 있기 때문에 스트레스를 줄일 수 있도록 해야 한다. 다이빙을 하면서 겪게 되는 스트레스의 종류 중에 자연 환경적인 요인은 어쩔 수 없는 부분이 대부분이다. 하지만 장비의 고장이나 슈트의 압착 같은 스트레스는 사전에 철저한 준비를 한다면 간단히 해결 할 수 있는 위험 요소일 뿐이다.

응급조치

다이버는 항상 본인의 안전뿐만 아니라 다른 사람의 안전에도 주의를 기울여야 하는 의무가 있다. 다이빙이라는 스포츠가 혼자 할 수 있는 스포츠가 아니고 팀 단위 또는 그룹으로 즐기는 스포츠라는 특성이 있어 팀원 한 사람의 문제는 팀 전체의 문제를 발생시킬 수 있다는 위험성을 가지고 있다. 강사 같은 다이빙 리더가 응급처지에 관한 교육을 받고 그에 따른 자격을 가지고 있기 때문에 팀 내에 강사가 있다면 안전하다고 생각할 수 있지만 다이빙을 즐기다 보면 본인이 직접 응급처지를 해야 하는 상황에 닥칠 수 도 있기 때문에 그에 따른 간단한 절차를 숙지한다면 소중한 생명을 살릴 수 도 있고 팀을 위기에서 구해낼 수 도 있는 중요한 일을 할 수 있다.

응급조치는 말 그대로 응급조치이기 때문에 응급조치를 통하여 상황이 호전되었다고 부상을 당한 다이버를 방치하는 것은 더욱 위험한 행동이다. 다이빙에서 발생하는 부상 중에 눈에 보이는 타박상, 찰과상과 같은 부상은 즉시 조치하는 경향이 있지만 눈에 보이지 않는 잠수병 추정 증상은 방치하여 더 큰 위험을 초래하기도 한다. 그러므로 다이빙 이후 이상 증상이 나타나는 다이버가 있는 경우 응급조치 이후 즉시 의료진이 처치할 수 있는 병원으로 후송하는 것이 매우 중요하다. 다이빙은 다음에 또 할 수 있지만 잠수병 같은 부상은 평생을 갈 수 있다는 중요한 사실을 간과해서는 안 된다.

다이빙을 즐길 때 1차적인 응급조치는 리조트를 통해 받을 수 있다. 하지만 후속조치에 대한 결정은 다이버가 직접 해야 하기

때문에 응급조치에 필요한 긴급 연락처 같은 정보는 항상 휴대하고 있는 것이 좋다.

패닉

사람이 어떤 행동을 할 때 가장 위험한 행동 중에 한 가지는 본인의 의지와 상관없는 이상한 행동을 하는 것이다. 극도로 긴장된 상황이나 너무 무서워 공포에 질린 상황인 경우 본인도 모르는 사이 이상 행동을 하는 경우가 종종 있다. 이러한 모든 이상행동을 패닉 상태에 빠졌다고 한다. 초급 다이버의 경우 다이빙을 하면서 입수 전 단계에서부터 벌써 긴장을 하여 손을 떨거나 호흡을 가쁘게 하는 행동을 하는 경우가 많다. 이런 경우 팀의 리더나 버디가 마음의 안정을 취할 수 있도록 신뢰감을 주는 것이 좋은데 천천히 여유 있게 움직이는 것이 좋은 방법이다. 부산한 움직임은 본인도 모르는 사이 뭔가 절차를 빼먹는 실수를 하게 되고 다른 다이버를 배려하지 않은 행동으로 다치는 경우도 발생을 한다. 패닉의 초기 증상은 두려움에 아무런 행동을 할 수 없는 경우(흔히 '멍때린다'라고 하는 것처럼 행동을 멈추고 가만히 있는다)인데 그 경우 아래와 같이 매우 간단한 방법으로 패닉을 극복 할 수 있다.

① 행동을 멈춤

뭔가의 두려움이 엄습해오면 그것을 피하려고 하는 것이 당연한 본능이다. 하지만 다이빙의 경우 실제로 위험하지 않는데 두려움에 의하여 과장된 두려움의 요인을 만든다. 이 경우 주변 관찰자의 입장에서 보면 단순히 이상한 행동을 하게 되는 것으로 보인다. 그렇기 때문에 두려움이 생기면 행동을 계속하지 말고 현 상태에서 멈춰 호흡을 가다듬고 잠시 시간을 보내야 한다. 이때 본인이 평소 즐겨 부르는 노래의 가사를 떠올리며 한 소절 정도를 흥얼거려 보는 것도 좋다.

② 현재 상황에 대한 생각과 판단

방금 무슨 행동을 하려고 했었는지 생각을 해본다. 약간의 시간이 지나고 진정이 된 다음 본인의 행동을 생각해본다면 분명 이상한 행동을 하려 했다는 것에 놀랄 것이다. 만약 아무런 생각이 나지 않는다면 주변을 둘러보며 버디나 다이빙 리더의 행동을 관찰한다. 본인은 약간의 이상 징후를 느껴 두렵고 무섭지만  다른 사람은 평소와 다름없이 다이빙을 즐기고 있는 모습을 보게 될 것이다.

③ 천천히 계획된 행동을 시도

어느 정도 정신을 차리고 주변을 살펴보면 별다른 문제없는 상황이었다는 것을 확인하게 된다. 그렇게 본인의 이상 행동을 인지하게 된다. 그때 약간은 창피함을 느낄 수 있게 되는데 그것은 마음의 안정을 찾고 계속해서 다이빙을 할 수 있다는 것이고 패닉 상황을 완전히 극복했다고 봐도 무방하다. 패닉 상태에 빠지는 다이버를 살펴보면 특정한 이유로 패닉이 발생하는 경우가  많다. 사전에 대처를 하면 패닉에 빠지지 않는다는 말이 된다. 흐린 물로 시야가 갑자기 보이지 않아 버디를 잃어버리는 경우, 장비에 적응하지 못한 불편함으로 장비조작이 어려운 경우 그 불편함이 증폭되면서 패닉 상태를 유도하는 경우가 많다. 즉, 다이빙 리더의 충분한 사전 브리핑과 문제가 발생하는 경우 조치하는 절차를 철저히 숙지한다면 패닉 상황을 겪는 일은 없을 것이다. 만약 아직 두려움이 남아 있고 지속적으로 다이빙을 진행 할 수 없다면 주저하지 말고 버디 또는 다이빙 리더에게 의사를 전달하고 다이빙을 중지하는 것이 좋다. 몸에 이상을 느껴 다이빙을 중지하는 것은 절대 잘못된 행동이 아니라는 점을 인식하고 있어야 한다.

긴급상승

긴급 상승 기술을 사용해야 하는 상황이 되지 않도록 다이빙 계획을 철저히 세워 사전에 예방하는 것이 최고 좋은 방안이다. 하지만 어쩔 수 없는 경우 선택할 수 있는 마지막 방법이 긴급 상승이다. 긴급 상승을 할 경우와 팽창 장애 또는 잠수병 같은 2차적인 부상을 입을 가능성이 있지만, 긴급 상승을 하지 않으면 물속에서 사망할 수 있는 심각한 상황에서라면 어쩔 수 없는 마지막 선택이 된다. 그렇기 때문에 심각하게 고려해서 긴급 상승을 시도해야 하며, 본인의 상태에 따라 호흡이 허용할 수 있는 범위 내에서 최대한 천천히 상승하는 것이 차선의 선택이라 할 수 있다. 만약 다이버가 어떠한 이유로 물속에서 기절을

하게 되면 정상적인 호흡을 할 수 없게 된다. 기절한 다이버는 호흡하는 과정에서 많은 물을 마시게 되어 익사를 하게 되는 심각한 상황이 될 수 있다. 이 경우 즉각적인 긴급 상승을 시도하여 물밖에서 후속조치를 하여야 한다. 아래에서는 긴급 상승을 할 때 안전

을 위하여 추가적으로 할 수 있는 조치를 설명한다.

① 보조호흡기를 사용한 공기공유

다이빙을 즐길 때 공기의 사용 효율은 다이버 본인이 제일 잘 알고 있고 호흡 방법에 따라 매우 다른 사용량을 보여준다. 다이빙 그룹이 같이 다이빙을 할 때 다이빙 한계 시간을 정하는 것은 제일 빠르게 공기를 사용하는 다이버를 기준으로 다이빙 시간을 정한다. 레저다이빙의 최대 한계 수심 30m를 넘지 않는 다이빙을 한다는 가정 아래에 공기통의 잔압이 70bar가 되기 전에 상승을 하는 것을 원칙으로 하고 있다. 즉, 70bar의 공기라면 평균적인 다이버가 상승과 안전정지를 충분히 수행하고 출수를 할 수 있는 공기량이기 때문이다. 물론 공기를 더 빠르게 소모하는 다이버라면 좀 더 짧게 다이빙을 하는 것이 좋으며 다이빙 경험이 지속될수록 공기의 소모량이 많이 줄어든다는 것은 입증된 결과이기 때문에 초급 다이버가 공기를 빨리 소모하는 것을 창피해 할 필요는 없다. 계획된 다이빙을 시도하였지만 초급 다이버가 공기를 예상보다 빠르게 소모를 해서 공기가 부족한 경우 다이빙을 중단하고 즉시 상승을 시도해야 한다. 이 경우 다이버는 다이빙 리더에게 본인의 공기 부족 사실을 알리고 다이빙 중단을 요청해야 하며 본인의 남은 공기를 효율적으로 사용하며 상승을 시도하는 것이 좋다(본인의 공기를 사용하며 상승을 하다가 공기가 부족한 경우 같이 다이빙을 즐기는 버디에게 공기를 제공받을 수 있다는 신뢰가 있기 때문이다). 만약 버디의 공기가 떨어지는 경우 버디를 위해 본인의 공기를 공유할 수 있는 별도의 호흡기를 준비해서 가지고 다녀야 한다. 이런 보조호흡기를 흔히 옥토퍼스^{octopus}라고 하는 추가적인 호흡기를

말하는데 본인이 호흡하는 호흡기와 같은 장비를 추가로 한 개 더 부착하고 다니는 것을 의미한다. 공기를 공급해주는 공급자는 본인이 보조호흡기를 통해 호흡을 하고 본인이 사용하던 주 호흡기를 버디에게 전달한다. 이런 공기 공유 상황은 매우 드물게 발생하지만 평소에 연습을 해둔다면 어렵지 않게 상황을 극복할 수 있다. 보조호흡기는 본인의 안전과 버디의 안전을 지키는 매우 중요한 장비이기 때문에

초급에서 중급으로 넘어가는 다이버는 반드시 준비하여야 하는 필수 장비라 할 수 있다. 추가적으로 보조호흡기의 장착에 관한 요령을 말한다면 보조호흡기를 짧은 호스로 연결하여 다이버의 목에 걸고 다닐 수 있도록 장착하는 것을 권장한다. 주호흡기 역시 2m정도의 긴 호스를 사용하여 공기를 제공할 때 편하게 제공받을 수 있도록 하는 것이 좋다. 물론 이 경우 호흡기 찾기 같은 기술이 다르게 적용되기 때문에 장비를 부착하고 제한 수역 내에서 충분한 연습을  하고 시도하여야 한다. 보조호흡기를 장착한 다이버는 다이빙을 시작하기 전에 본인의 주호흡기뿐만 아니라 보조호흡기의 작동상태를 점검하는 것 또한 필수 절차가 된다.

② 짝 호흡을 통한 공기공유

짝 호흡은 한 개의 호흡기를 두 명의 다이버가 같이 사용하는 호흡을 말한다. 다이버가 호흡을 할 때 천천히 리듬을 맞춘다면 두 명의 다이버가 한 개의 호흡기로 충분히 호흡을 공유할 수 있다. 호흡을 하는 쪽에서 두 번의 호흡을 하고 난 다음 공기를 제공하고 공기를 공유 받는 다이버가 두 번의 호흡을 하고 다시 돌려주는 방식이다. 이러한 짝 호흡의 연습은 제한 수역에서 버디끼리 서로 공기를 공유하는 실습을 해보면 매우 쉽게 할 수 있다. 만약 버디의 장비에 보조호흡기가 없고 본인의 공기가 떨어진 경우 어쩔 수 없이 짝 호흡을 시도하며 상승을 하여야 한다. 제한 수역에서 충분히 연습을 하고 버디끼리 충분한 신뢰가 있다면 짝 호흡을 실시하면서 상승을 할 수 있다. 하지만 대부분의 다이버가 짝 호흡 연습을 하지 않고 항상 같은 사람과 버디를 하며 다이빙을 하지 않기 때문에 실제 바다에서 긴급 상황이 벌어진다면 짝 호흡을 하면서 상승하는 것은 매우 어려운 일이 될 것이다. 그렇기 때문에 반드시 보조호흡기를 준비하여 짝 호흡을 시도하는 상황이 오지 않도록 주의하여야 한다.

③ 공기배출하며 긴급 상승

주변에 도움을 받을 수 있는 버디가 없는 경우 어쩔 수 없이 마지막에 선택할 수 있는 것이 긴급 상승이다. 물속에서 공기통에 공기가 완전히 고갈되는 경우를 제외하고 갑자기 공기가 나오지 않는 경우는 없다. 본인이 게이지를 확인하여 공기가 소모되는 상황을 알게 된다면 미리 대비할 수 있지만 게이지의 고장으로 잔압을 확인할 수 없는 상황에서 무리한 다이빙을 하게 된다면, 공기가 부족한 상태로 떨어지는 사태를 만날 수도 있다. 하지만 이 경우에도 공기가 완전히 고갈될 때까지 호흡할 때 뻑뻑하게 빨리지 않는 느낌이 들게 되어 공기 고갈을 예상할 수 있다. 이런 긴박한 상황에도 많게는 10회, 적어도 5회 이상의 공기를 흡입할 수 있는 여유가 있다. 이때는 어쩔 수 없이 긴급 상승을 시도해야 하는데 아래와 같은 절차를 따르며 상승을 시도한다면 부상 위험을 줄일 수 있다.

호흡기를 물고 천천히 숨을 들이쉰다.

급상승 속도를 늦추기 위해 BC의 공기를 배출할 수 있도록 왼손으로 BC의 인플레이터 배출버튼을 잡는다.

수면 위를 바라보며 킥을 하며 상승한다(상승이 어렵다면 웨이트를 버리고 상승).

상승을 하며 계속해서 호흡기의 공기를 호흡하려 노력한다.

수면에 도착 즉시 웨이트를 버리고 BC에 공기를 주입하여 양성부력을 확보한다(입으로 불어서 BC에 공기를 넣는 연습을 미리 해두어야 한다).

④ 긴급부력상승

절대 시도하면 안 되는 방법이지만 목숨이 위험한 어쩔 수 없는 최악의 상황에서 마지막으로 선택해야 하는 상승이다. 만약 이러한 상승을 시도하여 무사히 수면으로 올라온 경우에도 100% 산소를 흡입하며 즉시 병원으로 후송되어야 한다. 긴급부력상승은 분당 9m이하의 속도를 초과하는 경우가 대부분이다. 그렇기 때문에 과팽창 장애가 예상되며 그에 따른 부상에 대비를 해야 하는 것이다. 아래는 그러한 위험도를  최대한 줄일 수 있는 방안이지만 절대 안전하지 않은 방법이니 사전에 철저한 대비를 해서 긴급부력상승 같은 마지막 방법을 사

용하지 않도록 해야 한다.

긴급 부력 상승시 호흡기는 항상 입에 물고 있어야 하며 호흡은 지속적으로 하여야 한다.

▼

웨이트는 과감하게 버린다.

▼

BC에 공기를 충분히 주입해서 상승을 시작한다.

▼

생각보다 짧은 시간 안에 수면으로 도착하기 때문에 호흡은 들이쉬는 호흡보다 뱉어 내는 호흡을 더 많이 그리고 지속적으로 시도해야 한다.

▼

상승자세는 머리를 뒤로해서 위를 바라보며 입과 코가 가장 높은 위치에 있도록 해야 한다.

▼

왼손으로는 인플레이터 배출버튼을 잡고 상승속도가 너무 빠른 경우
BC내부 공기를 배출하여 상승속도를 줄이려고 노력한다.

▼

수면에 가까워지면(6m이하) 다리를 벌리며 핀을 수면과 직각으로 만들어 상승속도를 둔화시킨다.

▼

수면에 도착하면 BC에 공기를 주입하여 양성부력을 확보한다.

CPR

CPR(cardio pulmonary resuscitation)은 우리말로 심폐소생술이라고 한다. 호흡 또는 심장이 멈춰 사망에 이를 수 있는 환자를 외부에서 인위적으로 도움을 주어 정상적으로 뇌와 장기에 혈액을 공급하여 산소가 부족하지 않도록 도움을 주는 행위이다. 이러한 행동

은 매우 신속하고 즉각적으로 이루어져야 하며 이런 조치는 환자의 생명을 살리는 데 매우 도움이 된다. 국내의 경우 CPR자격증이 없는 사람이라도 긴급 상황에서 CPR을 수행할 수 있다. 또한 이때 발생할 수 있는 과실은 응급처치를 수행한 사람이 고의 또는 중대한 과실이 없는 경우 민, 형사적 책임을 면책 받는 법률이 있다. 하지만 CPR은 원칙적으로 교육을 받은 사람이 수행하는 것이 맞다. 긴급한 상황에서 잘못된 조치로 목숨은 건지더라도 심각한 후유 장애를 가질 수 있는 위험성이 있기 때문이다. 그렇기 때문에 다이버의 기술등급이 올라가면서 CPR 교육을 필수 과정으로 하고 있는 경우가 대부분이며 초급 다이버도 CPR 교육을 별도로 받을 것을 권장한다. 국내의 경우 많은 단체에서 교육을 하고 있으며 3~4시간 정도의 교육을 통하여 간단한 응급조치를 배울 수 있다. PSDC에서는

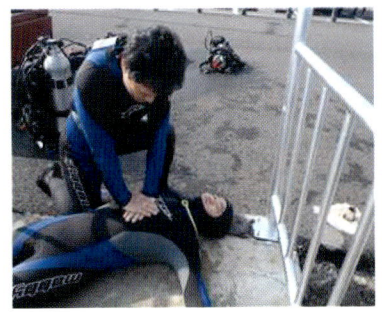

별도의 교육과정을 통하여 CPR교육을 실시하고 있으며 Dive License로 Stress & Rescure Diver 자격증을 발급하고 있다. CPR은 같은 조치를 통하여 수행되어야 한다.

① 주변의 위험요소를 제거

사고가 발생하여 즉각적인 도움을 주어야 하는 상황이라도 본인의 안전을 최우선으로 해야 하는 것이 원칙이다. 즉, 본인까지 위험에 처하는 상황은 도움을 받아야 하는 사람과 같이 위험해지는 상황이 될 수 있기 때문에 주변을 먼저 살피고 안전을 확보한 다음 후속조치를 시작해야 한다.

② 정확히 한 사람을 지목하여 그 사람에게 119에 연락할 것을 지시

사고자 주변에 사람이 모인 경우 서로 구경하느라 우왕좌왕 어찌할 바를 모르는 경우가 대부분이다. 본인은 도움을 줘야 하는 긴급 상황이기 때문에 주변에 휴대폰을 들고 있는 사람을 찾아 2명 이상의 사람에게 119에 신고하여 출동을 요청하는 것이 좋다. 많은 사람이 모인 경우 서로에게 책임을 미루는 경향이 있기 때문에 아무도 119에 신고를 하지 않은 경우가 많다. 반드시 특정인을 지목해서 신고해줄 것을 종용해야 한다.

③ 호흡과 의식이 있는지 확인

CPR은 호흡이 없는 정지 상태의 환자에게 수행을 한다. 그렇기 때문에 최우선적으로 호흡과 맥박을 살피는데 코와 입 주변에 귀를 대서 호흡이 들리는지 확인을 하고 목 과 턱밑에 대동맥부분을 만져 맥박이 뛰는지 확인을 한다. 맥박은 있는데 호흡이 없는 경우 인공호흡을 우선적으로 실시를 하고 둘 다 없는 경우 심장마사지와 인공호흡을 병행 실시하여야 한다.

④ CPR을 수행하며 의료진을 기다림

CPR을 실시하는 횟수는 30번의 심장 마사지에 2번의 인공호흡을 빠르게 실시한다. 이때 심장

마사지 속도는 분당 100회 정도인데 이는 1초에 2번으로 매우 빨라야 한다. 의료진이 도착하기 전까지 CPR을 멈추지 말고 수행해야 한다. 주변에 도움을 받을 수 있는 사람이 있는 경우 2인 1조로 나누어서 지속적인 실행을 해야 한다.

사고 이후 조치

사고가 발생하는 경우 당황해서 후속조치를 적절히 수행하지 못하는 경우가 많다. 응급상황이 발생하지 않도록 철저한 준비와 계획으로 예방이 최선이지만 어쩔 수 없는 응급상황에는 바른 판단과 행동이 본인과 사고자를 구할 수 있는 절차이기 때문에 후속조치 또한 매우 중요하다.

① 모든 사고자는 물 밖으로 끌어 올림

물속에서 할 수 있는 응급조치는 매우 제한적이기 때문에 사고자는 우선적으로 물 밖으로 끌어 올려야 한다. 수중에서는 아무리 숙달된 다이버라고 해도 인공호흡 같은 조치를 취할 수 없고, 수면에서도 긴급처치를 실시하는 것은 매우 어려운 환경이기 때문에 즉각적으로 보트 위로 올려주는 것이 좋다.

② 주변에 알리고 도움을 청함

사고자가 발생하는 경우 즉시 119 같은 응급시설에 도움을 청해야 한다. 보트 위에서 응급조치를 할 경우 육지로 돌아오는 과정에서 지속적인 응급조치를 취하는 것이 좋고 100% 산소 같은 응급장비가 보트에 비치된 경우 즉시 사고 다이버에게 제공하여 상태를 호전시키는 것이 좋다.

③ 의료기관에 후송조치

육지로 돌아오는 즉시 대기하고 있는 구급차에 탑승 후송하며 의료진의 적절한 조치를 받아야 한다. 의식이 있는 다이버의 경우 본인의 판단으로 병원에 가는 것을 거부하는 경우도 있는데, 다이빙 리더는 반드시 사고 다이버가 병원으로 갈 것을 지시하여 2차적인 부상으로 악화 되는 것을 막아야 한다.

④ 사고정황을 정리하고 기록

모든 사고는 원인과 결과가 있다. 본인의 과실이든 다른 요인이든 현재 상황을 수습하면서 되도록이면 모든 기록을 사진 또는 동영상으로 남겨 두어야 한다. 이러한 자료는 사고의 원인을 분석하여 차후에 다시 발생할 수 있는 위험도를 줄이기 위함이다.

05 다이빙 과학

스킨스쿠버 다이빙을 즐기는데 '왜? 귀찮고 번거롭게 교육과정을 이수해야 하며 교육완료 후 다이빙 라이선스를 획득해야 하는가?'라는 의문을 가지고 있는 사람들이 많다. 이런 과정과 절차를 거쳐야 하는 이유는 바로 안전 때문이다. 스쿠버 다이빙은 레저를 즐기면서 정해진 원칙과 규칙을 지키지 않으면 본인의 생명뿐만 아니라 타인의 생명까지 위험하게 할 수 있는 잠재적 위험이 있는 레저 스포츠이기 때문이다. 그렇기 때문에 스킨스쿠버 다이빙에서 가장 중요하다고 할 수 있는 부분은 당연히 안전이다. 다른 어떤 요소보다 중요한 것이 안전이며 이러한 안전을 지키기 위해서는 반드시 학습하여 알고 있어야 하는 지식정보가 있다. 또한 기술적으로 반드시 수행할 수 있어야 하는 신체적 능력을 확보해야 안전을 보장할 수 있다. 이 장에서는 안전을 위하여 우리가 알고 있어야 하는 다이빙 관련 지식을 중심으로 배우게 된다. 다이버는 본인의 안전과 타인의 안전을 위하여 기술적인 연습을 충분히 하여 다이빙 활동 중 발생할 수 있는 위험에 대처할 수 있는 능력을 갖추어야 한다. 이러한 연습은 다이빙 교육과정에서 제한수역 실습으로 충분히 수행할 수 있으며 반복적인 연습으로 어렵지 않게 몸으로 익힐 수 있는 것이 대부분이다. 다이빙은 확보된 안전범위에서 즐기는 것이지 위험한 상황을 극복하며 쾌감을 느끼는 스포츠가 아니라는 점을 다시 한 번 상기해야 한다. 다이빙을 즐기는 다이버의 안전을 위해 규정하고 있는 추가적인 제한 조건이 있는데 그 점은 성장기에 있는 청소년의 다이빙 경험이다. 청소년이라 하더라도 일정한 교육을 받으면 기술적으로 문제없이 다이빙을 즐길 수 있기 때문에 다이빙을 제한 없이 할 수 있게 허용하는 일부 단체도 있다. 하지만 PSDC에서는 성장기의 청소년에게 깊은 수심의 다이빙을 권장하지 않는다. 아직까지 정확한 임상실험은 없었지만 청소년기 잘못된 자세로 말초신경 부위 끝부분이 있는 성장판이 닫혀 더 이상 성장을 하지 못하는 '성장장애' 같은 위험성이 있기 때문이다. 즉, 깊은 수심에서 다이빙을 하는 경우 과도한 압력으로 성장판이 일부 손상되는 위험성을 내포하고 있기 때문에 PSDC에서는 원칙적으로 성장기 청소년의 다이빙 활동을 권장하지 않는다. 단, 5m 이내의 수역에서는 제한적으로 다이빙 경험을 허락하기도 한다. 하지만 어떠한 경우에도 1대기압 이상의 압력을 받는 10m 이상의 수심을 내려가는 경우는 금지하고 있다.

스쿠버 다이빙은 과학적인 연구와 실적을 기반으로 즐기는 스포츠 중 하나다. 오랜 기간 동안 산업 잠수, 군사 잠수 영역에서 시행착오와 희생을 바탕으로 발전된 분야이다. 이러한 과학적인 기반은 레크리에이션 다이빙의 안전을 보장하고 다이버가 규정에 맞는 장비를 사용하고 다이빙 매뉴얼에 따라 다이빙을 진행한다면 다이빙에 따른 위험도를 최소화 해준다. 이러한 과학적인 다이빙 이론을 알고 있으면 본인의 안전과 다른 다이버의 안전에 도움이 되기 때문에 학습이 필요한 과정이다. 본 장에서는 몇 가지 물리학, 생리학 이론이 소개되지만 기초적인 개념을 잡는 수준으로 습득하면 되므로 어려워하지 않아도 된다.

공기

우리가 호흡하는 공기는 다양한 성분을 가지고 있다. 원소의 기본 구조인 분자 단위로 구성된 기체도 있지만 대부분 분자의 혼합 형태인 결합 분자 단위로 구성된 특징을 이루고 있다. 우리가 호흡하는 공기 중에 대표적인 기체로는 약 20.9%를 차지하고 있는 산소와 78.0%를 차지하고 있는 질소, 그리고 나머지 약 1%가 특수한 기체로 이루어진다.

다이빙을 할 때 우리가 사용하는 기체는 100% 산소를 충전하여 사용하는 산소통이 아니다. 우리가 평소에 호흡하는 일반 공기를 압축해 공기통에 넣은 일반 압축 공기를 사용하게 된다. 바다 다이빙을 할 때 200bar 정도의 공기압을 가진 충전된 공기통을 받아 사용하게 되는데 이것은 사용하는 공기통의 부피에 200배 만큼의 공기가 공기통 내부에 들어가 있음을 의미한다. 물론 우리 신체가 호흡에 필요로 하는 가장 중요한 기체는 산소이지만 100% 압축된 산소를 흡입할 경우 포화된 산소가 혈액 속으로 녹아 들어가 중추 신경을 마비시키는 산소 중독이 발생할 수 있는 위험성이 있다. 이러한 산소 중독은 눈이 안보이고 경련과 발작을 발생하는 치명적인 증상이 나타날 수 있기 때문에 레크리에이션 다이빙에서는 산소의 부분압

년도	수심(m)	다이버
1947	94	Frederic Dumas
1959	132	Ennie Falco
1965	110	Tom Mount / Frank Martz
1967	119	Hal Watts / AJ Muns
1968	133	Neil Watson / John Gruener
1990	137	Bret Gilliam
1993	144	Bret Gilliam
1994	155	Dan Manion

일반 압축공기를 사용한 심해 잠수기록

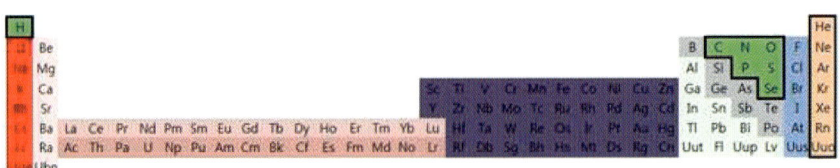

원소의 주기율표

이 0.6대기압을 넘지 않은 범위 내에서 다이빙을 하는 것으로 제한하고 있다.

특별한 경우 질소 마취 등 다른 잠수병의 요인을 줄이기 위하여 산소를 일반 공기 보다 초과해 주입한 공기통을 사용하는 나이트록스 다이빙(Nitrox Diving)을 즐기기도 한다. 이 경우 산소의 부분압이 32%인 나이트록스 공기(EAN32)를 사용하면 23m, 36%인 나이트록스 공기(EAN36)를 사용하면 17m의 한계 수심을 정해 그 이상의 깊은 수심 다이빙을 하지 못하도록 권장하고 있다.

다이빙과 관련된 기체

다이빙에서 사용하는 기체 중에 가장 중요한 것은 당연히 산소가 된다. 산소는 우리 몸이 생명을 유지하는데 가장 중요한 원소로 세포의 대사를 유지하는데 가장 중요한 역할을 하고 있다. 그런데 다이빙에서 100 % 의 산소를 이용하지 않고 '일반 공기를 사용하는 이유는 뭐일까?' 그것은 수심의 변화에 따라 산소의 부분압이 다르게 작용하여 우리 몸에 필요 이상의 산소가 공급되는 현상을 줄이기 위함이다. 그것은 산소 중독 같은 위험에 노출되는 확률을 줄이는 것을 말한다.

오랜 시간 몸에 필요한 산소만 공급해서 사용하는 재 호흡기의 연구가 지속되어 왔지만 아직까지도 보급이 늦어지는 이유 중 한가지가 산소 중독의 위험과 기계적인 오작동의 위험성 때문이다(100% 산소를 사용하면 공기통의 크기를 획기적으로 줄일 수 있다). 그럼 다이빙에서 사용하거나 영향을 주는 몇 가지 기체에 대하여 알아보겠다.

산소 - O_2

산소는 영국의 화학자 Joseph Priestley가 1774년 발견한 원소로 산화수은을 가열하다 불꽃이 쉽게 발생하고 잘 타는 성질을 발견해서 어떠한 원소가 있음을 발표 하였다. 이후 프랑스 화학자 Antoine - Laurent de Lavoisier가 산소라는 이름을 붙였다. 지구상에 거의 모든 생명체는 산소를 이용해서 호흡을 한다. 인간의 경우 호흡은 폐를 통해서 하며 폐포가 혈액 속으로 산소를 공급하고 공급된 산소가 신체에 각각의 세포에 산소를 제공하여 세포들의 생명을 유지하게 한다. 이러한 과정은 모든 생명체가 동일하게 작동한다.

$$C_6H_{12}O_6 + 6O_2$$
▼
$$6CO_2 + 6H_2O + Energy$$

산소 교환 과정

세포 호흡은 크게 해당 과정, TCA 회로 반응, 산화적 인산화 과정으로 나눌 수 있는데 간단히 설명해서 산소를 흡수하고 물과 에너지를 발생하는 과정으로 생명을 유지한다. 이렇게 생물체에게 중요한 산소는 지구상에 매우 풍부하게 존재를 하며 지구상에

전체 대기 중에 부피 백분율로 약 20.946%를 차지한다.

 산소는 많은 생명체가 호흡으로 지속적인 사용을 하고 있으며 경제 활동에 따른 내연 기관 연소 등 산소를 사용하는 총량은 매우 엄청나다. 그런데도 대기 중에 산소량이 거의 변화가 없는 것은 식물이나 바다 생물 중 조류 같은 생명체가 광합성이라는 놀라운 활동을 하고 있기 때문이다. 광합성은 이산화탄소와 물을 사용하여 태양빛을 에너지로 사용하여 탄수화물과 산소를 생성하는 과정을 말한다. 그것을 화학식으로 표현하면 다음과 같다.

$$6CO_2 + 12H_2O + 빛\ Energy$$

$$\blacktriangledown$$

$$C_6H_{12}O_6 + 6O_2 + 6H_2O$$

포도당이 생성되는 광합성 과정

 위에 화학식은 포도당이 생성되는 것으로 가정하여 그 부분만 작성을 하였다. 하지만 광합성이 발생하는 때 실제로는 다른 탄수화물로 전환될 수 있는 글리세르알데하이드(glyceraldehyde)가 같이 생성된다. 이러한 작동은 산소를 풍부하게 해주는 아주 중요한 역할을 하지만 온실가스의 대표적인 물질인 이산화탄소를 획기적으로 줄여주는 부가적인 작용을 한다.

 다이버는 수중에서 호흡할 때도 육상과 동일하게 같은 양의 산소를 필요로 한다. 이때 필요한 산소의 양은 개인적인 신체의 차이에 따라 약간씩 다르게 계산된다. 이러한 차이는 수중 활동의 시간과 수심을 결정하는 매우 중요한 요소가 된다. 다른 장에서 다루어지는 산소 중독은 심각한 위험 요소이기 때문에 변화 있는 수심의 다이빙을 할 때 산소의 부분압에 매우 민감하다. 또한 질소마취의 위험성을 줄이기 위하여 산소의 농도를 올려주는 혼합 기체를 만들어 사용하는데 이러한 기체 또한 안전을 위하여 한계 수심을 적용, 다이빙 활동 제한을 두고 있다.

질소 - N

질소는 지구 대기의 78.09%를 차지하고 있는 가장 많은 원소로 세포 호흡에는 사용되지 않지만 생명체의 단백질, 알카로이드(Alkaloid) 등의 구성 원소로 필수적인 성분이다. 1772년 스코틀랜드 화학자 Daniel Rutherford가 처음 원소 중에 한 가지임을 발표하였으며 프랑스 화학자 Antoine - Laurent de Lavoisier가 존재를 증명하여 질소라 명칭을 하였다.

화학적으로 질소는 암모니아 합성에 많이 사용한다. 암모니아 형태로 바뀐 질소는 질소 화합물로 합성이 되어 농작물의 비료로 사용되기도 하며 산소가 제거된 순수 질소는 음식물의 부패과정을 매우 느리게 만들기 때문에 과자봉지 같은 식품의 포장재 속 충전재로 사용된다. 또한 액화질소는 매우 낮은 온도로 존재하기 때문에 극저온의 냉각제로 사용하게 된다. 액화 질소는 질소가 기화되는 끓는점이 -195.8 ℃가 되어 만약 피부 조직에 닿는 경우 피부 조직이 급속이 괴사되는 심각한 부상을 입을 수 있다. 또한 플라스틱, 고무 같은 화합물 또한 순간적으로 부스러져 버리는 현상이 발생한다. 그러므로 액화 질소는 취급에 매우 주의하여야 한다.

다이빙에서는 질소가 매우 심각한 기체로 인식된다. 다이빙 중에 종종 발생 할 수 있는 질소마취는 마치 술에 취한 것 같은 위험한 증상이다. 하지만 질소마취는 증상이 발생했던

1기압 잠수복
http://en.wikipedia.org/wiki/Atmospheric_diving_suit

수심보다 낮은 수심으로 이동하면 바로 회복되는 일시적인 증상으로 크게 걱정하지 않아도 된다.

깊은 수심에서 오랜 시간 잠수를 할 경우 호흡을 통하여 흡수된 질소가 혈액 속에 용해되어 신체 내에서 작은 공기 방울로 순환하고 있다가 낮은 수심으로 올라오면서 어느 정도 확장된 크기의 기체로 부풀어 올라 혈관을 막는 현상이 발생할 수도 있다. 그런 현상이 발생하면 신체 조직에 산소 공급을 못해서 조직이 괴사하는 심각한 위험을 만들어 내기도 한다. 물론 레크리에이션 다이빙이 제한하고 있는 짧은 다이빙 시간과 적절한 수면 휴식 시간을 취하고 1일 다이빙 횟수를 최대 3회 이내로 조절한다면 그런 위험은 걱정하지 않아도 된다.

헬륨 - He

    우주공간에 가장 많이 존재하는 원소 중에 한 가지인 헬륨을 인간이 발견한 것은 지구가 아니었다. 1868년 Pierre Jules Csar Janssen이 태양빛을 프리즘에 통과시켜 스펙트럼을 분석하던 중 처음 관찰된 스펙트럼이 있었다. 그것은 아마도 태양 내 어떤 금속에 발화를 하면서 발생한 것이라 생각을 하고 그리스어로 태양을 뜻하는 'helios'에 금속을 의미하는 접미어 '~ium'을 붙여서 '헬륨 helium'이라고 명칭 하였다. 하지만 1895년 우라늄 광산에서 실제 헬륨을 발견하고 보니 그것은 금속이 아니라 기체였고 잘못 붙여진 이름을 변경하기에는 이미 늦어 그대로 헬륨이라는 이름을 계속 사용하게 되었다. 1903년 미국의 천연가스전에서 포집되는 가스 중 8.6%가 헬륨으로 분석 되는 놀라운 상황이 발생하였고 이전까지 폭발 위험이 높은 수소를 사용하던 비행선에 안정적인 헬륨을 사용하는 긍정적인 변화를 가져왔다. 그 덕분에 축제 때 사용되는 풍선 등에 대량으로 헬륨이 공급 사용되어 지금까지도 많이 사용되고 있다. 우주공간에서 관측되는 기체를 보면 발견된 원소의 25%가 헬륨으로 관측되었다. 하지만 지구상에서는 매우 희귀한 원소로 관측된다. 이러한 이유는 지구상에 있는 헬륨은 최초에 지구가 생성되는 시점에 포집된 물질로 지구

헬륨 풍선
http://www.pixar.com

내부 암반층에 잡혀 있다가 우라늄 광산이나 희토류 광물을 채굴할 때 가스로 분출되는 형태로 발견된다. 이때 분출된 헬륨은 원소가 매우 가벼워 지구 중력에 잡히지 않고 대기 중을 떠돌다가 계속 상승하여 우주 공간으로 날아가 버리기 때문에 지구 대기에서는 발견하기 매우 어려운 기체가 되는 것이다.

헬륨은 다른 원소와 화합하지 않는 불활성 기체로 의료용 자기 공명 장치(MRI)나 심해 잠수를 할 때 질소에 의한 잠수병의 위험을 줄이기 위하여 질소 대신 사용되는 대체 기체로 사용 분야를 넓혀 왔다. 특히 심해 잠수를 전문분야로 하고 있는 테크니컬 다이빙에서는 질소 대신 사용되는 필수 기체로 매우 중요한 수요를 가지고 있다. 하지만 이미 많은 산업 분야에서 낭비하며 사용된 패턴에 따라 더 이상 공급이 어려운 상황에 이르게 되었다. 2018년 현재까지는 비싼 가격으로 공급이 되기는 하고 있지만 이미 폐쇄된 헬륨광산이 대부분이고 의료 장비 같은 필수 분야와 반도체 생산 공정 같은 분야에 사용되는 최소한의 공급을 맞추기도 어려운 실정이라 더 이상 심해 잠수를 위한 기체로 사용되는 것을 어렵게 하고 있다.

헬륨을 사용하여 심해 잠수를 할 경우 질소가 용해되는 현상과 같이 7~80 m이상의 수심에서 헬륨이 용해되는 현상이 똑같이 발생하며 헬륨마취 같은 또 다른 위험성이 발생되어 심해 잠수를 위한 완전한 기체라고는 말할 수 없다. 이러한 이유로 또 다른 불활성 기체인 아르곤(Ar) 같은 기체를 사용하는 시도가 있지만 인체에 대한 안전성 검증이 부족하여 사용하고 있지 않다. 이러한 이유로 심해 잠수를 위한 가장 안전한 방법으로 우주복과 같은 1대기압 일반 공기를 사용하는 폐쇄된 1대기압 잠수복을 사용하는 것이 최선이며 이를 위한 연구 또한 활발히 이루어지고 있다.

아르곤 - Ar

아르곤은 1785년 Henry Cavendish가 최초 발견을 하였지만 1894년 Lord Rayleigh와 Sir William Ramsay가 대기에서 분리를 해내며 확인되었다. 헬륨과 같은 불활성 기체이지만 고온에서 안정성이 확인되어 철강 제조를 할 때 고급 제련강을 생산하는 과정에서 많이 사용한다. 또한 네온과 함께 PDP를 생산할 때 프라즈마 생성을 위하여 사용된다. 가장 많이 사용되는 분야는 백열등을 제조 할 때 텅스텐으로 만들어진 필라멘트가 타지 않게 일반 공기 대신 사용하는 충전 가스로 사용된다. 물론 반도체 공정 또한 가장 많이 사용되는 분야 중한 가지다. 대기 중에 0.93%나 존재할 정도로 풍부한 원소라서 많은 공업 부분에 사용이 연구되고 있다. 최근 들어 심해 잠수에 헬륨을 대체하는 기체로 연구되기도 하였지만 아르곤은 원자의 기본 크기가 커서 호흡에 어려움이 있으며 쉽게 용해되어 매우 얕은 수심에서 마취 효과가 발생하여 헬륨을 대체하는 기체로 연구가 되다가 지금은 거의 연구가 중단되었다.

수소 - H

수소는 16세기 스위스 지역의 화학자 Paracelsus가 금속이 산에 녹을 때 발생하는 기체를 발견하여 수소라고 하였다. 하지만 그 당시에는 일산화탄소 같은 다른 가연성 기체와 분리하여 확인할 수 없었다. 1766년 영국 화학자 Henry Cavendish가 다른 가연성 기체와 다른 성질을 발견하여 수소 기체를 분리하였고 질소 등을 명명한 Antoine - Laurent de Lavoisier에 의하여 수소로 명칭 되었다. 처음 수소는 비행선을 띄우는 기체로 많이 사용이 되었는데 이후 헬륨의 발견으로 수소를 대체 할 때까지 사용되었다. 20세기 초반 헬륨의 주 생산지 미국에서 군사적 목적으로 사용되는 비행선에 헬륨 가스를 수출하는 것을 금지하여 어쩔 수 없이 수소를 사용한 비행선이 독일에서 운행되었다. 그때 만들어진 Hindenburg라는 비행선이 독일에서 미국으로 운항되었는데 미국 뉴저지에 도착하여 착륙하던 중에 폭발하는 참사를 겪게 된다. 이때 마침 라디오 방송으로 현장이 중계되며 참사가 전 세계적으로 알려져 모든 비행선을 이용한 여객 운송시대가 끝나는 사건이 되었다. 현재에 와서 수소는 니켈-수소 전지 같은 2차 전지로 개발이 되어 우주 시대를 여는 매우 획기적인 역할을 하고 있다. 수소는 전기 자동차에 새로운 동력원의 에너지로 각광 받고 있다.

Hindenburg disaster
http://en.wikipedia.org/wiki/Hindenburg_disaster

수소를 다이빙 기체로 사용을 한다면 경제

적으로 매우 이점이 있을 수 있다. 비교적 쉽게 수소를 만들 수 있으며 혈액으로 용해되는 경우에도 약간의 마취 현상을 보이기도 하지만 산소나 질소에 비하여 치명적이지 않아 질소를 대체할 수 있는 기체로 연구된 적이 있다. 하지만 트라이믹스(산소, 헬륨, 질소를 혼합해 사용하는 심해 잠수용 기체)에 사용되는 헬륨처럼 비활성 기체가 아니라 매우 쉽게 화학적 반응이 발생하는 성질이 있어 다이빙 수심이 일정 수심까지 깊어지면 수소의 부분압이 높아지면서 산소와 반응하여 쉽게 물로 변해버리는 치명적인 약점이 있다. 이런 현상을 달톤의 법칙을 적용, 물리학적으로 계산을 해보면 약 29.4m이상의 수심에서는 수소와 산소로 구성된 다이빙기체는 모두 물로 변해버리는 상태가 된다. 즉, 30m이상의 심해 잠수에서는 사용될 수 없는 기체라는 결론이 된다.

이산화탄소 - CO_2

드라이 아이스
http://en.wikipedia.org/wiki/Dry_ice

이산화탄소는 지구의 생명체가 산소를 사용하는 호흡을 할 때 부수적으로 만들어지는 화합물로 고체 상태인 경우 '드라이아이스'라고 부른다(아이스크림 냉동제로 사용). 식물의 광합성에 의하여 이산화탄소를 흡수하고 산소를 배출하는 순환 과정을 만들기도 하지만 유기물의 연소, 미생물의 발효 같은 과정에서도 만들어지며 일산화탄소와 같이 대표적인 온실가스로 알려져 있다. 이러한 온실가스의 증가는 지구 환경에 심각한 위험을 주기 때문에 규제의 대상이 된다. 화석 연료가 유기물의 부산물이고 이를 연소하면서 대규모로 발생하는 것이 이산화탄소이기 때문에 화석 연료를 사용하는 엔진기관의 배출 가스 제한 같은 세계적인 규제 움직임이 있는 것이다.

공업적으로는 고체인 이산화탄소는 드라이아이스로 냉각제로 사용되며 분말 형태로 소화기에 넣어 물을 사용할 수 없는 전기 화재 같은 곳에 사용되는 소화기의 원료로 사용된다. 또한 우리가 가장 즐겨 마시는 청량음료의 탄산을 유지하는 주요 원료가 되기도 한다. 이산화탄소는 세포 호흡의 부산물로 순환계를 통하여 폐로 이동하여 배출되고 폐는 산소 교환을 통하여 새로운 산소를 세포에 공급을 한다. 만약 호흡하는 공기 중에 이산화탄소의 농도가 높으면 그 공기를 호흡하는 사람에게는 치명적인 결과를 가져온다. 이산화탄소의 비율이 0.1~1.0%까지는 나른함과 약간의 두통을 동반하지만 8.0%이상의 농도에서는 폐포의 산소 교환을 방해해서 질식에 의한 사망을 초래하는 심각한 결과를 가져온다.

일산화탄소 - CO

일산화탄소는 탄소 화합물이 불완전 연소될 때 다량으로 생성되는 대표적인 공해 물질이다. 산소보다 헤모글로빈과 잘 반응을 하여 소량의 흡입에도 즉시 질식 현상이 발생하는 심각한 결과를 보인다. 일산화탄소는 화학 공정의 원료로 사용되며 금속의 제련 과정의 환원제 같은 긍정적인 역할을 한다. 하지만 대표적인 대기 오염 물질로 더 큰 부정적인 위험을 발생시킨다. 국내의 경우 연탄을 많이 사용하던 시절 연탄가스로 대표되는 위험 물질로 잘 알려져 있다.

다이빙을 할 때 압축 공기를 충전하는 경우 주변에 배기가스가 방출되는 보일러 시설, 자동차 매연 발생 요소 등이 있는 경우 일산화탄소가 같이 공기통에 충전되어 다이버에게 심각한 위험을 줄 수도 있다. 다이버는 본인이 흡입할 공기를 다이빙 전에 반드시 냄새 맡고 흡입 해봐서 이상이 있는지 확인하여야 한다. 일산화탄소는 무색, 무취로 확인하기 어렵지만 경유를 사용해서 충전을 하는 공기 충전기는 배출된 배기가스와 같이 섞여서 충전되는 경우가 많으므로 약간의 매연냄새가 감지되어도 절대로 다이빙에 사용해서는 안 된다.

기타기체

다이빙 분야에서는 네온 같은 불활성 기체들을 헬륨을 대체하는 다이빙 기체로 연구하고 있다. 네온의 경우는 아르곤과 같이 기체가 커서 호흡하기는 어렵지만 마취효과도 적고 열전환도 빠르지 않아 헬륨을 대체할 수 있는 유력한 기체로 연구되고 있다. 다이빙 영역을 확장하기 위하여 여러 가지 과학적인 연구와 실험이 요구되고 있지만 상업적인 이유와 경제적인 이유가 맞물려 쉽게 영역을 확장하지 못하고 있는 것이 현실이다. 과학적인 연구와 발전도 요구되지만 다이빙 시장에서의 실제 사용자 필요성이 있어야 과학적인 성과를 기대 할 수 있다.

보일의 법칙

보일의 법칙(boyle's law)은 매우 상식적이다. '주변에서 가해지는 압력과 기체의 부피는 일정한 비율로 변화 된다' 이것이 보일의 법칙이다. 즉, 우리가 비행기를 타고 고도를 높이 올라가는 경우 지상에서 구입한 질소 충전된 과자 봉지가 부풀어 오른 모습을 경험할 수 있는데 이런 이유를 설명해주는 물리학적 법칙이 보일의 법칙이다. 다이버가 잠수를 하는 경우 비행기에서 발생했던 일이 반대로 발생하는데 수면에서 가지고 있던 공기는 수심이 깊어질수록 그 압력에 비례해서 압축되고 다이버는 압축된 공기를 지상에서와 같은 양을 동일하게 호흡하기 때문에 깊은 수심에서 더 많은 공기를 빠르게 사용하게 된다. 이론적으로는 깊은 수심에서 호흡하는 공기의 실제 산소량이 수면 위 보다 훨씬 많기 때문에 깊은 수심에서는 호흡을 조금 적게 하여도 문제가 없을 수 있지만 대부분의 다이버는 습관적으로 동일한 패턴을 가지고 호흡하기 때문에 수심이 깊을수록

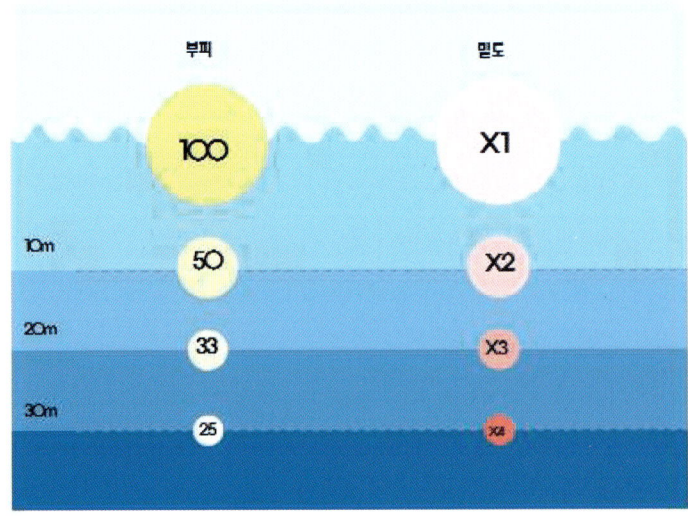

수심에 따른 부피의 변화

같은 시간에 사용하는 공기의 양은 더 많아 지는 것이 현실이다.

다이버에게 보일의 법칙은 깊은 수심으로 갈수록 공기의 부피가 점점 줄어들어 공기 소모량이 늘어나고 얕은 수심으로 올라오면 공기의 부피가 늘어 공기 소모량이 줄어드는 이유라고 생각하면 좋다. 실제로 동일한 공기통을 가지고 수심 5m에서는 60분 이상의 다이빙을 즐길 수 있지만 수심 30m에서는 15분 이상의 다이빙을 즐기는 것은 무리가 따른다. 이런 현상은 수압에 따른 공기 부피의 변화가 다이버의 다이빙 시간에 직접적인 영향을 준다는 것을 알 수 있다.

달톤의 부분압 법칙

달톤의 부분압 법칙(Dalton's low of partial pressures)은 '혼합기체의 전체 압력은 그 기체를 구성하는 각각의 기체의 부분압력의 합과 같다'라고 정의한다. 이 의미는 수면 위에서 1대기압을 받는 일반 공기의 경우 공기의 약 21%를 차지하는 산소의 부분압은 약 0.2대기압이라 볼 수 있는데 수심이 깊어져 공기에 압력이 2대기압이 되는 약 10m수심에 이르면 산소의 부분압은 0.2대기압의 두 배인 0.4대기압이 되는 것을 의미한다. 즉, 수심이 깊어지면서 전체적으로 받는 압력은 각각의 포함된 기체에도 동일하게 작용된다. 수심이 깊어져 압력이 계속 증가하면 특정 기체의 부분압이 1대기압 이상 되는 수심까지 내려가면, 그 해당 기체는 다이버의 신체에 특정한 영향을 주게 된다.

부분압이 높아져 1대기압 이상의 압력을 갖게 되는 것은 특정 기체가 혈액 같은 액체 속으로 용해되어 들어갈 수 있음을 의미한다. 탄산음료 공장에서 콜라 같은 액체에 탄산을 주입하는 방법도 탄산가스의 압력을 높여, 액체에 탄산가스가 초과 상태로 용해되게 만드는 것이다. 이렇게 초과된 상태의 액체를 밀폐용기에 넣고 포장을 하여 탄산가스가 보관된다.

수심	전체 기압	AIR 질소 부분압	AIR 산소 부분압	EAN32 질소 부분압	EAN32 산소 부분압	EAN40 질소 부분압	EAN40 산소 부분압
수면	1	0.79	0.21	0.68	0.32	0.6	0.4
10m	2	1.58	0.42	1.36	0.64	1.2	0.8
20m	3	2.37	0.63	2.04	0.96	1.8	1.2
30m	4	3.16	0.84	2.72	1.28	2.4	1.6
40m	5	3.95	1.05	4.4	1.6		

수심에 따른 부분압의 변화

깊은 수심에서는 다이버에게도 탄산가스가 용해되는 것과 같은 증상이 발생할 수 있는데 잠수에 사용되는 일반 공기 중, 비율이 약 79%정도 되는 질소의 경우 10m만 잠수를 하여도 1.6대기압이 되어 혈액 속으로 용해되기 시작한다. 이러한 용해현상 때문에 다이버가 다이빙을 끝내고 안전정지 및 감압절차를 반드시 진행해야 되는 이유가 된다.

탄산이 배출된 맥주

초과된 기체의 압력은 혈액 속으로 용해되어 세포까지 전달되는 기체의 총량이 많아지는 것을 의미하게 된다. 즉, 정상적인 가스교환으로 인한 산소 사용과 이산화탄소 배출과정이 아닌 기체가 직접적으로 신체기관에 영향을 미치는 증상이 나타날 수 있다는 것을 의미하며 질소마취, 산소중독 같은 다이빙 부작용을 발생시키는 원인이 된다. 이론적으로 질소마취는 수심 7m부터, 산소중독은 수심 27m이상에서 발생할 수 있다(각각의 기체의 부분압이 1 대기압 이상이 되는 수심). 하지만 다이버 각각의 신체에 따라 혈액의 양이 틀리고 호흡량이 달라 정확히 7m, 27m에서 동일하게 나타난다고 할 수 없다. 대부분의 다이빙에서 발생하는 문제가 그렇듯 이상현상이 발생하는 경우, 즉시 다이빙을 중단하고 정해진 절차에 따라 상승을 한다면 해소되는 증상들이다.

레저다이빙 한계로 정해진 30m이내의 수심과 최대 30분~1시간(수심에 따라)이 넘지 않는 다이빙 시간을 철저히 준수한다면 이러한 위험 부담은 그리 걱정하지 않아도 된다.

헨리의 법칙

헨리의 법칙(Henry's low)은 '폐쇄된 압력을 받는 용기에 액체와 기체를 넣고 1 대기압 이상의 압력을 가하면 기체가 액체 속으로 용해된다. 이때 용해되는 기체의 비율은 원래 기체를 구성하고 있는 성분별 부분압의 비율과 같다' 이다. 우리가 마시는 탄산음료를 생각해보면 헨리의 법칙을 쉽게 이해할 수 있다. 음료에 탄산가스를 인위적으로 용해를 시켜 만드는 것이 탄산음료 이다. 탄산음료는 뚜껑을 열어 외부 압력과 같은

대심도 다이빙

1대기압으로 변화시키면 용해되어 있던 탄산이 거품으로 빠져나와 위로 올라오는 것을 볼 수 있다. 이때 배출되는 기체의 양은 처음에 용해되기 전, 기체가 구성하고 있는 성분의 부분압과 동일한 비율로 배출된다. 만약 다이버가 물 속 깊은 수심에서 오랜 시간 다이빙을 한다면 압축된 공기를 많이 마셔 다이버의 혈액 속으로 질소가 과다하게 용해될 수 있다. 이런 상태에서 다이버가 빠르게 상승을 한다면 탄산음료를 따는 것과 같이 급격한 압력감소가 발생 할 수 있다. 이때 혈액 속에 용해된 질소가 공기방울로 바뀌면서 혈관의 약한 부분을 뚫고 나오는 증상이 나타날 수 있다. 그 결과로 눈동자 모세혈관이나 콧속 혈관이 터져 코피가 나는 경우도 있을 수 있다. 그렇기 때문에 규정된 속도 이하로(분당 9m 이하) 상승 속도를 조절하여야 한다.

감압

다이빙을 즐기면서 가장 조심해야 할 질병은 잠수병이다. '잠수병'이라고 불리는 이 질병은 다이버가 적절한 감압절차를 거치지 않고 상승을 하면서 혈관 내에 작은 공기방울이 남아 있는 경우 발생할 수 있다. 이때 남은 공기방울이 신체에 어느 특정부위에 모여 혈관을 막게 되면 주변 조직을 괴사하게 하는 위험한 병이다. 하지만 이 질병의 원인은 명확하며 안전한 다이빙 절차와 안전정지 같은 감압 예방절차를 지킨다면 레저 다이버는 평생 다이빙을 하여도 아무런 문제가 없다. 물론, 레저 다이빙의 한계인 수심 30m를 초과하는 다이빙을 하지 않는다는 전제조건이 있어야 한다.

다이버가 수심을 깊이 들어가면 갈수록 신체는 높은 압력에 노출된다. 이러한 수압은 일차적으로 호흡하는 폐를 통하여 혈관 속으로 가압된 공기를 공급하게 된다. 또한 신체의 조직 각 부분에는 수압에 직접 영향을 받는 피부표면으로부터 조금씩 다른 직접적인 압력을 받게 된다. 이러한 압력은 우리 신체의 세포조직에 직접적인 영향을 줄 수 있기 때문에 안전성이 확인된 수심 30m를 레저 다이빙의 한계수심으로 정하고 있는 것이다.

레저 다이빙에서 감압절차는 의외로 매우 간단하다. 원론적으로

보트 아래의 안전정지 라인

레저 다이빙에서는 무 감압 한계시간을 주고 있고 이러한 다이빙 한계수심과 한계시간을 지킨다면 당연히 감압이 필요 없다. 그래서 우리가 즐기는 레저 다이빙에서는 모든 형태의 다이빙에서 수심과

감압챔버
http://www.hipertech.com.tr

관계없이 5m에서 3분 대기시간을 갖도록 규정하고 있다. 이 시간을 안전정지시간이라고 한다(안전정지시간은 감압시간이 아니다). 만약 무 감압 한계시간을 초과한 다이빙을 하는 경우, 가지고 있는 컴퓨터가 알려주는 감압 스케줄에 따라 감압을 해야 한다. 감압이 필요한 다이빙을 하는 경우 정확한 다이빙 수심과 다이빙 초과시간을 수중에서 계산하는 것은 거의 불가능하며 이러한 계산은 착용하고 있던 컴퓨터가 정확히 계산을 해준다. 물론 레저 다이빙에서는 감압 다이빙을 허용하고 있지 않아 한계 수심과 시간을 초과된 범위에 대하여 공표된 감압테이블은 아지까지 레저 다이빙 영역에서는 없다.

수심 50m 또는 100m같은 대심도 다이빙을 원한다면(이러한 영역은 테크니컬다이빙이라 한다) 그에 맞는 감압절차와 테이블을 사용하여야 한다. 우리가 즐기는 레저 다이빙은 8,000m 이상의 고산을 등반하는 특수한 고산 등반이 아니라 최대 3,000m 고도를 넘지 않는 일반 등산을 하는 것과 같다. 국내의 산을 등산 할 때 특별히 가압 챔버나 100% 산소통 같은 특수 장비를 가져가지 않는 것처럼, 레저 다이빙은 특수영역에 속하는 감압 다이빙을 시도하지 않으며 관련 교육 또한 하지 않는다.

시야

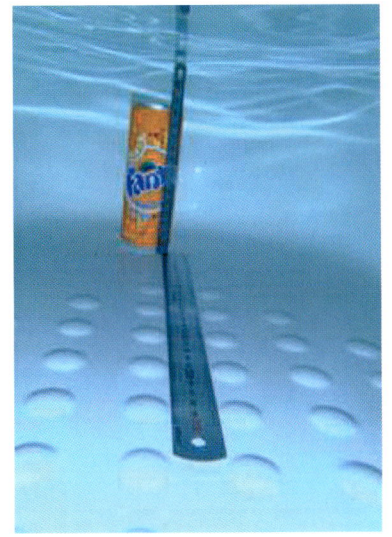

50cm 간격의 수중촬영

50cm 간격의 공기중 촬영

　다이빙을 하면서 물속에서 음료수병, 캔 같은 일상적인 물건을 보는 경우 매우 크게 보여지는 어색함에 놀라움을 겪는다. 이는 마스크 렌즈와 눈 사이의 공간이 돋보기 역할을 하여 왜곡된 영상을 보여주기 때문이다. 수중에서는 육상과 대비해서 약 25%정도 가깝게 보이며, 약 33%정도 크게 보인다. 물속에서 어떤 물건을 잡으려고 할 때 손이 닿지 않아 당황하는 경우가 있는데 이는 다이버가 물체와의 거리를 25% 더 가깝게 인식을 하고 팔을 뻗기 때문이다.

색의 변화

자연광 촬영　　　　　　　　　보조광원 촬영

사람이 색을 인지하는 것은 물체가 가지고 있는 색깔에 따라 반사되는 광선의 파장이 다르게 보이기 때문이다. 즉, 착용하고 있는 옷이 태양광에서 보이는 색과 실내에 들어와 형광등 빛이나 백열등 밑에서 보이는 색이 다르게 인지되는 것은 반사되는 파장이 변하는 현상 때문이다. 특히 형광색을 가진 옷을 입고 특수한 조명에 노출 되어 특별한 색으로 보이는 것을 생각하면, 같은 색도 조명에 따라 다르게 보인다는 것을 알 수 있다. 바다 속에서는 수심에 따라 태양빛이 파장의 특정한 순서대로 흡수되어 가시광선이 가지고 있는 모든 색을 반사시킬 수 없다. 때문에 보이는 생물체가 물 밖에서 보는 것과 다른 색으로 인지되는 것이다.

수중랜턴을 가지고 있는 경우 물고기나 산호 등을 비춰볼 때 조명이 있는 경우와 없는 경우 너무나 다른 색의 변화를 느낄 수 있다. 그래서 수중사진을 촬영하는 다이버들은 접사로 촬영을 하는 경우 강력한 보조광원을 사용해서 생물체를 촬영한다. 이때 촬영된 결과물을 보면 다이버가 물속에서 바라보았던 색감과 너무나 다른 변화에 놀라게 된다. 맑은 물속에서의 색이 흡수되는 순서는 아래 그림과 같다.

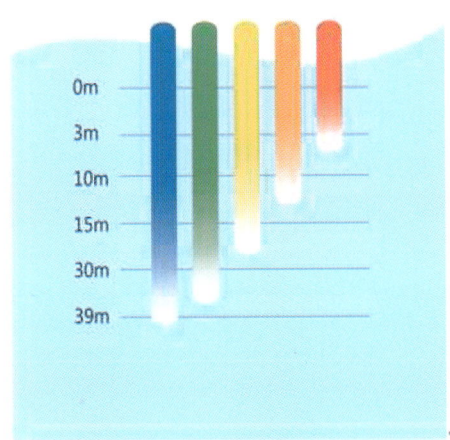

수심에 따른 색의 흡수

바다 속으로 더 내려가면 가장 투과성이 좋은 파란색의 빛도 90m 정도에서 모두 흡수되고 미세하게 빛이 보이지만 수심 200m 를 넘어가게 되면 수면에서 내려온 빛은 전혀 남아 있지 않는다. 심해에서는 발광하는 생물체가 가진 빛이 유일한 광원이 된다. 가끔씩 영화에서 보여지는 심해의 영상은 파란색 빛으로 보이는데 다소 몽환적 느낌의 화면을 만들기 위하여 만들어진 영상이다. 실제로 심해잠수정을 타고 심해로 내려가 촬영된 영상을 보면 잠수정의 불빛에 반사된 화면으로 대부분 백색광원을 사용하기 때문에 동굴 속 촬영과 비슷하게 보여진다.

소리

처음 다이빙을 할 때는 경황이 없어 느낄 수 없지만 경험이 지속되면서 여기저기에서 들리는 소리에 당황스러운 경우가 종종 있다. 특히 필리핀 지역의 경우 수중에서 폭발음이 들려 놀라는 경우도 있는데 다이빙을 끝내고 나와서 현지 가이드에게 물어보면 현지인들이 물고기를 잡기 위해 폭약을 쓰는 경우도 있어 그런 소리가 들리는 것이라는 설명을 듣게 된다. 육상에서는 매우 큰 소리가 아니면 멀리서 소리를 듣기 어렵다. 이는 소리를 전달하는 매질이 공기라서 소리가 매우 빠르게 흡수가 되기 때문이다. 하지만 바다 속에서는 물이라는 매질이 소리를 전달하기 때문에 매우 멀리까지 전달할 수 있어 1~20km밖의 폭발음 소리까지 쉽게 들을 수 있는 것이다. 공기 중에서 소리의 전달속도는 약 340m/s가 된다. 하지만 물속에서의 전달속도는 약 1,500m/s로 매우 빠르게 전달이 된다. 우리는 일상에서 소리를 통한 위치 파악을 많이 경험한다. 즉, 보행 중에 자동차가 지나가는 소리나 경적 소리를 듣고 소리 나는 쪽을 바라보며 확인하는 경우가 있다. 이때 소리의

음원 위치를 파악할 수 있는 것은 두 개의 귀에서 들리는 미세한 시간 차이를 감지해서 소리의 음원 위치를 파악하는 것이다. 하지만 물속에서는 소리의 전달 속도가 너무 빨라 양쪽 귀로 감지하는 소리의 시

간차이를 거의 느낄 수 없어 음원의 위치를 파악할 수 없게 되는 것이다. 이러한 이유로 다이빙을 하면서 소리를 듣고 보트의 위치를 파악하거나 다른 사람을 찾는 것은 매우 어려운 일이 되는 것이다. 그래서 물속에서는 소리를 통한 의사전달보다 수신호를 통한 의사전달이 효율적인 방법이 된다.

수심변화에 따른 신체

　우리의 신체는 수심의 변화에 따른 수압변화를 매우 적절하게 적응하면서 수중활동을 할 수 있게 만들어져 있다. 과연 인간이 버틸 수 있는 한계수심은 얼마나 될까? 2018년 현재까지 스쿠버 다이빙을 통하여 가장 깊은 수심으로 잠수한 기록은 2005년 '누노 고메스-Nuno Gomes'가 홍해에서 잠수한 318.25m를 최고 기록으로 인정하고 있다. 이러한 수심에서 압력은 지상에서 경험하는 대기압에 비하여 30배 이상의 압력으로 쉽게 설명을 해서 농구공 크기의 공기주머니를 가지고 325m 수심으로 내려가면 그 크기가 완두콩보다 작게 만들어지는 압력이라고 상상하면 된다. 이런 수압을 견딜 수 있었던 것은 우리 몸의 70% 이상이 액체로 되어 있어 압력의 전이현상(압력이 통과 되는 현상)으로 수압을 견딜 수 있는 것이다. 나머지 공기가 들어가는 공간은 압평형을 통하여 외부 압력과 같은 압력으로 맞추어 주는 과정을 통하여 깊은 수심 다이빙을 할 수 있게 해주었다. 하지만 우리가 즐기는 레크리에이션 다이빙은 다이빙 한계수심을 30m로 정확히 규정하고 있으며 이러한 수심은 신체에 큰 무리를 주지 않은 범위내의 압력이 작용하는 수심이기 때문에 30m를 한계수심으로 정하고 있다. 아래에서는 우리 몸이 수심의 변화에 따라 어떻게 적응 하는지 알 수 있다.

www.psdc.kr

수심에 따른 압력의 변화

우리가 지상에서 받고 있는 공기의 압력을 1대기압(atm atmosphere)이라고 한다. 이러한 대기압은 우주공간부터 해수면까지 공기가 눌러주는 무게를 뜻하며 약 $1.01325 kg/cm^2$정도의 압력을 말한다. 스쿠버 다이빙에서는 주로 bar dynes per square centimeter 라고 하는 단위를 사용하는데 1bar는 약 0.98692atm 정도 하기 때문에 1대기압과 1bar를 비슷한 단위로 계산하여도 오차 범위 내에 있다고 할 수 있다. 수심이 깊어지면서 추가적으로 증가하는 압력의 변화를 bar 단위를 사용해서 표시하면 다음과 같다. psi는 pounds per square inch로 영미권에서 사용되는 압력의 단위로, 1bar는 약 14.5037744psi 정도인데 공기통의 압력 게이지를 국내 및 아시아권은 bar를 사용하고 영미권은 psi를 사용하고 있다. 다이빙 투어를 갈 때 본인의 장비와 게이지를 가지고 가는 경우는 별 문제가 없지만 현지에서 장비를 대여하는 경우 psi로 표시된 게이지를 사용하게 된다. 정확한 계산을 해보면 되지만 아래와 같이 간단히 대입을 하면 쉽게 연산하여 사용할 수 있다. 3,000psi가 200bar 정도이기 때문에 100bar는 1,500psi 정도가

수심 (미터)	기압	수중압력 (psi/bar)	용기의 부피	기체의 밀도
0/0	1	14.7/1	1	1
33/10	2	29.4/2	1/2	2배
66/20	3	44.1/3	1/3	3배
99/30	4	58.8/4	1/4	4배

수심에 따른 압력의 변화

된다. 다이빙의 상승을 시작하는 70bar는 1,015psi 정도가 되니 1,000psi가 남으면 상승을 시작해야 한다.

압평형

수심이 깊어지면서 몸이 받는 수압이 우리 몸을 변화시키려고 하는 성질이 있다. 이때 우리 몸이 구성되어 있는 부분 중에 액체와 고체로 되어 있는 부분은 압력을 전이시켜 압력에 따른 변형이 거의 없다. 하지만 기체가 들어 있는 부분은 압력에 따라 부피가 줄어들며 쪼그라드는 현상이 발생한다. 우리 몸에 공기가 들어가 있는 대표적인 공간은 얼굴 내부 공간인 사이너스(simus)와 고막 안쪽에 귀 부분, 그리고 폐가 있다. 이중에 폐 부분은 지속적으로 호흡하기 때문에 호흡하는 공기가 이미 압력에 따라 변화된 상태로 압력의 균형을 맞추는 압평형이 필요 없다. 나머지 부분인 사이너스와 귀 부분은 인위적으로 공기를 불어 넣어 주어야 하며 이러한 조치를 압평형이라고 한다. 얼굴에 서로 연결되어 있는 내부 공간이 잘 통하는 사람은 압평형이 매우 수월하게 되며 선천적으로 공기통로가 작은 사람이나 감기, 축농증 등 질환으로 내부 공간의 연결이 막혀있는 경우 압평형이 어려워 매우 불편한 경우가 있다. 다이빙 경험이 지속되어도 계속 압평형에 어려움이 있는 경우 병원에서 부비동 관련 정밀진단을 받아 보는 것이 좋다.

하강시 압평형은 귀에 통증이 생기기 전부터 조금 조금씩 시도해야 하며 통증이 발생한 경우 해당 수심에서 약간의 시간을 가지고 있다가 다시 시도 해 보거나 1m정도 상승하여 시도하면 문제없이 압평형을 할 수 있다. 통증이 있는 상태에서 무리한 압평형 시도는 고막에 구멍이 뚫리는 부상을 입을

www.psdc.kr

수 있으니 주의 하여야 한다.

귀에 작용하는 압력

수중에서는 귀속으로 물이 들어오는데 이때 귀속의 내부 공기가 압평형이 되어 있지 않은 경우 매우 심한 압착을 느낄 수 있다. 처음 5m 이상의 수심으로 들어가는 초보자의 경우 갑작스러운 통증으로 '귀에 이상이 생기나?'라는 두려움을 우선 갖게 된다. 하지만 우리 몸은 수압의 변화에 매우 빠르게 적응을 하며 압평형 같은 약간의 조치를 한다면 수압을 느끼지 못할 정도로 편안하게 된다. 귀의 압평형은 턱의 움직임이나 침을 삼키는 행동으로 자연스럽게 이루어지는 경우가 많은데 초보 다이버들은 긴장된 상태에서 다이빙을 하는 경우가 많기 때문에 쉽게 압평형을 할 수 없는 경우가 많다. 이때 코를 살짝 잡고 호흡한 공기를 코로 내쉬는 행동을 하면 얼굴 내부 공간에 압력이 높아지면서 유스타키오관(Eustachian tube)을 통하여 귀의 고막 부분까지 공기가 전달되어 압평형을 이룰 수 있다. 하강을 하며 처음 수압이 높아지는 4~6m 범위에서 귀에 압착이 시작되는 경우가 많으니 미리 압평형을 시도해 주는 것이 좋다. 귀에 많이 오는 부상은 압평형을 못하고 빠르게 하강을 하면서 고막이 파손되는 부상이 있으며 이때는 귀가 잘 들리지 않거나 '삐~' 소리 같은 이명 현상이 발생하는 경우가 많으니

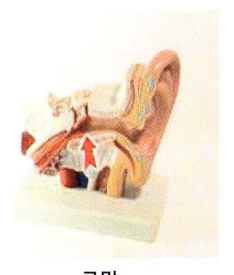

고막

외이

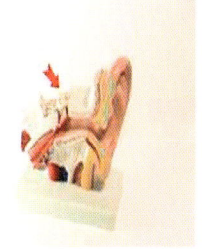

청력/균형기관

귀에서 이상한 소리가 들린다면 즉시 병원을 찾아 치료를 받아야 한다. 고막의 찢어지는 부상은 1~2 개월 정도 치료기간이 필요한데, 다이빙 현장에서 이상을 느끼고 귀에 면봉이나 솜 같은 이물질을 넣어 2차 감염이 발생하면 영구 난청 같은 심각한 부상으로 발전 될 수 있다. 다이빙 이후에는 귀를 파는 행동은 절대 해서는 안 된다.

사이너스

사이너스(sinus) 공간은 보통 사람의 경우 서로 연결이 되어 있어 호흡을 통하여 자연스럽게 압평형이 된다. 하지만 선천적으로 연결되어 있지 않은 사람과 감기, 축농증 같은 질환으로 연결이 일시 막힌 경우는 내부 압력을 변화시킬 수 없어 매우 불편함을 느낄 수 있다. 다이빙을 끝내고 올라왔을 때 얼굴의 일부가 붉게 부어있거나 치아 뿌리 쪽이 아픈 경우, 이마와 눈 밑 같은 얼굴 일부 부분이 매우 아픈 경우는 사이너스 폐쇄에 따른 통증으로 의심할 수 있다. 일시적인 증상이 나타나는 경우에는 다이빙을 진행하여도 무방하지만 2~3회 연속으로 이상을 느끼는 경우 반드시 병원에서 정밀진단을 받아 치료를 하는 것이 좋다. 이러한 치료는 대부분 부비동 내부 염증 제거 치료를 하여 사이너스 공간이 서로 연결될 수 있도록 해주는데 비교적 간단한 수술을 통하여 처치할 수 있다.

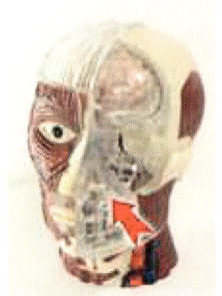 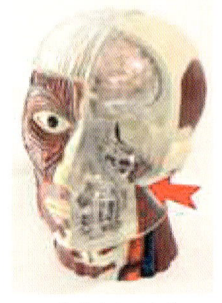 

사이너스 공간

사이너스가 막혀있는 상태에서 계속된 통증을 참고 다이빙을 지속한다면 매우 심한 고통을 느끼게 된다. 우리 몸의 이상을 신호로 알려주는 것이 바로 통증이기 때문에 본인의 몸 상태를 본인이 신중하게 살펴 부상을 입지 않도록 주의 하여야 한다.

폐에 작용하는 압력

프리다이빙(free diving)이라고 하는 스쿠버 다이빙과는 다른 해양스포츠가 있다. 수면에서 깊은 호흡을 하고 한 번의 호흡으로 깊은 수심까지 내려가 그 기록을 경쟁하는 스포츠다. 이때 다이버는 수면에서 공기를 폐 속에 머금고 들어가기 때문에 그 공기가 수압에 의하여 찌그러지고 폐 또한 매우 작게 줄어든다. 하지만 다시 수면으로 올라오면서 처음의 크기와 동일하게 복원이 되기 때문에 별문제 없이 다이빙을 할 수 있다. 이러한 현상은 스킨다이빙이라고 하는 스노클을 이용 수면호흡 잠수에도 동일하게 나타난다. 이 경우 레저 다이버들이 즐기는 10m 내외의 스킨다이빙 영역에서는 많은 횟수의 반복 잠수를 하더라도 신체에 별문제가 없다. 제주도에서 직업적으로 해산물을 채집하는 해녀들에게 잠수병이 없는 것은 이러한 이유 때문이다. 폐는 혈액 속에 신선한 산소를 공급하고 이산화탄소를 배출하여 생명유지의 가장 기본이 되는 활동을 하는 장기이다. 폐 속에는 크고 작은 혈관들이 무수히 많게 뒤엉켜있는데 혈관은 '폐포' 라는 작은 공기주머니를 감싸고 있고 여기서 모세혈관이 가스교환을 이루어 낸다. 다이빙을 할 때 깊은 수심에서 공기를 마시게 되면 혈액 속으로 수면 위에서 호흡할 때

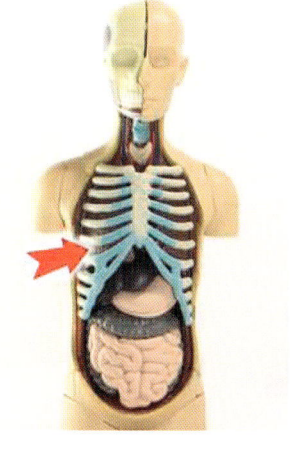

보다 많은 가스교환이 발생하는데 이러한 이유는 6 장에서 설명한 달톤의 부분압 법칙과 보일의 법칙에서 예측된 현상 때문이다. 이런 현상은 잠수병, 기흉 같은 부상을 초래할 수 있는 위험성을 가지고 있기 때문에 규정에 따른 다이빙 절차를 지켜야 하는 이유가 된다. 다이빙을 하면서 신체적으로 가장 많이 운동이 되는 부분 중에 한 곳이 폐라고 할 수 있다. 우리가 즐기는 운동 중에 폐를 집중적으로 운동하게 해주는 운동은 거의 없다. 다이빙의 경우 상대적으로 높은 압력을 가지고 있는 공기를 호흡하면서 폐의 폐포 까지 자극을 주어 보다 튼튼하게 만들어 주는 효과를 보인다. 이런 효과는 오랜 기간 흡연을 한 이력이 있는 다이버에게 극명하게 보여 진다. 흡연자는 폐포 사이 깊숙이 붙어 고착된 니코틴 같은 담배 유해 물질이 다이빙 과정을 통해 떨어져 나와 다이빙을 끝내고 나왔을 때 마스크의 코 아랫 부분에 노란 이물질로 배출되는 경우를 종종 보인다. 물론 다이빙을 계속하면서 완전히 폐 속이 청소가 된다는 것은 과장된 기대일 수 있지만 어느 정도 효과가 확실히 있다는 것은 보편적인 정설이다. 폐의 건강을 위해서는 당연히 금연이 최선의 방법이라는 것은 누구나 알고 있다.

근육과 뼈에 작용하는 압력

우리 몸의 구성이 약 70%의 액체와 29% 고체, 1%의 기체 공간으로 구성되어 있다. 그 중에 많은 부분을 차지하고 있는 것이 근육과 뼈라 할 수 있다. 우리가 움직임을 할 수 있도록 해주는 운동에너지를 발생 시키는 근육은 약 600여개의 골격근들로 이루어져 있고 대략 체중의 40%정도를 차지하고 있다. 다이빙을 할 때 근육은 매우 훌륭하게 기능을 다한다. 이동하기 위해 핀을 움직일 때 가장 많이 사용되는 허벅지 근육은 가장 중요한 근육이다. 근육은 자유형 킥과 같이 반복적 움직임을 할 때 운동성 경련(쥐가 나는 것)이 생길 수 있다. 다이빙을 시작하기 전에 충분이 몸에 근육을 풀어 다이빙 과정에서 쥐가 나지 않도록 조심 하여야 한다. 또한 다이빙 이동 과정에서는 자유형 킥과 같은 한 가지 킥을 반복적으로 사용하기 보다는 가위차기 킥 같은 다양한 킥을 섞어서 사용하는 것이 쥐가 나는 것을 방지할 수 있다.

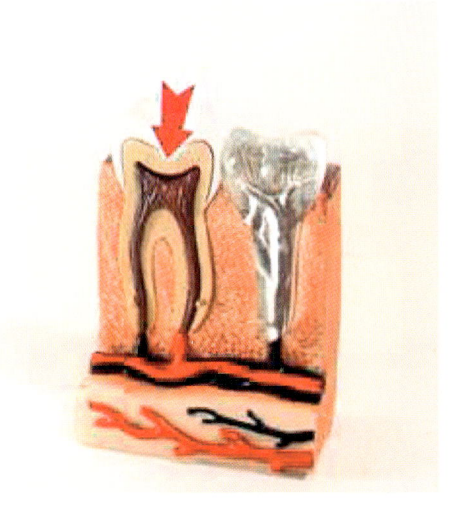

치아 속 빈공간이 압력에 영향을 받음

다이빙을 즐기면서 뼈에 부상을 입는 경우는 극히 드물다. 하지만 흔히 말하는 '관절을 삐는 것' 같은 염좌는 종종 발생할 수 있다. 이러한 부상은 가장 큰 원인으로는 잘못된 자세에서 무리한 힘을 주어 발생하는 경우가 대부분이다. 특히 다이빙을 하는 과정 중간이나 다이빙을 종료 하고 나서 근육이 뭉치거나 이완되어 있는 경우, 평소와 같은 몸 상태라 생각을 하고 관절에 힘을 주면 삐는 부상을 입을 수 있다. 근육의 부상은 뼈가 골절되는 부상은 아니지만 팔목, 어깨, 허리 등 장비를 착용하고 벗는 과정과 보트에 오르고 내리는 과정에서 다치는 경우가 많으니 매우 주의 하여 무리한 하중이 걸리지 않도록 천천히 조심스러운 동작으로 행동해야 한다.

심혈관에 작용하는 압력

심혈관의 건강은 신체의 말단까지 신선한 산소를 포함한 혈액을 원활히 공급하여 근육의 상태를 좋게 하고 각종 장기의 컨디션까지 좋게 해주는 매우 중요한 역할을 하고 있다. 순환계가 전달한 산소는 우리 몸의 연료로 사용되며 이 과정에서 이산화탄소를 노폐물로 생성하여 호흡으로 배출된다. 심혈관의 상태가 좋은 사람은 폐가 공급하는 산소를 몸의 말초 부분까지 쉽게 전달하기 때문에 폐가 매우 효율적인 활동으로 신체 상태를 유지할 수 있게 한다. 건강한 심혈관을 가지게 되면 다이빙을 할 때 공기의 소모량이 줄어드는 현상을 경험 할 수 있다. 때문에 평소에 달리기 같은 유산소 운동을

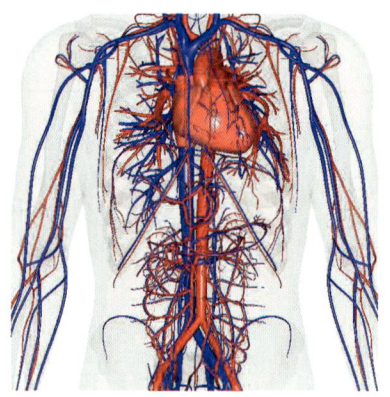

http://en.wikipedia.org/wiki/Circulatory_system

병행한다면 다이빙에 매우 도움이 된다. 심혈관 상태가 좋지 않고 혈관에 콜레스테롤 같은 이물질이 혈액의 흐름을 방해 할 경우, 신체는 보다 빠른 심장 박동을 필요로 하고 호흡 또한 과다하게 필요하게 된다. 그래서 심혈관의 건강이 좋지 않은 다이버는 낮은 수온의 바다환경이나 깊은 수심의 다이빙은 피하는 것이 좋다.

다이빙과 호흡

수중에서의 호흡은 공기통에서 배출된 공기가 호흡기 1단계에서 호흡이 가능한 10bar 정도의 압력으로 배출된 공기를 흡입하게 된다. 하지만 수심의 변화에 따라 호흡기 2단계에서 호흡하는 공기는 주변의 압력과 동일한 압력의 공기압상태로 호흡을 하게 된다. 즉, 수면 위에서 2단계 호흡기로 호흡을 하면 10bar의 공기를 호흡하는 것이 아니라 1대기압(atm)과 같은 압력의 공기를 호흡하며 수심이 깊어지는 경우 변하는 수압과 동일한 압력으로 공기압이 변한 공기를 호흡하게 되는 것이다. 약 10m수심의 경우 약 2bar정도의 압축공기를 호흡하며 10m정도 더 깊어지면서 1bar정도의 추가적인 압력을 받는 공기를 호흡하게 된다. 이러한 압력의 변화는 다이빙 부상과 밀접한 연관이 있으니 수심의 변화를 예의 주시하여야 한다.

호흡과 폐

심호흡을 하는 것은 폐가 우리 몸에 적절한 산소를 공급하는 일을 하는 것이다. 폐는 목과 연결되어 있는 기관지 부분과 폐포라고 하는 가스교환이 발생하는 기관, 그리고 매우 많은 모세혈관으로 이루어져 있다. 우리가 자연스럽게 호흡이 되는 것은 몸속에 산소가 부족하여 자율신경이 호흡을 지시하는 것이 아니라

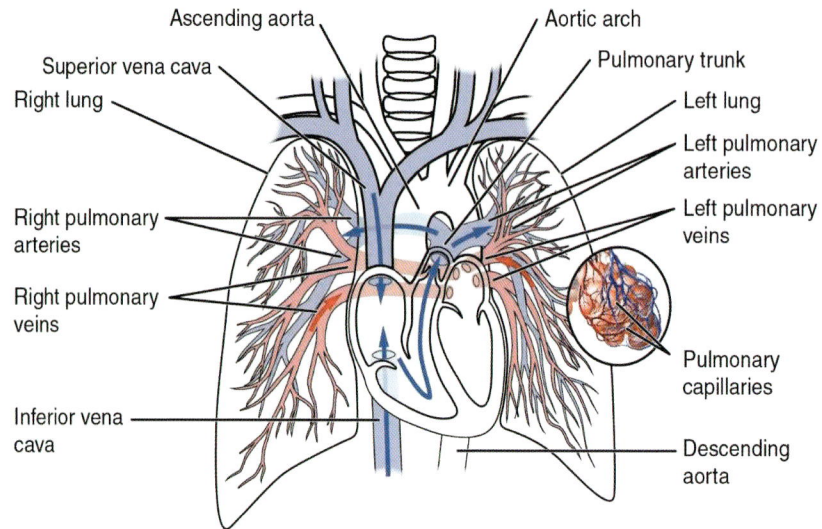
http://en.wikipedia.org/wiki/Circulatory_system

이산화탄소 즉, CO_2가 축적되면 뇌에 있는 호흡을 관장하는 곳을 자극해서 횡경막 근육을 아래로 당겨 폐의 내부공간(흉곽)을 넓혀 외부공기를 빨아드리게 하는 것이다. 공기가 들어오고 횡경막이 원위치로 돌아오면 다시 공간이 좁아지면서 공기를 배출하는 과정을 반복한다. 공기가 폐 속으로 들어와 가스교환이 발생하면 혈액이 몸속을 순환하면서 세포들에게 신선한 산소를 공급하고 세포가 노폐물로 배출한 이산화탄소를 혈액에 녹여 내보낸다. 이러한 노폐물이 심장의 순환운동을 통해 다시 폐로 돌아와 새로운 가스교환을 반복적으로 발생시키는 것이다. 이때 호흡하는 공기 중에 가장 중요한 성분은 산소이며 산소가 많이 공급되면 될수록 세포는 보다 활발하게 활동한다. 생명유지에 가장 중요한 성분인 산소는 일반 대기 중에 약 21%정도 이고 나머지 대부분은 질소가 차지한다. 질소는 비활성 기체로 우리 몸에서 사용하지 않고 인체에 무해한 기체이지만 다이빙을 할 때 깊은 수심에서 압력을 받아 쉽게 혈액 속으로 녹아 들어가는 성질이 있다.

물론 호흡을 통해 쉽게 녹아 들어간 것 같이 쉽게 배출이 되지만 혈액의 순환주기 약 30초의 2배정도인 1분 정도의 시간이 필요하게 된다. 그러한 이유로 여러 가지 변수를 고려하여 계산을 한 결과 분당 9m의 속도 이하로 상승을 하는 것이 안전하다는 것이 증명되었다.

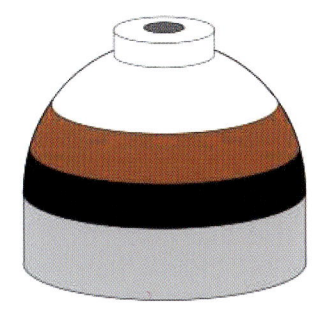

트라이믹스 탱크 표시
http://en.wikipedia.org/wiki/Trimix_(breathing_gas)

　질소가 혈액에 녹아 들어가 문제를 발생시키는 것을 줄이기 위하여 질소 대신에 또 다른 비활성 기체인 헬륨을 사용하여 다이빙을 하는 경우도 있다. 이러한 다이빙은 특수 다이빙의 영역이며 그것을 트라이믹스 다이빙(trimix diving) 이라 한다. 레크리에이션 다이빙 한계를 넘는 30m 이상의 수심을 잠수해야 하는 경우 트라이믹스 공기통을 사용하여야 한다.

　수심이 깊어지면서 호흡하는 공기의 압력도 같이 비례해서 증가하게 되는데 수면에서는 1대기압의 공기를 흡입하지만 10m에서는 2대기압의 공기를 20m에서는 3대기압의 공기를 흡입하게 된다. 이는 10m에서 호흡하는 것이 수면에서 호흡하는 것보다 2배의 공기를 더 흡입하게 되며 20m수심의 경우 수면보다 3배의 공기를 더 흡입하는 결과를 보여준다. 이러한 결과는 산소, 질소 등 호흡하는 공기 속에 포함된 각각의 기체의 부분압이 높아지면서 수면보다 더 많은 양의 기체가 혈액 속으로 용해될 수 있음을 말한다. 그렇기 때문에 다이버는 수심에 따른 변화를 항상 주의 깊게 살펴야 한다. 또한 같은 양의 공기통을 사용하여도 수심이 낮은 경우와 깊은 경우, 확실히 깊은 쪽에서 더 많은 공기소모량이 나타나는데 그것은 압력의 변화에 따른 결과라 할 수 있다.

수중에서의 호흡

다이빙을 하면서 갑자기 호흡이 빨라지고 쉽게 숨을 쉴 수 없다면 스트레스로 인한 요인이 가장 크다고 볼 수 있다. 긴장을 하거나 겁을 먹는 경우 본인도 모르는 사이 그런 현상이 발생하는데 초보 다이버에게 쉽게 발생할 수 있는 모습이다. 이런 상황을 이겨내기 위해서는 평소에 마인드 컨트롤(mind control)을 해서 불안감을 극복하는 것이 좋다. 마인드 컨트롤 방법에는 다른 다이버들이 촬영한 다이빙 동영상이나 해양 다큐 등을 시청하는 것도 한 가지 방법이 될 수 있다. 만약 건강한 다이버가 수중에서 호흡이 어렵다면 아래와 같은 절차를 통해 이겨낼 수 있다.

① 행동을 멈춤

더 이상 행동을 하지 말고 일단 모든 활동을 멈춘다.

② 생각하며 호흡

천천히 그리고 깊게 호흡을 잘하고 있는지 생각을 하면서 호흡한다. 천천히 호흡을 하며 어느 정도 안정이 된 호흡상태가 되었다면 어떠한 이유로 호흡이 빨라졌는지 생각을 해본다.

③ 다음 행동을 생각하고 천천히 시도

방금 전 상황을 다시 생각해서 안전 했는지 판단한다. 그 다음 행동을 계획하고 안전에 문제가 있는지 없는지 판단하여 안전하다고 생각이 되면 행동한다.

호흡이 빨라지고 어려워지는 이유는 심리적인 요인에서 오는 경우가 많다. 슈트가 너무 작아 불편함을 느끼는 경우나 시야가 안 좋아 다른 다이버를 잘

볼 수 없는 경우 등 다양한 불편사항이 다이버의 호흡을 어렵게 만든다. 하지만 이런 느낌들은 다이빙 경험이 많아질수록 두려움이 없어지고 편안함이 생겨 원활한 호흡조절을 할 수 있게 되니 너무 걱정하지 않아도 된다.

우리는 평소에 호흡을 거의 무의식적으로 한다. 하지만 수중에서의 호흡은 육상 보다 의식적으로 호흡을 하여야 한다. 운동을 급하게 할 경우 신체는 보다 많은 산소를 원하게 되기 때문에 본인도 모르는 사이에 호흡이 빨라지게 된다. 수중에서 호흡을 빨리 한다는 것은 그만큼 공기소모량을 많게 하는 것을 의미하기 때문에 수중에서는 천천히 그리고 깊게 호흡을 하는 것이 좋다. 천천히 그리고 깊게 호흡하기 위해서는 빠르게 움직이는 행동을 줄여야 한다. 수중에서 활동은 언제나 부드럽고 천천히 움직이는 것이 최선이기 때문에 모든 움직임은 영화 속 슬로우 모션(slow motion)같은 움직임이 가장 좋다. 이러한 움직임은 호흡을 빠르게 할 필요가 없기 때문에 매우 부드럽게 호흡할 수 있다.

수중에서는 호흡을 절대 멈춰서는 안 된다. 수중에서 호흡을 멈추게 되면 폐 속에 남아 있는 공기가 수압의 변화에 그대로 노출이 되며 수심이 변하는 경우 줄어들거나 팽창하여 최악의 경우 폐에 구멍이 나는 심각한 부상을 입을 수 있기 때문이다. 그러한 이유로 수중에서는 지속적으로 호흡을 해야 하며 만약 호흡기가 입에서 분리되어 호흡기를 찾아야 하는 짧은 시간이 발생하더라도 조금씩 호흡을 배출하는 행동을 하여야 한다.

수면위에서의 호흡

질소는 인체 내에서 산소처럼 사용되는 기체가 아니기 때문에 혈액을 통해 용해된 질소는 공기 내 분포인 79% 정도와 비슷한 비율로 세포 내에 존재를 하게 된다. 수중에서 호흡을 하면서 1기압 이상의 압력이 있는 공기를 호흡하게 되어 포화된 질소가 혈액 속에 남게 되는데 이러한 질소의 수치를 잔류질소시간이라고 한다(거의 대부분 량은 수중에서 호흡을 통해 배출이 되지만 약간의 질소는 몸속에 남게 된다). 이렇게 남은 질소는 수면에서 호흡을 하면 자연스럽게 배출되어 공기 중 질소의 기초 수치인 79%까지 감소하여야 하는데 그 소요시간은 일반적으로 12시간 이상의 지상 휴식 시간이 필요하다(다이빙 이후 비행기 탑승 금지 시간).

잔류질소는 반복다이빙 할 때 변수가 될 수 있다. 그래서 반복다이빙을 하는 경우 수면 위에서 호흡을 신경 써야 한다. 우리가 반복다이빙을 할 때 가장 중요하게 검토하는 부분이 바로 혈액 내 잔류질소의 추정치를 감소시키기 위한

노력이다. 요즘처럼 다이빙 컴퓨터가 잘되어 있고 다이빙테이블이 제시하는 한계 내에서 다이빙을 진행하는 경우에도 다이버의 건강에 도움이 되는 행동이 있다면 수면 위에서 휴

식을 취하면서 하는 것이 좋다. 수면에서 쉴 때 가장 좋은 방법은 100% 산소를 흡입하는 것이다. 하지만 여건이 허락하지 않는 경우가 대부분이고 비용 또한 비싸다. 그 다음 방법은 고른 호흡을 깊게 그리고 안정적으로 하는 것이다. 물론 신선한 공기를 숨 쉴 수 있는 뱃머리 같은 곳에서 바람을 맞으며 하는 것이 좋다. 간혹 최대한 호흡을 들이 마시고 내쉬는 과정을 중간, 중간 해주는 것이 더욱 좋다. 이러한 수면 위 호흡은 혈액 내 녹아들어 남아 있을 수 있는 잔류질소를 빠른 시간 내에 배출될 수 있도록 도움을 주며 반복된 다이빙으로 잠수병에 노출되는 위험도를 줄여준다.

다이빙 활동과 부상 위험

다이빙을 한다는 사실을 주변 사람들에게 이야기 하였을 때 많은 사람들이 위험하지 않는지 물어보는 경우가 대부분이다. 다이빙을 잘못하여 입는 부상은 다른 레저스포츠를 즐길 때 경험할 수 있는 부상과 다른 양상으로 발생하기 때문에 어떻게 보면 당연한 질문이고 위험하다고 답하는 것이 맞을 수 있다. 다이빙을 잘못하면 최악의 경우 생명을 잃을 수 도 있기 때문에 더욱더 부상에 관한 지식을 습득하여 사고를 예방할 수 있어야 한다.

다이빙에서는 압축공기를 수심이 깊은 곳에서 호흡하기 때문에 생길 수 있는 잠수병(감압병)을 가장 위험한 부상으로 보고 있다. 이러한 부상은 바로 증상이 나타나는 즉각적인 부상보다 숨어있던 질소방울이 신체의 어느 한 곳에 모여 발병하는 형태로 나타난다. 이런 부상은 치료보다 예방이 중요하다. 다이빙 한계 수심 내에서 다이빙을 하고 다이빙 절차에 맞는 상승과 하강을 하여야 한다. 이런 다이빙 절차를 정확히 지키는 경우에도 100% 안전하다고 장담할 수 없는 부분이 있다. 이런 위험요인에는 다음과 같은 추가적인 사항을 들 수 있다.

비만

상용하는 약

음주

피로

아물지 않은 상처

너무 어린 나이 또는 활동이 어려운 많은 나이

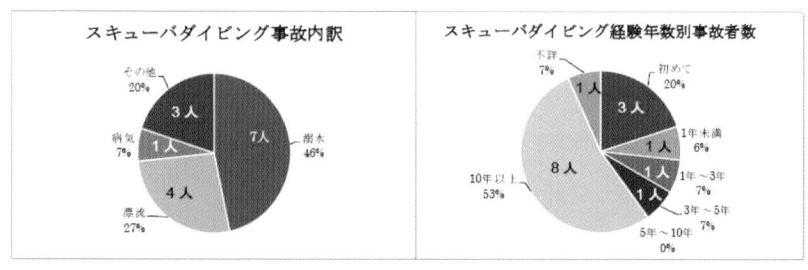
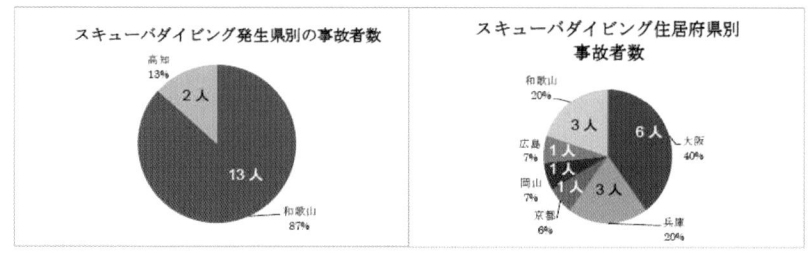

일본 다이빙 사고 통계
http://www.kaiho.mlit.go.jp

　위와 같은 요인들은 어떤 운동을 하더라도 조심해야 하는 위험 요인으로 특히 음주, 피로와 같은 일시적인 요인은 다이빙에 치명적인 문제를 발생시킬 수 있기 때문에 본인의 몸 상태를 항상 주의하여 관리해야 한다. 위에서 보여지는 도표는 일본 경시청에 신고된 다이빙 사고 건수를 통계 낸 것이다. 이 자료에서 볼 수 있는 것은 많은 사고가 2~30대에서 집중되고 있는 것을 알 수 있다. 물론 전체 사고 건수에 대비해서 생존자가 많은 것은 체력적인 부분이 크게 작용한다고 볼 수 있지만 그것은 큰 의미가 있지는 않다. 즉, 신고된 다이빙 사고의 크기로 볼 때 심각한 사고 후유 장애를 겪을 수 있는 일들이 많은 관계로 전체적인 다이빙 사고 건수를 살펴보는 것이 중요하다. 다이빙 사고는 사망과 같이 매우 치명적으로 발생할 수 있는데 다이빙 인구 분포를 보면 60% 이상을 차지하는 40대 이후 중장년층 다이버 사고자 보다 상대적으로 2~30대의 젊은 층에서 많이 발생한다. 이는 젊은 다이버들이 사고예방에 더욱 더 주의를 다해야 한다는 것을 말해주고 있다. 다이빙은 보고 즐기는 것이 목적이지만 가장 중요한 것은 안전이고, '안전보다 중요한 것은 없다' 는 점을 다시 한 번 강조한다.

질소마취

질소마취라는 증상은 우리 신체가 마취를 당하는 경우 느낄 수 있는 몽롱함과 무기력한 움직임을 물속에서 겪을 수 있기 때문에 마취라는 표현을 사용한다. 질소가 1대기압을 넘는 포화된 상태로 호흡을 통하여 혈액 속으로 용해되면서 발생할 수 있는 증상으로 수심이 깊어지면서 포화도가 증상을 보이는 특정한 수심에서 발생하며 질소마취가 발생한 이후 계속 하강을 한다면 더욱더 증상이 심해진다. 증상은 대부분의 경우 술에 취하는 것과 같이 발생을 하는데 장비의 조작에 어려움을 겪는 경우도 있고 갑작스러운 졸음으로 깜빡 졸기도 하며 본인의 의사와 상관없는 이상 행동을 하는 경우가 있다. 증상이 발생하는 수심은 사람마다 차이가 있지만 30m 이하 낮은 수심에서는 잘 나타나지 않는다. 30m를 초과하는 다이빙을 하는 경우 일부 다이버들이 질소마취를 경험하게 된다(사람에 따라서는 20m에서 질소마취가 나타나는 경우도 있다). 질소마취에 걸렸을 때 가장 많이 나타나는 증상으로는 수심계, 잔압계 등을 읽지 못하거나 방향감각이 없어져 어떤 행동을 해야 하는지 모르는 경우가 많다. 정작 질소마취에 걸린 다이버는 질소마취를 자각할 수 없는 경우가

많은데 질소마취가 발생한 경우, 간단한 사칙연산을 못하는 경우가 많다. 본인의 상태가 이상하다고 느껴 머릿속으로 4 + 7 같은 간단한 숫자 계산을 해보았을 때 답이 생각나지 않는다면 질소마취 증상이 나타나기 시작했다고 보는 것이 맞다. 질소마취의 경우 증상이 발생하고, 이후 잘못된 판단으로 이상행동을 한다면 심각한 문제가 발생할 수 있다. 하지만 질소마취에 걸린 것만으로는 크게 위험하지 않다. 이상 현상이 발생한 수심에서 낮은 수심으로 4~5m 정도만 상승하더라도 질소마취는 언제 그랬는지 모르게 사라진다. 즉, 특별한 치료를 필요로 하는 것이 아니라 자연스러운 상승으로 마취가 풀리는 것이라고 보면 된다. 이는 술에 취했다가 술을 깨는 현상과 비슷한 경험일 수 있다. 경험이 많은 다이버가 깊은 수심 다이빙을 하는 경우 약간의 질소마취 상태를 극복하고 다이빙을 지속할 수 있게 되는 것은, 술에 취하는 것과 같은 반복적인 자극을 극복하는 과정과 매우 유사하다. 질소마취의 증상은 사람마다 편차가 매우 심해 어떤 다이버는 전혀 질소마취를 느끼지 못하는 경우도 있고 어떤 다이버는 17m의 낮은 수심에서 질소마취를 경험하기도 한다. 이는 술에 강한 사람과 약한 사람이 있는 것과 같은 원리다. 레크리에이션 다이빙 한계를 넘는 다이빙을 하는 경우 질소마취에

노출이 되어 잘못된 판단이나 행동으로 심각한 상황이 올 수 있기 때문에 'Deep Diving'이라는 별도의 교육과정을 통하여 깊은 수심에서 어떻게 적응하고 행동해야 하는지 안전

한 교육을 받고 30m 이상의 수심에 도전을 하는 것이 올바른 선택이다.

공기색전증

공기색전증(aeroembolism)은 다이빙 시간과 수심에 밀접한 관련이 있다. 수심이 깊어지면서 발생하는 압력의 영향은 보일의 법칙에서 배운 것처럼 압력에 비례해서 기체의 부피를 축소시킨다. 이러한 현상은 수심이 낮아지며 압력이 줄어드는 반대의 과정에도 그대로 적용이 되는데 수영장 바닥에서 공기방울을 올릴 경우 수면으로 올라갈수록 공기방울이 커지다가 어느 정도의 크기에 이르면 서로 분리 되면서 분리된 공기방울이 다시 커지는 현상이 발생한다. 즉, 다이버가 수심 깊은 곳에서 공기호흡을 하여 폐 속에 공기를 가둔 상태에서 상승을 하게 된다면(숨을 멈추고) 폐 속의 공기는 팽창을 하면서 말 그대로 폐가 터지는 현상이 발생하게 된다(물론 이런 부상은 의도적으로 숨을 참고 상승하지 않는 이상 거의 발생하지 않는다). 만약 다이버가 호흡을 참고 상승을 한다면 에어엘보리즘이 발생할 수 있는데 이것은 병원에서 수액주사를 맞을 때 중간에 생긴 공기방울이 혈관 속으로 들어가는 현상과 같은 경우라고 할 수 있는데(수액주사는 안전장치가 잘되어 있어 수액이 다 들어가도 공기가 들어가는 경우는 거의 없음) 혈관 속에 작은 공기방울로 흘러 다니던 공기방울이 상승을 하면서 혈관 굵기 정도로 커진 상태로 심장이나 뇌로 흘러 들어가 혈관을 일부 막게 되면 뇌졸중 또는 협심증과 비슷한 증상이 급격하게 나타날 수 있다. 긴급 상승을 통해 수면으로 급하게 올라온 다이버가 의식을 잃고 코피를 흘리는 경우, 에어엘보리즘을 예상해 볼 수 있다. 이때는 즉시 병원으로 후송을 해서 치료를 받아야 하는 심각한 상황이다. 또 다른 증상으로는 팔다리가 심각하게 저리거나 갑자기 앞이 안보이고 소리가 들리지 않는다면 짧은 시간 내에 의식불명이 될 수 있으니 지체 없이 병원으로 후송해야 한다. 이런 부상을 방지하는 원칙은 의외로 매우 간단하다. 절대 호흡을 멈추지 말고 그냥 평소대로 천천히 호흡을 하면 된다. 급상승이 필요한 최악의 상황에도 기도를 열고 숨을 내쉬면서 긴급 상승을 한다면 폐가 파열되는 심각한 부상은 방지할 수 있다. 그러므로 다이버에게 일상적인 호흡을 지속하는 것은 매우 중요한 원칙이라 할 수 있다. 간혹 약간의 경험 있는 다이버가 물속에서 다이빙 시간을 늘리기 위하여 호흡을 중간, 중간 멈추는 기술을 자랑하기도 하는데 이는 매우 위험한 행동이라 할 수 있다. 무리하게 다이빙 시간을 늘리기보다 충분한 휴식 이후, 한 번 더 다이빙을 하는 것이 안전한 선택이다.

기종

기종(emphysema-종격동, 피하 기종)은 신체 내부 장기에 구멍이 나는 현상을 말한다. 다이버가 숨을 참고 급상승을 하게 되어 폐가 파열되면서 발생하는 증상이다. 파열된 폐에서 나온 공기덩어리가 폐와 심장, 폐와 기관지 사이 공간(종격동)에 위치해서 과 팽창하는 경우를 종격동 기종이라 한다. 팽창된 공기덩어리가 기관지 사이를 이동하여 피부 아래까지 이동을 해서 부풀어 오르는 것을 피하 기종이라 한다. 이때는 내부 장기가 눌려 심각한 통증과 장기의 기능장애를 유발하며

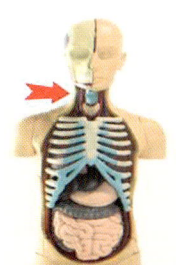 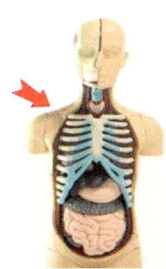 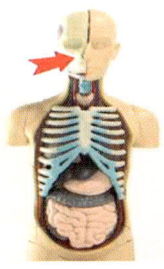 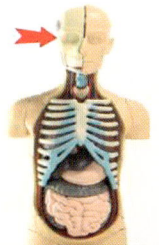

기종이 주로 발생하는 부위

호흡곤란과 함께 쇼크를 동반하는 경우가 많다. 이때는 빠른 병원 후송으로 공기를 제거해주는 치료를 받아야 한다. 기종의 부상 원인은 분명하다. 그것은 다이버가 숨을 참고 급상승을 시도하기 때문이다. 다이버는 한계 상승속도인 1분당 9m이하의 속도를 넘지 않게 상승을 한다. 또한 '어떠한 경우에도 호흡을 멈추지 않는다' 라는 원칙을 반드시 지키도록 해야 한다.

기흉

기흉(pneumothorax)은 파열된 폐에서 나온 공기가 폐와 늑막 사이 공간에 위치하면서 발생하는 부상인데 그 증상은 숨이 갑갑하고 매우 숨쉬기 어려운 증상이다(깊은 호흡을 할 수 없고 짧은 호흡만 반복적으로 하게 된다). 이때 바로 공기를 제거해주지 않으면 폐가 눌려 반대쪽 폐가 더 파열되는 심각한 상황을 맞을 수 도 있게 된다. 병원으로 후송을 할 경우 다이빙 이후 발생한 증상이라는 것을 의료진에게 반드시 알려 빠른 조치를 할 수 있도록 도움을 주는 것도 잊지 말아야 한다. 기흉은 마르고 키가 큰 사람들에게 일상생활에서도 특별한 원인 없이 많이 발생할 수 있는 질병이기 때문에 의료진의 빠른 판단과 조치를 위하여 다이버에게 발생한 이상 증상과 사고 상황을 의료진에게 알려 주는 것이 치료에 도움이 된다.

잠수병

잠수병은 직업 다이버에게 많이 발생하는 일종의 직업병으로 장시간 깊은 수심에 노출된 상태에서 호흡을 하면 육상에서 보다 많은 질소를 호흡하게 되고 초과 호흡된 질소는 혈액 내에 녹아서 액체형태로 흘러 다니게 된다. 이러한 질소는 천천히 상승을 할 경우 혈액의 순환 속도에 따라 자연스럽게 호흡을 통하여 배출되게 된다. 하지만 다이버가 빠른 속도로 상승을 하게 되면 혈액 속에 들어있던 질소가 갑자기 기체 형태로 바뀌면서 인체의 여러 부분에서 터지는 현상이 발생한다. 이런 현상은 우리가 탄산음료를 따기 전에 기포가 보이지 않다가 탄산음료 뚜껑을 열어 압력이 갑자기 낮아지면 기포가 올라오는 현상과 동일한 현상이라 생각하면 이해하기 쉽다.

잠수병에 대한 연구는 많은 인명의 손실과도 연결된다. 1960년대 군사적 목적으로 훈련하던 미 해군 다이버들이 알 수 없는 질병이 발병하여 퇴역을 하게 되었다. 미 해군은 이 질병에 대책 마련을 위해 많은 연구를 하였고 감압병이라는 진단과 함께 감압병을 예방할 수 있는 매뉴얼이 작성되었다. 이에 따라 미 해군 잠수 테이블 같은 감압병 예방을 위한 획기적인 과학적 진보가 탄생하였다. 수심에 따라 흡수되는 질소의 양을 계산하고 신체 세포가 순환을 통하여 배출되는 시간 등을 엄격히 계산하여 안전한 배출 알고리즘을 찾아냈으며 이러한 알고리즘은 다이빙컴퓨터에 계산 공식으로 활용되어 많은 다이버의 안전에 기여하고 있다. 잠수병의 증상은 질소의 기포가 어느 곳에서 발생하는지에 따라 다양한 증상이 나타난다. 기포가 특정한 부위에서 항상 발생한다면 보다 쉽게 잠수병이라고 확진 할 수 있지만 몸 속 어디에서나 기포가 발생 할 수 있다는 가정이 있기 때문에 쉽게 단정할 수 없다. 피부에서 발생하면 발진이 나타나고 뇌혈관에서 발생하면 현기증, 근육마비, 시력상실 같

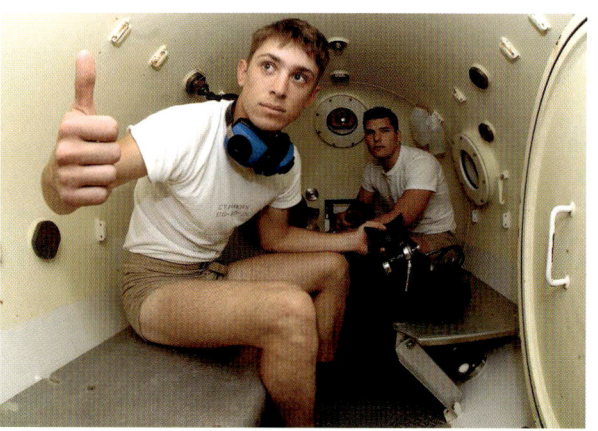

챔버치료
http://en.wikipedia.org/wiki/Decompression_sickness

은 현상이 발생한다. 관절 같은 부위에서 발생하면 매우 아픈 통증이 발생하는데 이러한 증상들은 대부분 다이빙을 끝내고 12시간 내에 발생을 한다. 즉, 12시간의 시간이 지나면 호흡을 통하여 잔류질소가 대부분 배출이 되기 때문에 잠수병의 위험에서 벗어났다고 보는 것이다. 하지만 12시간 이내에 비행기를 탑승하거나(비행기 내부는 대부분 0.8대기압 정도를 유지한다) 1,000m이상의 고도로 빠르게 이동을 하게 되면 혈액 내 남아있던 질소가 기포로 발생하는 위험을 보일 수 도 있다. 그렇기 때문에 다이빙을 끝내고 12시간에서 24시간의 비행 금지 시간을 가지는 것이 잠수병을 예방하는 수칙이다.

잠수병의 조치는 발병 즉시 고압 챔버에 들어가 기포로 변형되어 혈관 내부에 순환하는 질소 방울을 더 이상 배출되지 않도록 하고 그곳에서 호흡을 통하여 배출하게 하는 챔버치료가 유일한 방법이다. 이미 질소 공기방울로 혈액 속에 돌아다니는 기포는 분명히 어느 한 곳으로 뭉쳐서 인체에 문제를 발생시키기 때문에 반드시 고압 챔버 치료를 받아야 한다. 국내의 경우 고압 챔버 장비를 갖추고 있는 병원이 많지 않기 때문에 119에 문의하여 확인하는 것이 좋다.

즉각적인 조치로는 100%산소를 흡입하고 물 또는 이온음료를 마시는 것도 방법이지만 빠르게 병원으로 후송하는 것이 최선이다.

고압 챔버 치료는 다이빙을 했던 수심 정도의 압력으로 고압 환경을 만들어 주어 질소가 기포로 배출되는 것을 막고 서서히 압력을 정상으로 낮추며 호흡을 통하여 질소가

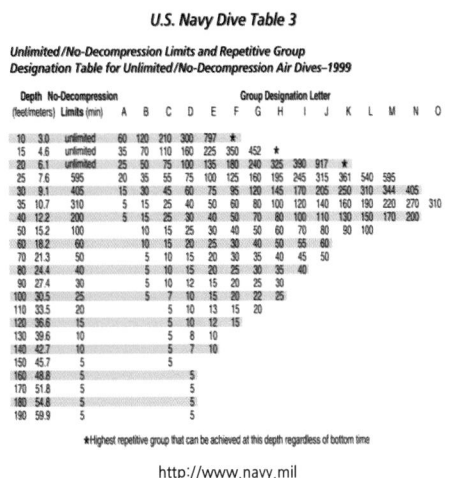

배출되게 하는 치료를 하게 된다. 이러한 치료는 고산 등반을 처음 도전하는 산악인에게 나타날 수 있는 고산병과 같은 메커니즘으로 인체에 문제를 발생시키기 때문에 고산 등반시, 고도 적응을 위해 지루할 수 있는 트레킹을 하는 것과 같이 깊은 수심에서 상승할 때 최대한 천천히 상승하는 것이 최선의 예방이다. 또 한 가지의 예방은 수심 10m를 넘는 다이빙을 하는 경우 반드시 안전정지를 하는 것이다. 레크리에이션 다이빙에서는 다이빙테이블에 기준이 되는 무감압 다이

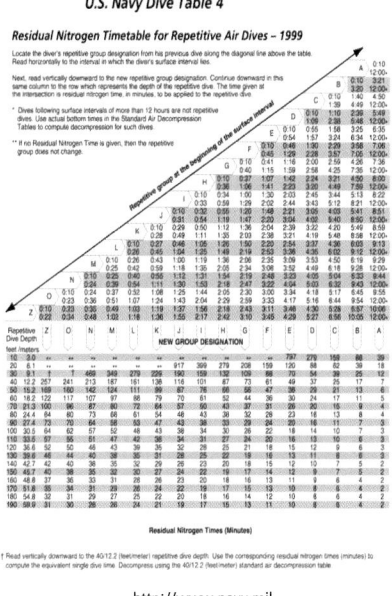

빙 한계 시간을 지켜 다이빙을 하는 것이 원칙이기 때문에 감압 절차가 불필요하다고 볼 수 있다. 하지만 다이빙은 항상 보수적인 기준에서 본인의 안전을 대비해야하기 때문에 '한계 시간을 넘지 않는 경우에도 4~6m범위 내에서 3분 이상 머무르는 안전정지'를 하는 것을 중요한 다이빙 절차로 보고 있다.

인체에서 혈액이 한 번 순환하는 시간은 성인 남자의 경우 약 30초 정도로 매우 빠르게 순환을 하며 폐에서 가스교환(호흡활동)을 수행한다. 즉, 4~6m 동일 수심에서 3분에서 5분이란 시간은 혈액순환과 가스교환이 6번에서 10번 정도 반복되는 시간으로 만약 상승을 통하여 이상 배출된 질소 기포가 있더라도 호흡을 통하여 많은 부분 배출될 수 있는 횟수가 되기 때문에 안전정지를 통하여 잠수병을 예방할 수 있도록 노력하는 것이다. 지속적으로 강조하는 '적절한 상승속도는 분당 9m이하'의 속도인데 다이빙 컴퓨터가 있는 경우 컴퓨터가 알려주기 때문에

문제가 되지 않지만 컴퓨터가 없는 경우 1분당 9m의 속도를 확인할 수 없다. 그 경우 경험적으로 확인할 수 있는 속도는 본인이 내뿜은 공기방울보다 빠르게 올라가면 안 된다.

산소중독

압력이 높은 기체를 지속적으로 흡입을 하면 신체에 무리를 주게 된다. 육상에서 평소에 흡입하는 일반 공기를 압축공기로 만들어 사용하는 스쿠버 다이빙에서는 질소 다음으로 많은 양의 산소에 의한 중독을 예상할 수 있다. 한계수심을 30m로 한정하는 레크리에이션 다이빙에서는 크게 걱정하지 않아도 되지만 신체적 특징에 따라 산소중독이 쉽게 오는 경우도 있을 수 있으니 주의가 필요하다.

산소중독은 30m이상의 대심도 다이빙을 하는 테크니컬 다이빙에서 매우 심각한 위험을 발생시킬 수 있기 때문에 계획수심과 다이빙 시간을 정확히 계산한 다이빙

일반공기	EAN32	EAN36	EAN50	한계시간(분)
30.0	18.7	16.6	12.0	720
35.0	21.8	19.4	14.0	570
40.0	25.0	22.2	16.0	450
45.5	28.1	25.0	18.0	360
50.0	31.2	27.7	20.0	300
55.0	34.3	30.5	22.0	240
60.0	37.5	33.3	24.0	210
62.5	39.1	34.7	25.0	195
65.0	40.6	36.1	26.0	180
67.5	42.2	37.5	27.0	165
70.0	43.7	38.8	28.0	150
72.5	45.3	40.2	29.0	135
75.0	46.8	41.6	30.0	120
77.5	48.4	43.1	31.0	82
80.0	50.0	44.4	32.0	45

사용기체별 사용 한계시간(분)

테이블을 사용하여 일반 공기의 질소를 줄이고 다른 기체를 추가한 트라이믹스 다이빙을 진행하여야 한다. 이때 산소와 헬륨 등 다른 기체를 섞어서 사용하는 비율은 미리 계산된 방식을 따라야 한다. 물론 이 경우도 산소를 사용하는 것이 당연한 사실이기 때문에 산소중독의 위험을 완전히 피하였다고 할 수 는 없다. 산소중독의 증상은 뇌와 폐에서 발생을 하는데 폐의 경우 산소의 부분압이 높아져 혈액 내에 헤모글로빈이 산소교환을 못하는 최악의 상태까지 올 수 있는데 이는 질식에 의한 사망을 의미한다. 초기증상으로는 목이 가렵거나 기침이 참을 수 없을 정도 발생하는 경우가 대부분이다. 두 번째 뇌에서 증상이 나타나는 경우는 대부분이 심각한 발작과 경련을 나타낸다. 잠수병을 치료하기 위해 챔버에 들어갔던 다이버가 2시간 만에 산소중독을 보인 경우가 종종 보고된다. 하지만 이런 증상들은 평균적인 건강상태의 다이버인 경우 수심 30m이상에서 최소 2시간 이상 다이빙을 지속해야 나타날 수 있다고 연구 되었다. 즉, '레크리에이션 다이버는 산소중독을 크게 걱정하지 않아도 된다' 는 의미가 된다.

저체온증

우리가 수영장에 수영을 하러 들어갈 때, 발끝부터 심장 쪽으로 물을 조금씩 뿌려 체온보다 상대적으로 낮은 수온에 대비한다. 그렇게 대비를 하고 수영장에 들어가는 경우 다이빙을 즐기는 수역보다 매우 따뜻한 수온이지만(약 27℃) 차갑게 느껴지는 경험을 누구나 했을 것이다. 이러한 현상은 물속에서는 육상에서 보다 약 25배 빠른 열 전도율을 가지고 있어 신체보다 낮은 온도로 체온을 빼앗기는 열전이 현상이 발생한다. 이는 다이빙 슈트를 입고 다이빙을 하는 다이버에게도 동일하게 발생한다. 체온이 낮아지면 우리 몸은 근육을 움직여 열을 생산하려 하지만 물속에서는 손가락, 발가락 같은 말초부위를 운동하기 쉽지 않아 피가

더블탱크를 사용한 대심도 다이빙

잘 흐르지 않는 증상이 발생한다. 이런 증상은 몸의 체온이 떨어지면 몸 속 주요 장기에 많은 혈액을 공급하여 장기를 보호하려는 이유 때문인데, 이는 역설적으로 손, 발의 운동능력을 둔화시켜 다이버에게 위험을 초래할 수 있게 만들 수 있다. 체온이 35℃ 이하로 떨어지면, 저체온 상태가 되는데 이해력이 떨어지고 운동능력이 현저히 떨어져 매우 졸린 상태가 된다. 이 상황은 매우 심각한 상황으로 목숨을 잃을 수 있는 사태를 맞을 수 도 있게 된다. 이런 저체온증을 방지하기 위해서는 다이빙을 하는 수온에 적절한 슈트를 착용하고(수온에 따라 스킨슈트 ▶ 웻슈트 ▶ 드라이슈트) 후드와 장갑 같은 보호 장비를 착용하는 것이 좋다. 다이빙을 즐길 때 나타나는 저체온증의 초기증상은 몸이 매우 춥게 느껴지고 손발이 움직이기 어렵고 머리가 매우 아프게 된다. 이 경우 빨리 다이빙을 중지하고 물 밖으로 나와서 몸을 따뜻하게 하는 것이 좋다. 이런 경우를 대비해서 물 위에서는 젖은 슈트를 벗고 따뜻하게 체온을 유지 할 수 있는 방풍자켓 같은 보온물품을 휴대하는 것이 좋다.

06 다이빙 실습

당신의 신체능력이 뛰어나고 다이빙 관련 기술을 정확히 구사할 수 있다면 이 장에서 소개하는 다이빙 실습을 무난히 수행할 수 있을 것이다. 만약, 그렇게 할 수 없다면 당신은 다이빙 강습을 하면 절대 안 된다. 다이빙 교육과정에서 요구되는 다이빙 기술은 대부분의 경우 훈련을 통해서 충분히 완벽하게 습득이 가능한 부분이다. 즉, 이미 다이빙 강사의 교육과정에 들어와 강사 교육을 수강 중이라면 당신의 다이빙 기술을 조금만 다듬으면 충분히 교육생을 지도할 수 있는 수준이 될 수 있다. 그러나 연습을 게을리하고 정확한 동작을 시도하지 않는다면 당신은 다이빙 강사가 될 자격이 없는 것이다.

이 장에서는 다이빙 실습과정에서 필요한 교육생의 통제 방법부터 실습을 보여주는 방법까지 실무적인 교육방법을 설명한다. 위에서 사전에 언급한 것과 같이 다이빙 실습과정은 당신의 다이빙 기술이 완벽하다는 가정에서 출발한다. 만약, 예를 들어 당신이 수면에서 5m 수심으로 잠영을 하는데 충분한 호흡으로 내려가서 수면위에 교육생에게 손 인사를 하고 여유를 가지고 올라오며 수면위에서 스노클을 통해 호흡을 내쉰다면 교육생들은 당신을 신뢰하고 잠영을 시도할 것이다. 하지만 자세가 불안정하여 잘 내려가지 못하고 호흡도 부족하여 서둘러 올라온다면 교육생들은 당신을 신뢰할 수 없다. 다이빙의 특성상 강사를 믿고 신뢰를 해야 물속으로 들어갈 수 있다. 대부분의 초보자는 물속에서 죽을 수 있다는 공포감을 가지고 있기 때문이다. 그래서 당신은 당신의 신체 상태를 항상 최적의 컨디션으로 유지하여야 하고 당신의 다이빙 기술을 완벽하게 연마하여야 한다.

수영장 실습

수영장 실습은 다이빙의 모든 것이라고 해도 과언이 아니다. 다이빙 상황에서 필요로 하는 모든 다이빙 기술을 배우고 실습하고 본인의 기술로 만들어 실제 다이빙에서 사용하는 것이 수영장 교육에서 이루어진다. 수영장 교육은 '교육이며 실습이며 훈련이다' 라고 할 수 있다. 우리가 바다 실습이라고 이야기 하는 교육 다이빙은 안전한 다이빙을 위하여 특별한 훈련을 하지 않는다. 말 그대로 다이빙 활동이 시작되는 것이다. 그러므로 수영장 실습에서 익히는 다이빙 기술은 다이빙 활동의 모든 기술이 훈련되어야 한다.

수영장 실습내용은 3장에서 이미 기술하였기 때문에 여기서는 각각의 단계에서 주의할 점을 중심으로 살펴본다. 여기서 기술하고 있는 내용은 다이빙 강사가 교육생에게 반드시 전달해야 되는 필수 사항을 설명하고 있으니 다이빙 강사는 육상에서, 수면에서, 수중에서 등 정확히 교육을 하고 교육생이 충분히 습득을 했는지 확인을 하여야 한다.

순서	동작	장소
1	준비운동	육상

 준비운동은 상체부터 하체로 내려오면서 근육과 관절을 풀어주는 동작을 위주로 실시한다. 준비운동은 무리한 동작을 실시하는 것보다 관절의 가동범위에서 자연스럽게 움직일 수 있도록 유도하여 부담 없이 몸을 풀 수 있도록 해야 하고, 준비운동이 끝나고 수영장에 천천히 입수해서 수온에 적응할 수 있도록 한다.

2	슈트착용	육상

 준비운동과 수영장 입수를 통해 몸이 젖어 있기 때문에 육상에서 슈트를 입는 행동이 어려울 수 있다. 그러므로 얕은 수심의 수영장에 입수를 해서 물속에서 슈트를 입도록 유도하면 교육생이 슈트 착용을 쉽게 할 수 있다.

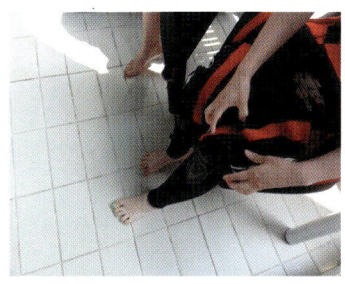 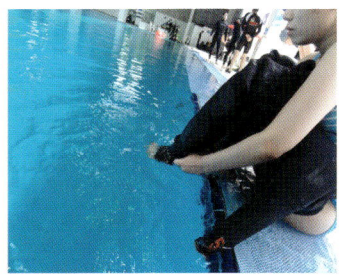

| 3 | 수면 마스크 착용 및 물 빼기 | 육상 |

　상체가 물 밖으로 나오는 정도의 수심에 서서 마스크 착용과 물 빼기를 실시한다. 처음 시도에는 마스크에 물을 떠서 얼굴에 부착하고 물 빼기를 실시하고 적응된 이후에는 물속으로 쪼그려 앉으면서 수중에서 마스크에 물을 넣고 빼는 동작을 반복시킨다. 이때 코로 숨을 약간씩 내뿜어 물이 들어오는 것을 방지하여야 하고 마스크에 물을 넣을 때는 마스크에 윗부분을 열어서 천천히 물이 들어올 수 있도록 하여야 한다. 교육생이 코를 통해서 역류한 물을 먹게 되면 상당히 고통스러워 다이빙 교육을 두려워 할 수 있으니 절대로 물을 먹지 않도록 최대한 천천히 안정적인 실습이 될 수 있도록 지도해야 한다.

4   **핀 착용**   육상

 핀은 서서 착용을 하는 것이 좋지만 혼자서 균형을 맞추며 착용하기 어렵고 버디를 잡고 착용하는 동작을 시행하여도 우왕좌왕하여 정확한 동작을 수행하기 어렵다. 그래서 서서 착용하는 것은 시험으로 대신하고 되도록 의자 또는 수영장 가장자리에 앉아서 착용할 수 있도록 한다. 수영장 가장자리에 앉아서 착용하였다면 상체를 비틀어 몸을 돌리면서 자연스럽게 입수하는 '옆으로 입수' 자세를 연결시켜 입수까지 진행할 수 있다.

| 5 | 입수(다리벌려, 뒤로굴러, 옆으로, 다리모아) | 육상-수면 |

 입수에서는 4가지 입수 자세를 정확한 동작으로 시험을 보이는 것이 매우 중요하다. 그리고 한 가지 동작씩 교육생이 따라 할 수 있도록 지도를 해야 하는데 스노클을 물고, 마스크를 단단히 잡아서 입수 과정에서 장비가 해체되는 실수를 하지 않도록 교육하여야 한다. 입수 자세는 다이빙 활동의 두려움을 극복하고 즐거운 활동을 할 수 있는 시작지점이기 때문에 수영장 교육에서 완벽한 동작 수행이 될 수 있도록 철저하게 지도하여야 한다.

6   수면 이동   수면

최초의 시도에서는 교육생에게 웨이트를 착용시키면 안 된다. 교육생은 슈트를 착용하고 있기 때문에 절대 가라앉지 않는다는 안정감을 가져야 편안한 실습을 할 수 있다. 또한 핀을 착용하고 있어 몇 번의 킥으로 자연스럽게 수면대기를 할 수 있다는 사실에 매우 자신감을 가지고 수면이동을 실시할 수 있다. 이때 교육생에게 정확한 이동 자세를 지도해서 효율적인 수면이동을 할 수 있도록 지도하여야 한다.

7   스노클 수중으로 입수(머리먼저, 다리먼저)   수면-수중

　다이빙 강사가 완벽한 자세 실습으로 입수해서 이동하는 모습을 교육생에게 보여준다면 교육생들은 다이빙 강사를 무한 신뢰할 것이다. 교육생들은 처음 시도하는 수면입수에서 5m 수심까지 하강하기가 매우 어렵다. 웨이트를 착용하고 있지 않아 부력이 높은 관계도 있지만 정확한 자세가 구현되지 못하기 때문에 수중입수가 어려운 것이다. 처음 시도에서 하강을 할 수 있는 경우는 드물기 때문에 교육생이 1~2m 의 하강을 성공하면 과도한 칭찬을 해서 자신감을 키워줘야 한다. 주의할 점은 처음 실시하는 스킨 다이빙 교육에서 웨이트를 착용시켜 교육생이 수면대기에 체력을 많이 소모시키지 않도록 주의 하여야 한다.

8   상승하여 스노클 물빼기   수중

수중입수를 성공하여도 스노클을 사용하는 방법이 익숙하지 못한 교육생의 입장에서는 상승을 하면서 스노클에 물을 제거하는 동작을 수행하기가 매우 어렵다. 그래서 수면으로 나오자마자 스노클을 뱉어 버리고 큰 호흡을 시도 하게 된다. 이때 다이빙 강사는 교육생들을 수면에서 스노클을 사용하며 수중을 살피게 집중시키고 하강 및 상승을 하면서 스노클 물 빼기를 완벽하게 수행한다면 교육생들의 박수를 받을 수 있다.

9   정지, 상승, 하강 수신호 학습   수면-수중

수중에서는 목소리를 사용할 수 없기 때문에 수신호를 하는 것과 상대방의 수신호를 이해하는 것이 매우 중요하다. 정지, 상승, 하강 같은 필수적인 수신호를 완벽히 익혀서 수중에서 정확한 소통이 되도록 하여야 한다.

| 10 | 휴식 | 육상 |

 스킨다이빙 교육이 끝나고 잠시간의 휴식시간을 가질 때 교육생 전체에게 칭찬을 아끼지 말아야 한다. 각각의 교육생을 한 명씩 지목하면서 어떤 동작에서 가장 잘했는지 다른 교육생들 앞에서 큰소리로 알려줘야 한다. 이런 과정을 통해 자신감을 가지게 되고 다가오는 스쿠버 다이빙 실습을 편안하게 수행할 수 있다. 단, 반드시 지적이 필요한 교육생이 있다면 상황을 봐서 교육생만 들을 수 있는 조그만 소리로 따로 조심스럽게 지적해야 한다.

11 장비결합   육상

다이빙 상황에서 장비 결합은 반드시 본인이 확인해야 되는 가장 중요한 절차이다. 장비를 결합하고 공기가 정상적으로 배출되는지? 공기에 이상은 없는지? 공기용량(공기압)은 충분한지? 등등 다이빙 활동에 반드시 필요한 정보를 다이버는 본인이 직접 확인하고 점검해야 한다. 그래서 다이빙 교육생에게 장비를 결합하고 최종 상태를 점검하는 절차를 분명하고 정확하게 교육해야 한다.

수영장에서 장비를 결합할 때 교육생들이 가장 많이 실수하는 부분은 공기통의 방향과 호흡기의 위치를 정확히 하는 것이다. 이런 실수를 줄이기 위하여 호흡기를 목에 걸 때 오른쪽으로 위치하게 하고, 공기통 손잡이는 반드시 오른손으로 잡아 장비 결합시 잘못되는 일이 없도록 한다. 또한 장비를 결합하고 공기통을 개방할 때 공기통 게이지는 안전한 방향으로 향하여 혹시 모를 파손에 대비하여야 한다. 공기통은 끝까지 돌려서 개방을 하고 반드시 반대방향으로 반 바퀴 정도 닫아서 입수직전 공기통 개방여부를 쉽게 확인할 수 있도록 한다(입수 직전 공기통 개방 손잡이를 앞뒤로 돌렸을 때 움직이면 공기통이 개방되어 있는 상태임). 이 모든 절차는 교육생이 직접 할 수 있도록 지도를 하고 시험을 보이고 다시 해체를 했다가 결합하는 과정을 반복적으로 수행해야 교육생이 절차를 잊지 않는다.

| 12 | 장비착용 | 육상 |

　장비착용의 방법은 여러 가지가 있지만 가장 편한 방법으로 교육을 진행해야 한다. 처음 착용하는 교육생에게 쪼그려 앉아 장비를 들면서 착용하는 방법을 시키는 것은 좋은 훈련법이 아니다. 교육생은 생각보다 무거운 무게에 당황할 수 있고 평소에 운동이 부족한 교육생이나 허리가 안 좋은 교육생은 허리를 삐는 부상을 입을 수 있으니 강사가 뒤에서 들어주고 교육생은 옷을 입는 것과 같은 자세로 착용을 하는 것이 좋다. 물론 여러 가지 방법의 장비 착용 시험은 교육생이 장비를 착용하는 실습 전에 보여줘야 한다.

　정확하지 않은 동작은 신체에 무리를 주고 근육통 같은 크고 작은 부상을 입을 수 있으니 표준 동작을 습득할 수 있도록 꾸준한 자세 교정이 필요하다. 이때 가장 주의할 점은 안전하게 동작을 하는 것이다. 반드시 주변을 살펴서 다른 사람과 부딪치지 않도록 주의하여야 하고, 균형을 잃어서 넘어지지 않도록 자세를 낮춰야 한다.

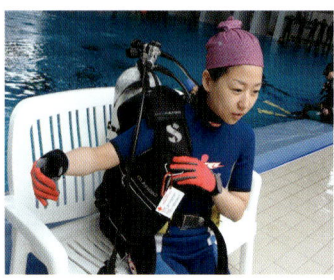

13 호흡기 찾기   육상

호흡기 찾기는 장비를 착용하지 않은 상태에서 호흡기를 목에 걸고 충분히 연습을 한다. 몸을 오른쪽으로 기울여서 호흡기를 찾는 방법과 오른손으로 목뒤에 있는 호흡기 줄을 찾아서 당기는 방법을 둘 다 연습하여 원활하게 수행할 수 있도록 숙달시켜야 한다. 장비 착용 이후 호흡기 찾기는 체력이 소모되는 힘든 실습이라 1~2회 정도의 훈련으로 끝내고 수중에서 실습을 할 때 정확한 동작을 할 수 있도록 정확히 설명을 해야 한다.

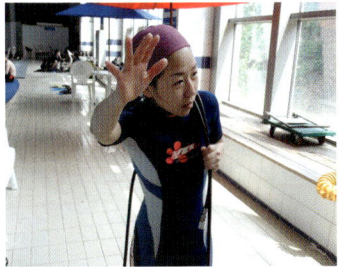 
 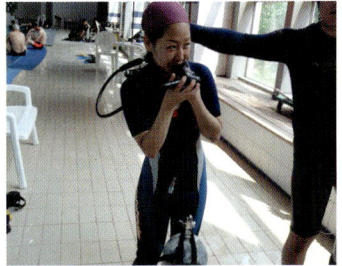

14   **옆으로 입수**   **육상-수면**

  최초의 입수에서는 4가지 입수 방법을 사용하지 않고 수영장 가장자리에 앉아서 두 손을 옆으로 짚고 몸을 돌리면서 입수하는 옆으로 입수를 사용해서 입수를 한다. 이때 BC에 공기를 충분히 확보해서 입수 후 수면에서 자연스럽게 대기할 수 있도록 해야 한다. 입수 훈련은 스킨 다이빙에서 반복적으로 훈련하고, 스쿠버 다이빙 입수에서는 별도로 훈련을 진행하지 않고 실습을 하는 것이 교육생의 체력 저하를 막는 방법이다.

 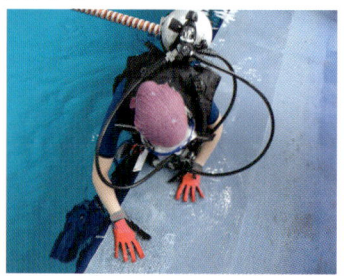

15   **수면대기**   **수면**

  수면에서는 몸을 세워서 오른손으로 호흡기를 들고 서로를 바라보며 대기할 수 있도록 한다. 이때 교육생끼리 간격을 유지할 수 있도록 지도해야 하고, 바다에서 빠른 조류에 대비하기 위해 동료의 공기통 손잡이를 잡고 모여서 대기하는 방법 또한 지도해야 한다.

16   얕은 수심 호흡하기   수면-수중
　수면에서 수영장 바닥을 바라보는 자세로 수평 자세를 유지하면서 자연스럽게 안정적인 호흡을 할 수 있도록 지도한다. 그렇게 모든 교육생이 안정적인 호흡을 하면 다이빙 강사는 2~3m의 수심으로 하강을 해서 본인을 볼 수 있도록 집중시킨다.

17   얕은 수심 마스크 물빼기   수면-수중
　수면 위에서 밑을 보면서 수평 자세를 유지하면 수영장 바닥을 보면서 대기할 수 있다. 다이빙 강사는 2~3m의 수심으로 내려가서 교육생에게 한 명씩 마스크 물빼기 실습을 지시하고 정확히 동작을 수행하는지 관찰을 한다.

18   줄잡고 하강   수면-수중

　교육생들의 자세가 안정되고 물에 적응이 되면 하강줄이 있는 곳으로 한명씩 이동을 시킨다. 그리고 몸을 세워서 줄을 잡고 하강을 준비시킨다. 다이빙 강사는 교육생을 바로 앞에서 붙잡아줘서 교육생이 마음에 안정을 가지고 하강할 수 있도록 도움을 준다. BC의 공기를 배출하며 천천히 하강하는데 킥을 조금씩 하면서 하강속도가 너무 빠르지 않게 속도 조절을 해줘야 한다. 교육생이 바닥에 도착을 하면 무릎을 꿇고 앉아서 편안하게 호흡을 하며 다른 교육생이 하강하는 것을 관찰하도록 한다.

19   자유하강   수면-수중

　최초의 교육에서는 교육생이 자유하강 동작을 수행하기 매우 어렵다. 그러니 자유하강은 다이빙 강사 또는 교육보조요원의 시범을 보여주는 것으로 하고 2~3차 스쿠버 다이빙 입수에서 교육생 스스로 자유하강을 할 수 있도록 지도한다.

20 **집합** 　　　　　　　　　　　　　　　　　　　　　**수중**

집합을 위해서 약간의 수중 이동을 한다. 이때는 교육생이 자유롭게 이동할 수 있게 하여 수중 이동이 어렵다는 것을 체험하게 한다. 수중에서의 집합은 모든 교육생이 서로 확인할 수 있도록 다이빙 강사가 꼭지점에 위치한 원뿔형으로 집합한다. 다이빙 강사는 매 순간 교육생을 관찰하고 있어 만약에 상황에 대비하여야하기 때문에 교육생이 3명 이상이 되면 반드시 교육보조요원을 투입해서 교육생을 통제하여야 한다.

21 호흡확인   수중

　수중에서 교육생의 기본자세는 무릎을 꿇은 상태로 시선은 다이빙 강사를 보고 있어야 한다. 다이빙 강사는 교육생이 편안하게 호흡을 하는지 실습을 통해 확인하여야 한다. 실습은 호흡기를 오른손으로 잡고 들숨으로 공기를 천천히 마시고 호흡기를 입에서 뺀 상태로 날숨을 천천히 내쉬면서 본인의 호흡이 배출되는 것을 확인하도록 한다. 날숨이 전부 내쉬어지면 다시 호흡기를 물고 퍼지 밸브를 살짝 눌러서 입안에 물을 제거하고 공기를 호흡하면 된다. 교육생들이 호흡에 익숙해지면, 마지막으로 한 번 더 다이빙 강사가 시범을 보인다. 이때 천천히 공기방울이 콩알 정도의 크기로 배출될 수 있도록 보여주고 교육생들은 그 공기방울이 상승하는 모습을 관찰 할 수 있도록 집중시킨다. 다이버의 상승 속도는 콩알 크기의 공기방울이 상승하는 속도보다 느린 속도로 상승하여야 된다는 점을 육상에서 브리핑을 통해 교육하였기 때문에 수중실습에서 그 상승속도를 눈으로 확인시키는 것이다.

| 22 | 마스크 물빼기 | 수중 |

  마스크 물빼기는 다이빙 상황에서 가장 많이 사용되는 기술이기 때문에 반드시 완벽하게 수행할 수 있어야 한다. 그래서 육상, 얕은 수심, 수면 등에서 반복적으로 훈련을 해서 수중에서도 쉽게 수행할 수 있어야 한다. 최초의 시도에서는 마스크 내부에 1/5 정도의 물을 넣어서 부담이 없도록 실시하여야 한다. 마스크 내부에 들어온 물은 시선을 바닥으로 한 상태에서 고개를 흔들며 마스크 내부에 흐리게 생성된 이슬을 제거하는데 사용한다. 몇 번의 연습이 완료되고 교육생들이 쉽게 마스크 물빼기를 할 수 있게 되면 마지막으로 다이빙 강사의 완전한 마스크 물빼기 시범을 보며준다. 여기서 완전한 마스크 물빼기 시범이란 마스크, 수영모자 등을 완전히 벗었다가 다시 착용하는 동작을 말한다. 이때 다이빙 강사는 눈을 뜨고 천천히 코로 공기를 배출하며 완벽한 시범을 보여야 한다. 이 시범은 교육생에게 다이빙 강사의 다이빙 기술을 신뢰하는 한 가지 척도가 될 수 있기 때문이다. 완전한 마스크 물빼기 시범이 끝나면 교육생에게 시도해볼 것을 권장하는데 대부분의 교육생은 하지 못한다는 의사를 표현한다. 이 또한 수중 의사소통을 훈련하는 좋은 방법이다. 간혹 시도를 하는 교육생이 있는데 이때는 가까이 가서 만약의 상황에 대비를 하고 교육생이 성공을 하면 큰 박수로 격려를 한다.

23   이동   수중

한 가지 훈련이 끝나고 나면 항상 약간의 수중 이동을 하여 훈련 대형을 다시 정리한다.

24   호흡기 찾기   수중

호흡기 찾기는 몸을 오른쪽으로 기울여 호흡기를 찾는 방법과 오른손으로 공기통과 연결된 호흡기를 찾는 방법을 모두 훈련하여야 한다. 교육생에게는 오른쪽으로 몸을 기울여 호흡기를 찾는 방법이 더 쉽기 때문에 이 방법을 주로 훈련을 한다. 이때 다이빙 강사는 반드시 교육생을 손으로 잡을 수 있는 정도의 근접한 위치로 이동을 해서 교육생이 안심하고 훈련을 할 수 있도록 도움을 줘야 한다. 만약 교육생이 호흡기를 잘 찾지 못하는 것 같으면 바로 도움을 줘서 안정을 취하게 하고 다음 교육생으로 순서를 넘어갔다가 마지막에 다시 시도할 수 있도록 한다. 모든 교육 상황에서 교육생이 당황하게 되는 상황은 사전에 차단을 해서 안정적으로 교육을 받을 수 있도록 도움을 줘야 한다.

25   이동   수중

 마스크 물빼기와 호흡기 찾기 훈련이 되었기 때문에 수면으로 갑자기 올라가는 교육생은 이제 나오지 않는다. 이제부터는 이동을 위한 킥을 훈련해야 되는데 대부분의 교육생은 자유형킥 만을 구사 할 수 있다. 교육생을 집중시키고 다이빙 강사가 4가지 핀킥을 보여주고 시범이 마무리 되면 약간 먼거리 이동을 해서 다시 훈련 대형을 갖춘다.

26   핀킥 4가지   수중

 수영을 배우지 않은 교육생은 자유형킥을 제외하고 나머지 킥은 수행하기 매우 어렵다. 자유형킥 또한 정확한 동작이 되지 못하고 자전거를 타는 것과 같은 이상한 동작을 하게 되는데, 몸의 균형을 잡기위해 손을 사용하는 모습과 더불어 엉성한 모습으로 이동을 하게 된다. 핀킥 4가지는 다이빙 강사의 시범으로 마무리하고, 교육생에게는 자유형킥을 정확히 하는 방법과 손을 사용하지 않고 이동을 하는 방법을 위주로 지도한다.

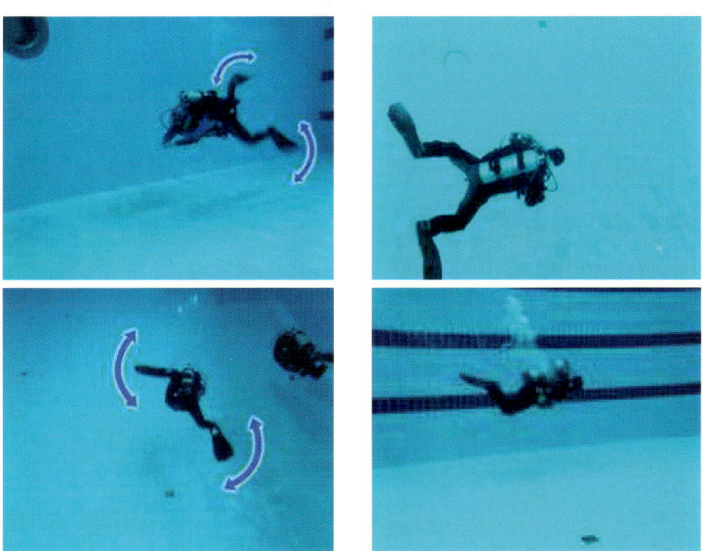

27   공기주입으로 상승 및 긴급하강하기   수중

다시 교육대형으로 위치하여 공기 주입으로 상승을 하고 BC의 공기를 배출하며 긴급하강을 하는 모습을 연습한다. 첫 번째 긴급하강은 몸을 바로 세워 BC의 인플레이트^{inflate} 호스를 위로하고 공기배출 버튼을 눌러 공기를 배출시키는 방법을 사용한다. 이때 몸이 세워져 있지 않으면 공기가 전혀 배출되지 못하기 때문에 반드시 몸을 세워서 공기를 배출해야 한다는 것을 정확히 교육하여야 한다. 두 번째 방법은 BC의 뒷부분에 위치한 공기배출 버튼을 사용하는 것인데 이 또한 다이버의 자세가 머리는 바닥에서 BC내부 공기가 공기배출 버튼 쪽으로 쏠리게 해야 쉽게 공기 배출을 할 수 있어 다이버의 자세를 정확히 해야 한다.

위 두 가지 방법 모두 교육생이 한 번에 성공하기는 어려운 동작이 되기 때문에 최초의 훈련에서는 시험으로 보여주고 다른 방식을 사용한다. 최초의 훈련에서는 교육생을 모두 바닥에 엎드리도록 하고 BC의 공기를 천천히 주입하면 상체부터 몸이 떠오르는 것을 경험할 수 있는데 이때 인플레이트 호스를 수면방향 위쪽으로 하고 공기 배출을 시키면 바로 가라앉는 현상을 느낄 수 있다. 이렇게 공기 주입과 공기 배출로 부력이 조절된다는 것을 체득할 수 있도록 반복적으로 훈련한다.

이 훈련과정에서 다이빙 강사는 호흡을 이용한 상승과 하강을 보여주고, 중성부력을 이용해 일정한 수심에서 미동 없이 떠있는 모습을 보여줘야 한다. 이 또한 다이빙 강사의 다이빙 기술을 신뢰할 수 있는 좋은 기회가 된다.

28   상승 수신호   수중

수중훈련이 마무리되면 모든 교육생을 집중시키고 상승 수신호를 준다. 그리고 실습을 가장 잘 수행한 교육생부터 상승을 시킨다.

29   줄잡고 상승   수중

최초의 훈련에서 상승은 반드시 줄을 잡고 상승할 수 있도록 지도한다. 여기서 줄을 잡고 상승하는 것은 안정적인 상승을 위해서 안전줄로 이용을 하는 것이지 줄에 100% 의지해서 상승을 시도하는 것은 아니라는 점을 사전에 분명히 교육하여야 한다. 즉, 상승은 킥을 사용해 천천히 올라가는 것이지 줄을 잡아당기며 올라가는 것이 아니라는 점을 교육생 모두가 알고 있어야 한다.

30 안전정지 데코흡입   수중

바다에서는 반드시 5m 안전정지를 수행한다. 그래서 수영장에서도 그런 훈련을 해야 하는데 수중 2m에 여분의 공기통을 매달아 안전정지 상황에서 그 호흡기를 사용할 수 있도록 훈련시킨다. 초급다이버들이 수중에서 긴장을 하면 호흡을 과하게 사용할 수 있고 이는 공기가 부족해지는 상황이 올 수 있어 안전정지 시간을 가질 수 없게 된다. 이를 대비해서 안전정지 시간에 다른 사람의 비상호흡기 또는 미리 내려와 있는 데코 탱크의 공기를 호흡해야 하는데, 사전에 훈련이 되어 있지 못하면 당황해서 그냥 상승을 해버리는 경우가 발생할 수 있다.

31 수면대기후 이동   수면

모든 교육생이 상승을 해서 수면에 올라오면 BC에 공기를 충분히 주입해서 편하게 수면위에 떠 있을 수 있도록 한다. 이때 마스크는 반드시 착용을 하고 있고 호흡기 또한 물고있는 것을 원칙으로 한다. 만약 호흡기를 빼게 되면 반드시 오른손으로 호흡기를 잡고 이야기를 하고 이동을 할때는 다시 물고 이동을 하여야 한다.

32   웨이트 올리기   수면

　수영장 가장자리에 다가서면 우선 웨이트를 벗어서 육상으로 올리는데 주의할 점은 웨이트 버클의 반대쪽 줄을 확실하게 잡아서 웨이트를 바닥으로 떨구는 일이 없도록 하여야 한다. 장갑을 착용하고 있지 않다면 웨이트 버클에 손을 베이는 상처를 입을 수 있으니 주의하여야 한다.

 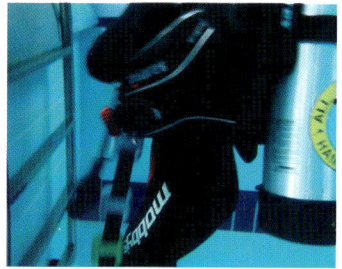

33   BC 벗기   수면

　최초의 스쿠버 다이빙 훈련에서는 반드시 BC를 벗고 출수 할 수 있도록 유도한다. 수중에서 중력을 느끼지 못하고 활동을 하다가 BC를 착용한 상태에서 출수를 하려면 급격한 근력을 사용해야 하는데 이때 관절에 무리를 주면서 사소한 부상을 입을 수 있으니 최초의 훈련에서는 BC를 벗고 출수를 해야 한다. 하지만 2~3회의 훈련이 반복되면서는 반드시 BC를 입은 상태에서 출수하는 방법으로 동작을 변경하여야 한다. 다이빙 상황에서는 스텝의 도움 없이 본인의 BC를 입고 출수해야 되는 경우가 대부분이기 때문이다.

34　**사다리이용 출수**　　　　　　　　　　　　　　　　　**수면-육상**

　출수 전에 사다리를 잡고 핀을 벗어 위로 올려주고, 한 계단씩 천천히 올라온다. 이때 주의할 점은 절대로 마스크를 벗지 않는 것이다. BC를 착용하고 있다면 호흡기 또한 반드시 물고 있어야 한다. 이는 출수를 하다가 실수로 다시 바다에 빠지는 상황을 대비하기 위함이다. 출수자가 여러 명이면 한사람씩 순서대로 올라가는데(다이빙 강사가 미리 순번을 지정), 대기자는 올라가는 사람이 떨어질 수 있다는 가정을 하고 약간의 간격을 유지하고 기다려야 한다.

35　**장비정리**　　　　　　　　　　　　　　　　　　　　　　　**육상**

　육상에 올라오면 각자의 장비를 모아서 분실 또는 파손된 장비가 없는지 확인한다. 최초의 훈련에서 장비 준비는 다이빙 강사가 하지만 반복된 훈련에서는 교육생이 직접 준비하고 정리를 할 수 있도록 지도해야 한다.

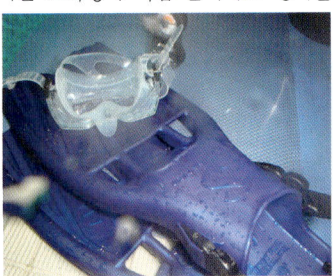 

| 36 | 수중실습 브리핑 | 육상 |

　수중실습이 끝나고 나면 브리핑 시간을 가져야 한다. 이때 중요한 것은 안전을 위한 사항을 최우선적으로 설명해줘야 한다. 교육과정에서 잘못된 동작을 '왜? 교정해야 되는지' 정확히 안내를 하여 교육생이 충분히 이해할 수 있도록 해야 한다. 그 과정은 부드럽고 단호한 목소리로 다이버에게 안전보다 중요한 것이 없다는 점을 강조하여야 한다. 또한 이 과정에서 빼먹지 말아야 할 것은 각각의 교육생을 칭찬하는 것이다. 교육생별로 정확한 동작을 수행한 교육과정을 한 가지씩 이야기하면서 교육생들이 자신감을 갖도록 용기를 북돋워 줘야 한다. 마지막으로는 다음번 교육의 내용을 설명하는데 더 재미있고 어려운 기술을 훈련하게 될 것이라는 기대를 주면서 실습교육을 마무리한다.

| 37 | 종료 | 육상 |

교육보조요원 운영

　다이빙 경험이 오래되면 주변에 다이빙을 즐기는 지인들이 많아진다. 다이빙 강사가 되기 전에 기억을 떠올리면, 다른 강사가 교육생을 지도하는 모습을 종종 보게 되고 조금씩 도움을 주었던 기억도 있을 것이다. 어떤 일이나 상급자가 되면 초급자의 심정을 쉽게 헤아릴 수 있고 상황에 맞는 도움을 쉽게 줄 수 있다. 그런데 다이빙 교육은 다이빙 강사 자격이 없는 상급 다이버가 초급다이버를 지도할 수 없도록 제한하고 있다. 특별한 기술이 아니고 위험하지 않은 것들은 상급다이버가 초급다이버에게 전수할 수 있지만 그 모든 행동을 규정으로 금지하고 있다. 이유는 매우 간단하다. 잘못된 교육으로 다이버를 위험에 처하게 할 수 있다는 위험성 때문이다. 그래서 책임과 권한이 명확히 규정된 다이빙 강사 자격을 가지고 있는 사람이 일반인에게 다이빙을 지도해야 하는 것이다. 그런 이유로 상급다이버가 되더라도 다이빙 교육과정에 참여를 하는 기회를 갖기가 어렵다. 또한 오랜 기간 다이빙 경험을 통해 많은 노하우를 알고 있지만 누군가에게 전달하지 못해 아쉬움을 가지고 있는 상급다이버도 매우 많다.

PSDC에서는 다이빙 강사가 교육생을 3명 이상 한꺼번에 교육해야 된다면 반드시 교육보조요원을 투입해야 한다고 규정하고 있다. 그런데 당신이 받은 교육비에서 유급 교육보조요원을 사용한다면 당신의 수익이 줄어들 것이고 심한 경우 하나도 남지 않는 상황이 될 수 있다. 그래서 교육보조요원은 반드시 자원봉사로 투입을 해야 하는데, 이는 그만큼 도움을 받을 수 있는 상급다이버가 주변에 있어야 한다는 것

을 의미한다. 수영장 교육에서 교육보조요원 역할을 부탁하면 대부분의 상급다이버가 흔쾌히 수락을 한다. 그들에게 다이빙 오픈워터 교육과정은 예전의 추억을 떠올리게 해주고 무엇보다 재미있는 경험이 되기 때문이다.

 교육보조요원의 경험이 반복되면 교육보조요원은 본인이 직접 교육생을 교육하고 싶어 하는 욕구가 생긴다. 당신도 그런 과정을 거쳐서 다이빙 강사가 되었을 것이고 그 사람도 다이빙 강사가 되고 싶어 할 것이다. 그런 다이버에게 강사교육과정을 소개해줘서 또 한 명의 다이빙 강사가 탄생하는 기회를 제공하기 바란다. 그러면 그 사람은 평생 당신을 잊지 못할 것이다.

다이빙 자세 시범

　모든 스포츠는 폼이 좋아야 한다. 골프에서 스윙하는 자세만 봐도 그 사람의 실력을 가늠할 수 있고 스키를 타고 활강하는 모습을 보면 폼이 좋은 사람은 안정적으로 빠른 활강을 할 수 있다. 이는 모든 스포츠에서 가장 효율적인 자세가 최상의 실력을 발휘할 수 있기 때문에 그 자세를 표준으로 교육하는 것이다. 스포츠 상황에는 실력이 모든 것을 말해주는데 최고의 실력을 보여주는 선수가 취하는 자세를 똑같이 따라한다면 같은 결과를 얻을 수 있다는 희망을 갖게 하여 많은 사람들이 그 선수의 모습을 따라하려 하는 것이다. 그만큼 스포츠 상황에서 자세는 매우 중요하다.

　다이빙 강사의 자세는 다이빙 교육생에게 신뢰를 형성할 수 있는 보이지 않는 교육이다. 최초의 교육에서는 다이빙 강사의 자세를 자세히 관찰 할 수 없지만 시간이 지나면서 눈에 들어오게 되고 바다실습 등을 나갔을 때 다른 팀의 강사를 보게 되면 본인을 가르치고 있는 강사의 실력을 가늠하게 된다. 육상에서 보여주는 리더십도 중요하지만 다이빙 상황에서는 물속에서 보여주는 모습이 교육생에게는 더욱 인상 깊게 작동한다. 수중에서 중성부력으로 움직임이 없이 같은 수심을 유지하는 방법이나, 이동시에 보여주는 부드러운 킥은 초급다이버가 쉽게 따라할 수 있는 기술이 아니

다. 그러므로 수영장 교육 초반에 호흡만을 사용해서 물속에서 떠있는 시범을 보여주고, 여러 가지 킥을 사용해서 부드럽게 이동하는 모습만 보여주어도 교육생은 당신의 실력을 의심하지 않을 것이다.

모든 자세를 사전에 많은 훈련을 하고 교육생에게 시범을 보여줄 때는 완벽하게 수행하여야 한다. 이는 별도의 연습이 있어야 쉽게 보여줄 수 있는 것이므로 교육생이 없을 때 따로 시간을 내서 자세훈련을 충분히 하여야 한다. 물론 모든 기술이 완벽하게 구현되기는 어려울 수 있다. 그래서 최소한 다음의 기술들 정도는 최초의 수영장 교육에서 교육생에게 완벽한 시범을 보여주어 교육생과 신뢰를 축적하여야 한다.

25m 잠영

다이빙 경험이 오래된 다이버들은 본인도 모르는 사이에 폐활량이 상당히 증가되어 있다. 또한 폐 근육의 두께가 강화되어 호흡을 오래 참을 수 있게 된다. 지금 잠시 숨을 참고 시간을 측정해보면 본인이 참을 수 있는 시간이 상당히 길다는 것을 새롭게 알 수 있다. 대부분의 다이빙 강사 교육생은 최소 1분에서 최대 3분까지 호흡을 멈출 수 있다. 이 시간은 매우 긴 시간으로 수중에서는 많은 일을 할 수 있다. 긴급 상황에 여유를 가지고 탈출할 수 있고 스노클링으로 수중탐색을 하

며 오랜 시간 관찰을 할 수 있다. 하지만 처음 다이빙 교육을 받는 교육생들에게 잠수를 시켜보면 짧으면 10초 길어야 30초의 시간을 버티기 힘들어한다. 그래서 그들은 숨을 오래 참는 것에 대하여 두려움을 가지고 있고 본인을 지도하는 다이빙 강사가 안정적으로 오랜 시간 숨을 참는 모습을 보게 된다면 그 강사의 실력을 신뢰하는 계기가 된다.

25m 잠영은 깊은 호흡을 하고 잠영을 시작할 때 5m 까지 내려가서 시작하는 것이 좋다. 수면에서 잠영은 하기도 힘들고 자세도 썩 아름답지 못하다. 25m 잠영을 시도하면 교육생들에게 수영장 옆 라인을 따라 이동하면서 본인의 잠영모습을 관찰하게 하고 천천히 입수하여 3~4번의 팔, 다리 킥으로 잠영을 완수하면 된다. 5m 수심에서는 물의 밀도가 높아져 몇 번의 킥으로 꽤 먼 거리를 이동할 수 있으므로 체력 소모도 매우 낮다. 본인은 힘들이지 않고 25m를 이동하지만 수영장 옆 라인에서 수중을 바라보면서 따라오는 교육생들은 많은 호흡을 하면서 이동을 하기 때문에 당신의 25m 잠영이 완수될 수 있을까? 라는 걱정반, 기대반을 하면서 따라온다. 그래서 당신이 25m 잠영을 끝내고 수면위로 올라오면서 깊은 호흡을 한 번만 하는 멋진 모습을 보여주면 대부분의 교육생은 당신의 실력에 경의를 표한다.

5m 잠수

최초의 스노클링 교육에서 스노클을 사용하는 방법을 교육하였다면 교육생들은 편하게 수면위에서 유영을 하며 수중을 관찰할 수 있게 된다. 이때 수중으로 입수하는 방법을 알려주고 교육생에게 수중으로 들어가 보라고 지시를 하면 대부분의 교육생이 입수를 하지 못하며, 입수를 하여도 1~2m 정도의 수심까지 들어갔다가 나오는 한계를 보인다. 그 상황에서 교육생을 집중시키고 시범을

보여주면 되는데, 당신이 완벽한 자세로 입수를 해서 수심 5m로 내려가 교육생들에게 손짓으로 본인을 자세히 볼 것을 명하고 단 한 번의 킥으로 수면으로 올라오는 모습을 보여주면 교육생들은 당신에게 박수를 보낼 것이다.

마스크 물 빼기

 스킨 다이빙 교육이 끝나고 실제 장비 착용 후 5m 수심으로 하강을 하면 반드시 해야 될 훈련이 마스크 물을 빼는 동작이다. 이는 모든 다이빙 상황에서 필수적인 행동으로 모든 교육생이 부담 없이 쉽게 수행할 수 있도록 반복 교육을 하여야 한다. 수중에서 시범을 보일 때는 마스크의 윗부분을 열어서 물이 1/3 정도 올라오면 마스크 윗부분을 누르고 코로 호흡을 하면서 쉽게 마스크 내부 물을 제거할 수 있다. 이런 동작은 몇 번의 시범과 훈련으로 쉽게 따라할 수 있으므로 교육생들 대부분이 그 동작을 수행할 수 있을 때 특별한 시범을 보여주면 교육생들을 매료시킬 수 있다.

 그 방법은 다음과 같다. 교육생들을 집중시키고 마스크와 수영모자까지 완전히 벗는 것이다. 그리고 다시 머리카락을 정리하고 수영모자를 착용하고 마스크를 쓰면 마스크 내부에는 물이 가득하다. 이때 호흡기는 물고 있으므로 코로는 조금씩 호흡을 내보내 코로 물이 들어오는 것을 방지할 수 있다. 이후 마스크 윗부분을 잡고 코로 호흡을 내보내면서 물 빼기를 하면 완벽한 시범이 될 수 있다. 주의 할 점은 모든 과정을 천천히 긴장하지 말고 여유를 가지고 보여줘야 한다는 것이다. 만약 당
황하게 되면 코로 물이 들어와 자세가 흐트러지고 그런 모습을 교육생에게 보여준다면 역효과가 날 수 있으니 주의하여야 한다. 물론 모든 과정에서 눈은 뜨고 있어야 교육생에게 안정적으로 보여 진다는 것을 명심해야 한다.

실습시 주의사항

　수영장 실습 및 바다 실습에서 강습생의 통제는 안전과 직결되는 필수사항이다. PSDC에서는 다이빙 강사 1명에 최대 4명까지 실습교육을 할 수 있으며 3명 이상의 교육생이 참가하는 경우 반드시 교육보조요원을 동반하는 것을 강제하고 있다. 이때 참가하는 교육보조요원은 마스터 다이버 이상의 라이선스를 보유하고 있는 다이버를 참여시켜야 한다. 오랜 기간 다이빙 활동을 하게 되면 초급다이버 때의 행동을 잊게 되는 경우가 대부분이라 오픈워터 교육과정에 도움을 요청하면 예전 생각을 떠올리며 흔쾌히 응해주는 다이버들이 많다. 교육보조요원의 역할은 교육생이 실수를 하지 않고 교육과정에 집중할 수 있도록 보조를 하는 것으로 다이빙 강사가 다른 교육생에게 집중하는 사이에 교육생이 다이빙 강사의 통제를 벗어나는 행위를 방지할 수 있다.

　교육생이 한명이라면 집중을 해서 교육을 할 수 있지만 여러 명이 되는 경우 교육생 모두를 한꺼번에 지도하기는 어렵다. 그래서 다이빙 강사가 시범을 보여주고 교육생이 한명씩 순서대로 따라하는 방식으로 교육을 진행하여야 한다. 이때 주의할 점은 실습을 하지 않는 교육생은 반드시 실습을 진행하고 있는 교육생에게 집중할 수 있도록 지도하여야 한다. 이는 육상에서 실습 순번을 미리 정해주고 나머지 사람들은 집

중하여야 한다는 내용을 충분히 주지시키고 입수를 하여야 수중에서 혼란이 발생하지 않는다.

다이빙 강사는 교육생에게 실습을 시킬 때 반드시 그 앞으로 이동을 해서 교육생이 편안하게 실습을 할 수 있도록 통제해야 한다. 이때 교육보조요원은 교육생의 뒤쪽에서 만약의 상황에 대비하면서 교육생이 실습을 원활히 할 수 있도록 도움을 줘야한다. 원칙적으로는 교육생이 혼자 모든 실습과정을 수행해야 하지만 처음 배우는 과정에서는 누구도 최초의 시도에서 완벽한 실습을 수행하지 못한다. 그래서 최초의 시도에서는 적극적으로 도움을 주고 횟수가 거듭되면 교육생이 혼자서 실습을 할 수 있도록 개입을 삼가야 한다.

만약 실습을 완벽히 소화하지 못하는 교육생이 있다면 다른 교육생을 위해 그 과정을 건너뛰는 것도 한 가지 방법이다. 누구나 학습에 차이가 발생할 수 있고 유독 물에 대한 두려움이 많아 실습에 어려움을 겪는 교육생이 종종 있다. 이런 사람들은 추가 교육과정에 별도로 등록을 해서 교육을 실시하여야 한다. 단, 추가 교육과정은 별도의 비용이 추가되는 것이기 때문에 교육생이 교육을 등록하는 시점에 미리고지를 해서 본인의 실력이 부족해서 추가 비용을 지불하고 추가 교육을 받아야 한다는 것을 인지할 수 있도록 하여야 한다.

바다실습

다이빙 강사가 되고 교육생을 받게 되면 반드시 실시해야 하는 것이 바다실습이다. PSDC에서는 최소 4회 이상의 바다실습을 오픈워터 교육과정에서 요구하고 있다. 즉, 교육생과 같이 최소 2일 이상 다이빙 리조트에 가서 바다실습 교육을 진행해야 한다는 것을 말한다. 그런데 일반 다이버들이 들어가는 다이빙 포인트는 국내의 경우 20m이상의 수심에 주로 위치하고 있기 때문에 바다실습을 처음 시도하는 교육생에게는 부담이 되는 깊이가 된다. 그래서 바다실습을 위한 10m이내의 얕은 수심의 다이빙을 진행 해주기를 리조트 측에 요구하여야 되는데 리조트 측에서는 다이빙 강사와 교육생 둘 만을 위하여 보트를 제공하기가 힘들 수 있다. 그러므로 비치다이빙이 가능한 리조트를 선택해서 2회는 비치에서 진행을 하여 바다에 대한 적응을 시키고 2회의 다이빙을 보트다이빙으로 진행하는 것이 좋다.

국내의 경우 리조트에 따라 다이빙 강사의 비용을 부과하는 기준이 다르기 때문에 교육생을 예약하면서 사전에 다이빙 비용을 확인해 두는 것이 좋다.

다이빙 교육생과 같이 바다실습을 진행하는 것은 다이빙 강사나 다이빙 리조트 측도 부담이 되는 것은 사실이다. 그러므로 본인이 방문한 경험이 많아 다이빙 리조트의 협조를 쉽게

구할 수 있는 곳으로 바다실습 장소를 정하는 것이 좋고, 국내 2~3곳, 해외 2~3곳 정도의 단골 리조트를 선정하여 지속적으로 방문하는 것이 교육을 편하게 할 수 있는 방법이다.

강습비

세상에는 공짜가 없다. 정확히 말하면 세상에는 절대로 공짜가 없다. 누군가 이득을 본다면 누군가는 손해를 보게 되는 것이고 누군가 공짜로 뭔가를 얻게 된다면 누군가는 그만큼의 손실을 입는 것이다. 다이빙 교육도 마찬가지다. 적절한 비용을 지불하지 않고는 아무것도 배우거나 취득 할 수 없다. 교육과정에서 소요되는 다이빙 강사의 노력은 정당한 대가를 지급받아야 되는 원칙이다. 하지만 다이빙 교육에 대한 표준가격이 시장에서 형성되어 있지 못하고 다이빙을 처음 교육받는 교육생의 입장에서는 정확한 가격을 알 수 없다. 그래서 공짜로 교육을 한다는 현수막을 걸고 교육생을 모집하고 교육과정에서 고가의 장비판매 같은 부적절한 행위를 하는 다이빙 강사들이 종종 나타나는 것이다. 공짜에 현혹되어 다이빙 강습에 참여했다가 바가지를 쓰고 장비를 구입하는 교육생은 다이빙과 다이빙 강사에 대한 감정이 결코 좋을 수 없다. 공짜를 기대하고 공짜교육에 걸려드는 교육생도 문제가 있지만 장비판매 수익을 목적으로 교육생을 모집하는 다이빙 강사가 더 큰 원인을 제공한다. 이런 행위는 다이빙 교육산업 전반을 위협하는 행위이므로 절대로 공짜교육을 실시해서는 안 된다.

강습비는 크게 두 가지로 나눠져 있다. 제한수역이라고 하는 수영장 교육비가 있고 개방수영이라 하는 바다실

습이 있다. 다이빙 강사는 교육과정에서 사용되는 경비를 제외한 금액을 순수하게 강사의 수익으로 가져가는 것이다. 즉, 직접 사용경비와 강사의 수익을 더해서 교육비를 책정하여야 한다. 표준 강습비의 구성 방법 등은 8장에서 자세히 다루고 있으니 그곳을 참고하기 바란다.

　강습비와 관련되어 필수적으로 지켜야하는 두 가지 원칙은 다음과 같다. 첫째, 강습비는 교육받는 누구에게나 동일하게 적용한다. 앞에서 공짜교육을 절대하지 말라고 많은 강조를 했는데, 그와 더불어 중요한 점이 책정된 교육비의 명확한 안내와 누구에게나 동일한 가격을 받는 것이 중요하다. 강습비의 표준 강습비 테이블에는 강습인원에 따른 약간의 강습비 변동이 이미 반영되어 있기 때문에 별도의 특별 할인 같은 고무줄 가격을 반영해서는 절대로 안 된다. 교육생이 강습을 끝내고 다이빙 활동을 하는 과정에서 본인이 다른 사람보다 더 많은 비용을 지불하고 교육을 받았다는 것을 알게 되면 그것은 서운함으로 남고 다이빙 강사와 교육생 간에 신뢰가 무너지는 요인이 된다. 강습비에서 할인할 수 있는 폭을 표준강습비 테이블에 정확히 반영을 하고 그에 따른 원칙적인 강습비 수령을 한다면 강습비와 관련된 뒷말은 나오지 않을 것이다. 둘째, 강습비는 교육을

시작하기 전에 사전 수령하는 것을 원칙으로 한다. 전업 다이빙 강사에게 강습비는 생계를 책임지는 돈이라 수익에 대한 철저한 관리가 필요하다. 교육생의 경우

에도 본인이 본인 의지로 교육비를 지출하고 강습을 받는다면 교육에 임하는 태도를 진지하게 준비하기 때문에 다이빙 교육과정에서 열성적으로 참여하게 된다. 이때 주의할 점은 강습비는 반드시 은행계좌를 통해 송금 받아야 된다는 점이다. 만약 현금으로 수령을 하게 되면 반드시 교육생의 강습비 통장에 입금을 하고 교육생의 정보를 기술해서 수익을 정산해야 한다. 기억은 언제나 오류가 있을 수 있기 때문에 기록을 통해 근거를 남기고 월말, 년말 정산을 통해 정확한 손익계산을 하는 것이 매우 중요하다.

250

07 라이선스 발급

강사가 되고 교육생을 받아 교육을 하는 것은 매우 보람되고 즐거운 일이다. 물론 교육생을 교육하는 과정에서 힘들고 어려운 상황이 종종 있지만 그 과정 또한 극복해야 하는 하나의 관문이라 생각하면 된다. 그렇게 힘든 과정을 끝내고 교육생에게 라이선스를 발급받아 전달하면 오픈워터 교육과정을 끝내는 것이다. 이런 과정은 그렇게 어렵지도 않고 업무적으로 부담이 되는 업무량도 아니다. 다만 발급을 준비하는 과정과 자격을 증명하는 과정이 보다 정확하고 완벽해야 한다는 원칙을 따라야 한다는 점이 어쩌면 성가신 일이 될 수 있다. 그러나 이 과정은 처음 다이빙을 입문하는 다이버에게 평생 동안 다이빙을 즐길 수 있는 첫걸음을 인도하는 과정이고 그것은 언제나 강조하듯 안전한 절차에 따른 다이빙을 몸으로 익숙하게 체득하는 과정이다. 그것은 다이버에게 평생의 안전을 보장하는 안전장치가 되어 다이빙 과정의 안전을 지켜줄 것이다.

교육기록 작성법

다이빙 교육을 시작하면 교육생을 만나는 첫날 PSDC Course Record를 작성하기 시작하여야 한다. PSDC Course Record에는 다이빙 강사가 서명해야하는 부분과 교육생이 서명해야 하는 부분이 빈칸으로 비워 있으니 반드시 내용을 숙지하고 서명을 하여 교육생과 다이빙 강사 간의 다이빙 교육계약을 하여야 한다.

PSDC 다이빙 교육과정에서 다이빙 강사의 직접적인 역할은 실습교육 부분이다. 다이빙관련 이론적인 내용은 온라인 강의로 공개되어 있는 내용을 교육생이 직접 수강하는 것으로 대신하기 때문에 교육생이 궁금한 부분에 대한 추가적인 답변을 하면 이론교육은 마무리된다. 또한 '스쿠버 다이빙 시작하기'라는 교재에

다이빙 관련 이론과 실습내용이 자세히 기술되어 있으니 교육생에게 교재의 내용을 충분히 숙지하도록 지도하면 된다.

　PSDC Course Record는 PSDC 홈페이지의 강사 영역에서 다운받아 사용할 수 있다. 이 문서는 교육생이 오픈워터, 어드밴스, 마스터 과정까지 다이빙 이력을 관리할 수 있는 문서로 온라인으로 관리되는 정보의 오프라인 증빙이라고 보면 된다. 단, 주의할 점은 다이빙 교육과정에 대한 역할 및 책임, 교육생의 교육이력 등이 관리되는 증빙서류이기 때문에 분실하지 않도록 잘 관리를 하여야 한다.

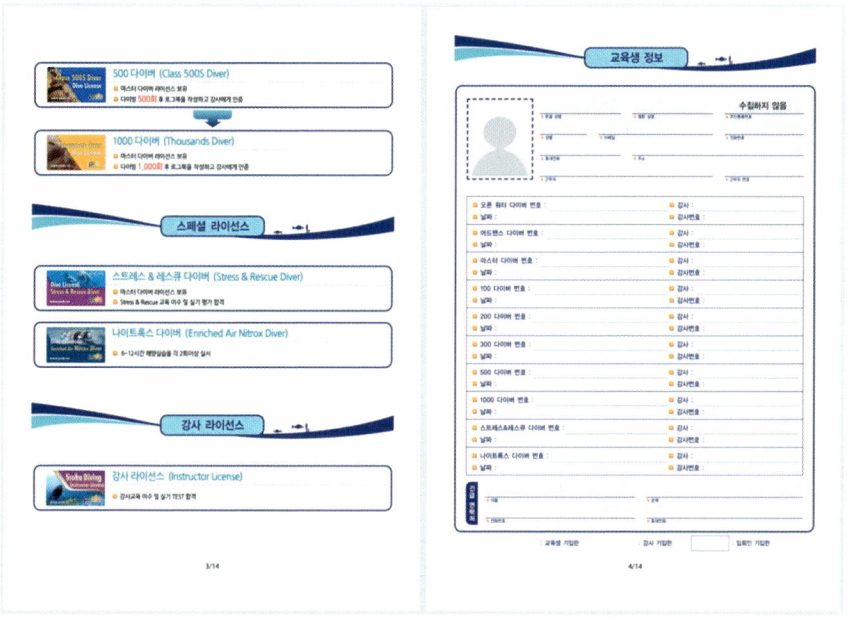

다이빙 로그기록

다이빙 로그기록은 온라인으로 등록관리 할 것을 권장한다. PSDC 홈페이지에 다이빙 로그 등록 부분이 있으며 그 곳에서 교육생이 다이빙 로그를 등록하면 다이빙 강사가 인증을  해주는 절차를 진행할 수 있다. 바다 실습을 하는 경우, 다이빙을 끝내고 수면위에 올라오면 스마트폰을 확인할 시간이 충분히 있으며 하루 다이빙이 마무리된 이후 휴식시간에도 다이빙 로그를 등록할 여유는 항상 있기 때문에 다이빙을 마치고 즉시 또는 적어도 당일 다이빙 로그를 등록하는 습관을 만들어야 한다. 특히, 오픈워터 이후 어드밴스, 마스터 라이선스를 획득하기 위해서는 다이빙 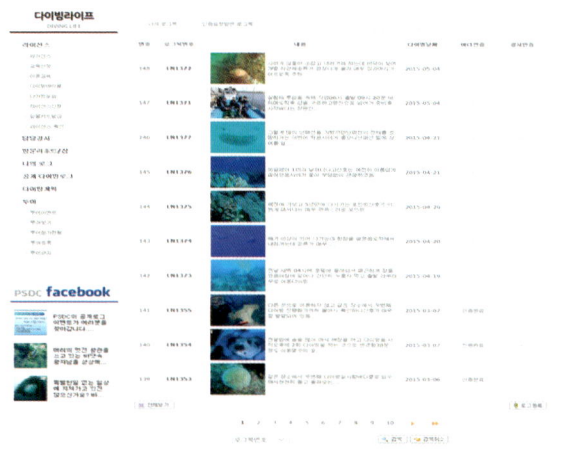 로그의 증빙이 필수적이기 때문에 PSDC 다이빙 로그 시스템에 등록된 다이빙 로그는 매우 유용하게 사용될 수 있다. 또한 다이빙 경험이 지속될수록 예전의 다이빙 기억은 떠올리기 어렵기 때문의 본인의 기억을 저장해두는 외부기억장치로 PSDC 다이빙 로그시스템을 활용하면 좋다.

라이선스 발급요청

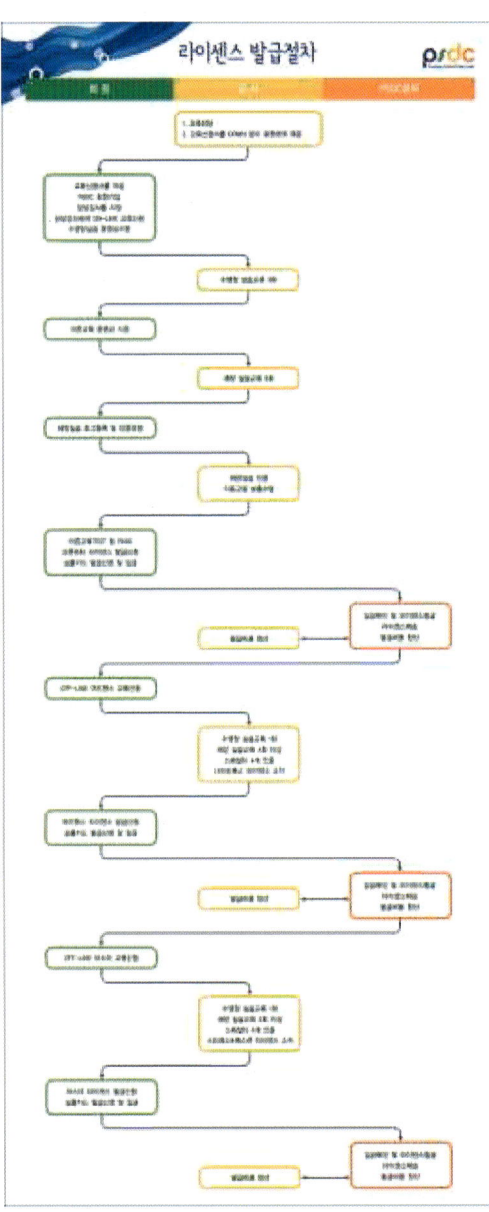

교육생이 이론교육, 제한수역, 개방수역 실습을 모두 끝내면 다이빙 강사는 라이선스 발급 요청을 할 수 있다. 교육과정에서 기록된 관련 서류의 원본은 다이빙 강사가 직접 보관을 하고 사본과 라이선스 발급 신청서를 PSDC 본부에 발송하면 된다. 교육생이 교육과정에서 기록하는 다이빙 로그 등은 전부 PSDC 교육시스템에서 관리되고 있으므로 별도의 사본을 제출할 필요는 없다. 교육생에게 발급되는 라이선스는 라이선스와 인증서, 사은품 등이 포함된 패키지로 제작되어 수령을 원하는 곳으로 발송된다. 수령처를 각각의 교육생에게 개별적으로 발송할 수 있고, 다이빙 강사의 근무지로 받아서 교육생에게 직접 전달 할 수 있다.

이때 주의할 점은 교육생에게 받는 PSDC Course Record에는 교육기록, 면책 동의서 등 교육생과 법적인 분쟁이 발생하는 경우 다이빙 강사와 교육생의 책임을 명확히 규정하는 내용을 포함하고 있으니 원본을 반드시 보관하고 있어야 한다. 라이선스의 발급과정은 PSDC 발급시스템에 다이빙 강사가 직접 접속하여 교육생의 교육관련 정보를 등록하고 라이선스 발급을 신청할 수 있다.

라이선스 발급비용

 라이선스의 발급비용은 매년 1월 1일 PSDC 홈페이지를 통해 공개된다. 이때 공개되는 비용은 소비자에게 판매되는 표준가격으로 PSDC 다이빙 강사는 표준가격 이상으로 라이선스 발급비용을 받을 수 없다. 다이빙 강사는 교육생에게 받은 라이선스 발급비용에서 PSDC에서 규정하는 라이선스 발급비용을 지급하고 나머지 차액을 수익으로 가져갈 수 있다. PSDC 교육생은 교육받은 다이빙 강사를

통해야만 라이선스 발급 절차를 진행할 수 있다. 정확한 발급비용은 PSDC 홈페이지를 참고하기 바란다.

08 다이빙 투어

다이빙 강사가 되기 전에 많은 다이빙 투어에 참여를 했을 것이다. 때로는 재미있게 즐기다 돌아온 경험도 있고, 때로는 힘들었던 기억만 떠오르는 여행이 있을 것이다. 여행은 항상 즐겁고 행복한 것은 아니지만, 여행을 떠나려는 여행자는 여행에 대한 기대를 충분히 가지고 있다. 다이빙 투어 또한 다이빙이라는 목적을 가지고 있는 특별한 여행이다. 즉, 다이빙을 즐기는 것이 최대의 목표가 되지만 일반적인 여행과 특별히 다른 점이 없다. 그래서 여행을 위한 준비가 철저히 계획되고 시행이 원활하게 이루어져야 행복한 기억으로 남을 수 있는 여행이 된다.

다이빙 강사가 되어 다이빙 투어를 만들게 되면 꼼꼼히 따져야 되는 사안이 한두 가지가 아니다. 일반적인 관광목적의 여행과는 다르게 다이빙이라는 특수한 목적을 가지고 있기 때문에 다이빙 장비의 준비와 포장, 다이버의 컨디션 조절 등 다이빙이 편안하게 진행될 수 있는 만반의 준비가 갖춰져야 한다. 이는 절대로 다이빙 강사 혼자서 할 수 있는 일이 아니다. 다이빙 강사는 여행사의 가이드가 아니기 때문에 여행과 관련된 모든 업무를 처리할 수 없고, 처리해서는 안 되는 부분도 있다. 만약, 당신이 전업강사라면 다이빙 투어에서 당신의 인건비와 이익을 반드시 남겨야 한다. 그러나 그 과정이 투명하고 당신을 믿고 투어에 참가한 다이버들이 납득할 수 없다면 당신은 그저 푼돈을 몰래 가져가는 사기꾼으로 전락할 수 있다. 그래서 다이빙 투어를 만들 때는 완전한 공개를 하고 그 속에 당신의 인건비 항목이 반드시 들어가야 한다.

이 장에서는 다이빙 투어를 계획하는 것부터 다이빙 투어가 끝나고 비용을 정산하는 방법까지 실무적인 내용으로 구성되어 있다. 이는 투어그룹의 규모나, 투어 장소 등에 따라 금액의 크기는 다를 수 있지만 다이빙 투어의 특성상 대규모 그룹의 투어는 만들어지는 경우가 매우 드물기 때문에 중그룹, 소그룹 규모의 그룹을 대상으로 다이빙 투어를 진행하는 것으로 가정하고 기술하였다.

투어 만들기

세상은 넓고 다이빙 포인트는 무한하다. 국내 다이빙을 가서 같은 다이빙 포인트에 입수를 하여도 절대 똑같은 환경을 경험할 수 없다. 수온이 변하고 자라는 수초가 다르기 때문에 물고기도 다르고 산호도 변한다. 해외 다이빙의 경우에도 마찬가지이다. 수온의 미묘한 변화에도 바다환경은 큰 변화를 겪는데, 환경의 변화에 민감한 산호, 플랑크톤 같은 기저 생물의 생육환경이 변하면서 먹이사슬에 있는 많은 생명체 또한 변화를 한다. 또한 대양을 흐르는 조류가 바다환경을 크게 변화시키는 원동력이 된다. 이렇게 무한하게 변화되는 바다는 우리 같은 다이버들에게 끝없는 도전을 요구한다.

세계지도를 펴고 살펴보면 가고 싶은 바다가 한두 군데가 아니다. 그래서 그곳에 대한 정보를 알아보면 인터넷을 통하여 쉽게 확인할 수 있고 이메일이나 전화를 통하여 예약을 하고 그곳으로 여행을 떠날 수 있다. 그런데 떠나려고 하는 해외의 다이빙 장소를 방문할 수 있는 프로그램을 판매하는 여행사 상품이 있는 것도 아니고, 한국인이 운영하는 다이빙샵이 있어 연락해서 편의를 구할 수 없다면 여행을 포기하게 된다. 이런 상황은 강사뿐만 아니라 일반 다이버들도 항상 봉착하는 문제이다. 즉, 아무리 가고 싶은 장소가 있어도 혼자서는 도저히 시

도조차 할 수 없는 상황이 되는 것이다.

다이빙 강사는 여행사의 가이드가 아니다. 그리고 다이빙 여행사를 운영하지 않는다. 그냥 가끔 가고 싶은 다이빙 장소가 있다면 주변의 지인들과 일정을 조율해서 같이 다이빙을 떠나는 것이다. 즉, 바다 실습 같은 분명한 목적이 있는 다이빙 투어는 교육생을 위한 교육서비스를 제공하면서 그 과정에 필요한 모든 사항을 해결해주는 역할이 강사의 임무이다. 하지만 해외 다이빙 투어를 떠나는 경우 현지에서 수중 가이드를 할 수 있는 것도 아니고, 여행 과정에서 관광 가이드를 할 수 있는 것도 아니다. 그것은 해외 다이빙 투어를 떠날 때 다이빙 강사가 할 수 있는 역할은 거의 없다는 것을 의미한다. 그런데 같이 다이빙 투어에 참가하는 나머지 사람들의 참가비에 본인의 실경비를 1/n 시켜서 부담을 주고 추가로 본인의 인건비, 이익까지 남긴다면 같이 참가한 다이버는 절대로 다음번 투어에 참여하지 않을 것이다.

다이빙 투어를 계획한다면 다음 두 가지 중에 한 가지를 선택해야 한다.

이익을 볼 것인가?

이익을 포기할 것인가?

만약 당신이 이익을 포기한다면 이장의 나머지 부분을 굳이 읽어볼 필요는 없다. 그냥 모든 비용을 1/n 하고 누군가를 총무를 시켜서 투어를 다녀오면 된다. 그런데 당신이 전업 강사라면 당신은 반드시 이익을 봐야한다. 투어에 참가하는 다이버들은 다이빙을 즐기러 가는 것이지만, 당신은 돈을 벌기위해 투어를 만들었고 투어를 참가하는 다이버들에게 적절한 서비스를 제공하고 그에 합당한 대가를 지급받아야 한다. 즉, 당신이 다이빙 투어 과정에서 참가자에게 적절한 서비스를 제공하지 않는다면 당신은 그에 따른 합당한 대가를 받을 수 없는 것이다. 그러면 뭐가 적절한 서비스이고 그 서비스의 대가는 얼마일까? 그것이 납득가능하지 않다면 투어에 참가자들

은 당연히 불만을 가지게 된다. 그래서 대부분의 다이버가 납득할 수 있는 금액을 책정하고 항목을 정확히 공개를 해서 그 조건을 수긍하는 다이버만 투어에 참가할 수 있도록 하여야한다.

다이빙 투어 비용을 책정하는 것은 항공료, 다이빙 서비스 비용, 숙박비, 식대, 현지 교통비 등을 더한 것을 기본으로 한다. 각각의 항목들은 개인적으로 다이빙 투어를 떠날 때 소요되는 평균적인 비용을 확인해서 산출하고 더해진 전체 금액에 5% 정도를 할인하여 전체 비용을 결정한다. 즉, 다이버가 직접 알아보고 혼자 준비하는 것보다 약간은 저렴하게 전체비용을 책정한다면 참가자를 모집하는데 수월하기 때문이다. 여기서 당신이 이익을 볼 수 있는 부분은 항공료, 다이빙 서비스 비용, 숙박비 등이다. 항공료는 단체로 발권을 하는 경우 10명에 1명 정도 무료티켓을 받을 수 있으며, 다이빙 서비스 비용은 5~8명에 1명 정도 무료서비스를 받을 수 있다. 숙박의 경우에는 10개의 방에 1개의 방을 무료로 받을 수 있다. 이런 무료 서비스를 적절히 활용한다면 당신의 인건비를 보상할 수 있는 정도의 금액을 확보할 수 있다. 단, 이 모든 조건이 최소 10명 이상의

참가자를 모집해야 가능하기 때문에 투어를 만들기 위해서는 당신이 참여를 요청할 수 있는 다이버가 최소 100명이상 있어야 한다는 점을 명심해야 한다. 또한 주의할 점은 현지에서 사용하는 추가 비용은 절대로 본인이 관리하면 안 된다는 점이다. 대부분의 투어에서 술자리가 빠지지 않고 이때 사용하는 경비를 투어 비용에서 감당한다면 결코 이익을 남길 수 없다. 그래서 현지 회식비는 참가자 중에 총무를 선정해서 별도로 관리할 수 있도록 해야 한다.

다이빙 강사로 다이빙 투어그룹을 만들고 그들을 인솔해서 다이빙 투어를 다녀온다고 해서 당신은 그 투어를 통해 절대로 큰돈을 벌 수 없다. 물론 100명이상의 대규모 그룹을 만들어 투어를 진행한다면 큰 이익을 볼 수 있지만 그것은 당신이 할 수 있는 규모의 사업이 아니다. 즉, 다이빙 강사 한 명이 관리할 수 있는 투어그룹의 규모는 10~30명 정도가 적절하고, 이정도 규모의 다이빙 투어는 만족할 수 없어도 적절한 금액의 보상을 당신의 수고비로 받을 수 있다.

다이빙 투어 그룹 구성

세상에는 매우 다양한 사람들이 많다. 어느 누구도 같은 사람은 없다. 다이빙 투어를 떠날 때도 마찬가지이다. 어떤 사람은 매우 만족을 하는가 하면, 어떤 사람은 불만이 가득하여 여행기간 내내 당신을 불편하게 할 수 있다. 특히 부정적인 성격을 가진 사람은 본인의 감정을 주변에 전파시키려 하고 그런 행위는 투어그룹 전체에 영향을 줄 수 있다. 그래서 다이빙 투어를 준비할 때는 참가자를 선별해서 초청하여야 한다. 계획된 인원보다 모객이 덜되어 어쩔 수 없이 문제를 발생시킬 소지가 다분한 사람을 참가시킨다면 그 사람은 반드시 문제를 발생시켜 다이빙 투어 전체를 망칠 수 있다.

다이빙 투어 그룹을 구성할 때 감안해야 하는 몇 가지 사항은 다음과 같다. 첫째, 남녀의 성비를 조절하여야 한다. 다이빙의 특성상 힘든 상황에 직면할 수 있고 도움이 필요한 다이버가 발생 할 수 있다. 이때 체력적으로 열세인 여성다이버가 많다면 다이빙 포인트를 선택하는데 한계를 가질 수 있어 적절한 성비를 맞추는 것이 좋다. 권장하는 성비구성은 남성 3 : 여성 1 정도가 적절하다.

둘째, 초보자의 비율은 20%를 초과하지 않는 것이 좋다. 특히 다이빙 투어에서 바다실습을 겸하는 경우라면, 강사 1명에 2명 이하의 교육생을 동반하는 것이 매우 중요하다. 이때 인솔강사는 절대 교육생을 동반해서는 안 된다. 인솔강사는 투어 전반을 책임지는 역할을 해야 하기 때문에 교육생을 동반한다면 투어 관리를 소홀히 하게 되고 그것  은 교육생과 투어 참가자 모두에게 불편을 초래할 것이다. 또한 오픈워터 등급의 참가자는 반드시 상급다이버와 짝을 정해줘서 다이빙 투어 내내 심리적 안정을 가질 수 있도록 도움을 줘야한다. 셋째, 당신이 신뢰할 수 있는 상급다이버에게 보조 스텝의 역할을 부탁하여 당신의 업무 부담을 줄여야 한다. 원칙적으로 상급다이버라 하여도 초급다이버를 직접적으로 교육할 수 없기 때문에 다이빙 교육과정 또는 투어 인솔과정에 참가할 기회는 거의 없다. 그래서 당신이 신뢰하는 상급다이버에게 물속에서 초급다이버와 짝을 이뤄주며 중간 중간 초급다이버의 상태를 확인하는 임무를 부여한다면 상급다이버는 즐거운 마음으로 그 임무를 완벽히 수행을 할 것이다. 만약, 상급다이버가 초급다이버를 잘 돌본다면 다이빙 강사교육을 받아 볼 것을 권할 수 있고 향후 당신의 교육 보조스텝으로 활용할 수 있으니 일석이조가 될 수 있다. 이런 방식의 적절한 업무분장은 당신의 투어를 원활하게 만들어 줄 것이다.

다이빙 투어 진행

다이빙 투어를 떠나기 위해 준비해야 하는 사항은 일상적인 해외여행에서 준비하는 항목과 거의 일치한다. 근래에는 다이빙 해외투어를 떠나려는 대부분의 다이버가 해외여행의 경험을 가지고 있어 일반적인 내용은 특별히 안내를 하지 않아도 된다. 그래서 다이빙 투어에 한정해서 특별히 유념해야 되는 사항을 중심으로 안내를 하면 된다. 그 내용은 다음과 같다. 첫째, 다이빙 장비를 적절한 규모로 준비하여야 한다. 국내다이빙을 나갈 때 본인의 차를 이용해서 출발을 한다면 무게의 제한이 없이 준비를 할 수 있다. 하지만 대부분의 항공사가 수화물에 무게 제한을 엄격히 두고 있고 초과되는 수화물은 적지 않은 비용을 지불해야 보낼 수 있기 때문에 사전에 수화물의 제한 kg을 통보하고 각자 그 범위내로

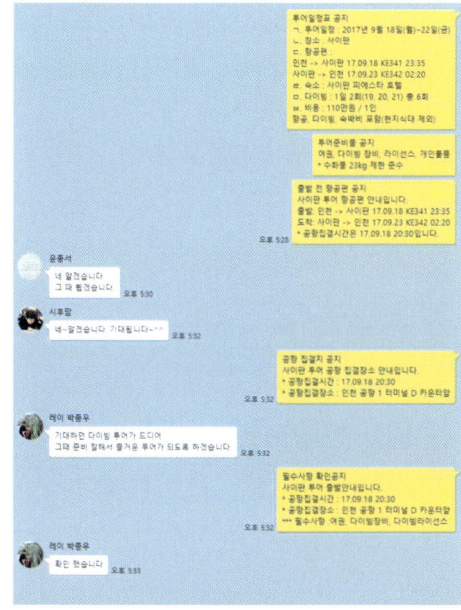

한정을 해서 준비할 것을 반드시 공지하여야 한다. 특히 다이빙을 끝내고 돌아올 때는 장비가 완전히 건조되지 않고 그곳에서 구입한 기념품 등으로 인해 무게가 초과 될 수 있다. 그 점을 감안해서 제한 kg 보다 여유를 두고 수화물을 준비하여야 한다. 둘째, 다이빙 투어를 떠나는 현지의 수온을 고려해서 다이빙 슈트를 준비하여야 한다. 국내에서 주로 다이빙을 즐기는 다이버들은 열대바다에서 사용할 3mm

순서	내용	시점
1	투어일정표 공지 ㄱ. 투어일정 : 2017년 9월 18일(월)~22일(금) ㄴ. 장소 : 사이판 ㄷ. 항공편 : 인천 -> 사이판 17.09.18 KE341 23:35 사이판 -> 인천 17.09.23 KE342 02:20 ㄹ. 숙소 : 사이판 피에스타 호텔 ㅁ. 다이빙 : 1일 2회(19, 20, 21) 총 6회 ㅂ. 비용 : 110만원 / 1인 항공, 다이빙, 숙박비 포함(현지식대 제외)	모객시작
2	투어준비물 공지 여권, 다이빙 장비, 라이선스, 개인물품 * 수화물 23kg 제한 준수	출발 3일 전
3	출발 전 항공편 공지 사이판 투어 항공편 안내입니다. 출발: 인천 -> 사이판 17.09.18 KE341 23:35 도착: 사이판 -> 인천 17.09.23 KE342 02:20 * 공항집결시간은 17.09.18 20:30입니다.	출발 2일 전
4	공항 집결지 공지 사이판 투어 공항 집결장소 안내입니다. * 공항집결시간 : 17.09.18 20:30 * 공항집결장소 : 인천 공항 1 터미널 D 카운터앞	출발 1일 전
5	필수사항 확인공지 사이판 투어 출발안내입니다. * 공항집결시간 : 17.09.18 20:30 * 공항집결장소 : 인천 공항 1 터미널 D 카운터앞 *** 필수사항 : 여권, 다이빙장비, 다이빙라이선스	출발 5시간 전

또는 2mm의 슈트를 별로도 준비하는 것이 좋다. 국내에서 사용하던 5mm 또는 세미드라이 슈트를 착용하고 열대바다에서 다이빙을 한다면 매우 더워서 다이빙을 충분히 즐기기 어렵다. 마지막으로 다이빙 칼, 작살 같은 흉기가 될 수 있는 물건은 절대 지참할 수 없으니 이 또한 반드시 공지해야 하는 사안이다.

예전에는 다이빙 투어를 떠나기 전에 사전 준비모임을 가지고 상세한 안내를 하였지만 최근 들어서는 SNS 같은 온라인 대화창구를 일시적으로 개설하여 각종 공지사항을 안내를 하고, 여행도중 촬영한 사진, 영상 등을 즉시 공유하는데 활용 할 수 있다. 그래서 정보를 쉽게 공지하면 참가자가 확인하였는지 알 수 있기 때문에 SNS 대화방을 적극 활용할 것을 권장한다. 앞 페이지의 표는 다이빙 투어 과정에서 공지하는 내용을 제시한 것이니 본인이 만드는 투어에 적합하게 변경하여 사용하면 된다.

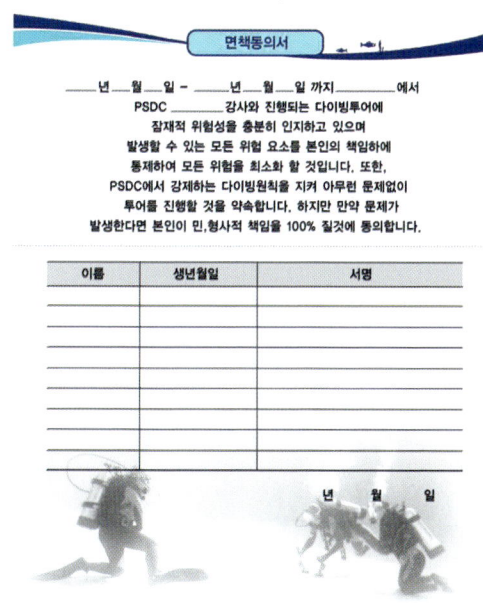

다이빙 투어를 떠나기 전에 반드시 준비하여야 하는 두 가지 사항이 있다. 첫째는 보험가입을 확인하는 것이다. 참가자는 반드시 여행자 보험을 가입하여야하며 인솔강사는 스쿠버 다이빙 강사 책임보험을 가입하여야한다. 이때 참가자의 여행자 보험은 참가자가 직접 가입을 하는 것을 원칙으로 하고, 만약 대행을 하게 되면 인터넷을 통한 가입을 대행하는 수준까지 도움을 주고 결재는 참가자가 직접 할 수 있도록 해야 한다. 그리고 교육생이 가입하는 여행자 보험의 특약사항을 확인해서 스쿠버 다이빙 사고까지 보상하는지 반드시 확인을 하여야한다. 추가적으로 DAN, Diveassure 같은 다이빙 사고를 보장하는 외국계 보험사에 대한 안내도 필수적으로 하여야 한다. 또한 인솔강사의 경우는 반드시 스쿠버 다이빙 강사 책임보험을 가입하여 만약의 상황에 대비하여야 한다. 둘째, 참가자에게 면책 동의서를 받는 것이다. 다이빙 투어에서 발생할 수 있는 위험성을 100% 인솔강사가 책임질 수 없고 대부분의 참가자가 성인으로 인솔강사의 통제를 벗어나는 경우가 많다. 그래서 인솔강사의 책임범위 밖에서 사고가 발생할 수 있는데 이때는 법적 책임을 따지기가 애매한 경우가 대부분이다. 다이빙 투어는 참가자가 본인의 의지로 본인이 비용을 지불하고 참가를 하는 것이기 때문에 여행 중 발생할 수 있는 사고에 대하여 일차적인

책임은 참가자에게 있다. 그 점을 정확히 명문화하고 인솔강사에게 민, 형사적인 책임을 전가하지 않겠다는 내용으로 참가자의 자필서명이 들어간 '면책 동의서'를 받아둬야 한다. 물론 문제가 발생하지 않도록 철저히 관리를 해서 원활한 투어를 진행하는 것이 최선이지만 사람의 운명을 알 수 없기 때문에 항상 최악의 상황에 대비하여야 한다.

다이빙 투어 비용정산

　다이빙 투어 비용은 크게 투어 비용과 현지 회식대 같은 추가비용이다. 투어 비용은 당신의 수익과 직결되는 금액으로 반드시 출발 전에 수금을 완료하여야 하고, 현지 회식대 같은 추가 비용은 미리 선정한 투어그룹의 총무가 출발 전 공항에서 걷어서 다이빙 투어 기간 중에 사용하여야 한다. 투어 비용 이외에 개인적인 장비렌탈 같이 추가로 필요한 비용이 있다면 금액을 미리 공개해서 참가자가 직접 현지샵에 지불 할 수 있도록 해야 한다. 다이빙 투어를 만들고 인솔하는 당신은 최초에 수금한 투어 비용 이외의 다른 금액에 대해서는 일절 관여하지 않는 것이 현명하다. 특히 현지에서 분위기에 취해 회식을 과하게 한다면 분명히 초과 비용이 발생할 수 있고 그 비용을 당신이 관리한다면 당신은 반드시 손해를 볼 것이다. 그리고 투어 참가자에게 신뢰를 잃게 될 것이다.

　인솔 강사로 다이빙 투어를 다녀온다는 것은 참가자에게 다이빙 기회를 제공하고 잊지 못할 추억을 선사하는 의미 있는 여행이 된다. 그만큼 투어 참가자는 당신에게 고마운 감정을 가지고 다이빙 투어 시간을 보낼 것이다. 이 기간 동안 당신의 임무는 참가자의 편의를 위해 최선의 노력을 해야 하는 것이다. 참가자가 불편함이 있다면 그것을 해소해주기 위해 백방으로 노력을 하여야 하고, 다이빙 상황에서는 참가자가 편안하게 즐거운 다이빙을 즐길 수 있도록 도움을 줘야한다. 즉, 당신은 다이빙 투어 기간 동안 참가자를 위해 충분한 노력과 봉사를 하여야 한다. 그래야 참가자는 당신에게 고마움을 느끼고 다음 번 당신이 만드는 투어에 적극적으로 참여하게 될 것이다. 당신은 당신의 노력과 봉사에 대한 비용을 참가자들이 지불한다는 것을 절대로 잊으면 안 된다.

　다이빙 투어가 끝나고 나면 투어에서 사용된 모든 비용을 반드시 정산하여야 한다. 투어 비용으로 수금한 수익금액과 항공료, 숙박비, 현지 다이빙 서비스 비용 등 지불한 금액을 정확히 계산하여 당신이 가지는 수익이 얼마인지 확인을 하고 당신이 사용한 시간, 노력 등을 일당으로 계산하여 확인하여야 한다. 이런 정산 과정이 없다면 분명히 남은 것 같은데 통장에는 잔고가 전혀 없는 허무한 결과를 확인할 것이며, 그 상황은 계속 반복될 것이다. 그리고 본인의 돈을 사용하지 않고 해외 다이빙을 다녀왔다는 안도감에 만족을 하며 최악의 상황에는 손해를 보는 투어를 지속적으로 할 것이다.

당신이 인솔강사로 참가자를 모집해서 투어를 만들고 해외로 다이빙을 떠난다면 당신은 분명히 이익을 봐야한다. 그것은 위에서 언급한 것과 같이 별로 특별하지 않는 절차로 이익을 확보할 수 있다. 중요한 것은 당신의 마음가짐이다. 당신은 당신의 노력과 봉사에 대하여 정당한 대가를 받는 것이고 당신은 그 대가에 대한 서비스를 참가자에게 제공하여야 한다. 즉, 당신이 떠나는 다이빙 투어는 당신의 일이고 당신의 수익원이다. 황금알을 낳는 오리의 배를 가르는 어리석은 짓을 절대로 하면 안 된다.

다이빙 투어 전문여행사

몇 번의 다이빙 투어를 성공적으로 진행한다면 적지 않은 이익을 얻을 수 있다. 그리고 이렇게 투어를 지속적으로 나가면 큰돈을 벌 수 있겠다는 생각을 할 수 있다. 결론부터 이야기하자면 다이빙 강사가 다이빙 투어를 전문적으로 진행하면서 큰 부자가 된다는 것은 거의 불가능에 가깝다. 다이빙 강사가 해외 다이빙 투어에서 할 수 있는 일은 인솔강사의 역할이고, 이는 처음 가는 다이빙 지역을 대상으로 다이빙 투어가 진행될 때만 할 수 있는 일이다. 즉, 두 번째로 같은 지역을 방문하는 다이버는 현지 리조트에 직접 연락을 취하여 인솔강사 없이 방문 할 수 있기 때문에 다이버와 현지 다이빙 리조트 사이에서 인솔강사가 할 수 있는 일이 없어진다. 그래서 다이빙 투어를 계획하는 다이빙 강사는 새로운 지역을 지속적으로 발굴하던지, 처음 다이빙 투어를 떠나는 초보 다이버를 충원해야 하는 것이다. 이는 두 가지 모두 어려움이 따르는 일로 지속가능한 일이 될 수 없다. 물론 한 해에 두 번 정도는 충분히 성공적인 다이빙 투어를 진행할 수 있고 그러한 투어는 다이빙 강사에게 적지 않은 보상을 해줄 것이다.

그렇다면 다이빙 투어 전문 여행사를 직접 운영해보는 것은 어떨까? 이는 스포츠 전문 여행으로 충분한 사업성을 가지고 있는 부분이고 이미 많은 여행사에서 다양한 프로그램

으로 판매를 하고 있다. 즉, 아직 국내에는 다이빙 전문 여행사가 없지만 기존의 여행사에서 다이빙 투어를 개별적으로 판매하는 상품을 개발하고 일부 판매를 하고 있다는 것이다. 일본의 경우는 다이빙 투어를 다이빙 전문 여행사가 대행을 하고 있고, 이미 다양한 다이빙 투어 여행 상품이 판매가 되고 있다. 이는 일본은 다이빙 인구가 국내와 비교할 수 없을 만큼 많고, 해외에 개척한 일본인 다이빙 리조트 또한 한국인 다이빙 리조트와 비교할 수 없을 만큼 많기 때문에 가능한 것이다. 일본의 남부지역은 일 년 내내 다이빙을 즐길 수 있는 환경으로 다이빙 인구의 지속적인 증가가 다이빙 산업의 튼튼한 기반이 되기 때문이다. 역설적으로 국내에서는 다이빙 투어 전문 여행사의 정착은 요원하며, 그만큼 다이빙 강사들이 만드는 다이빙 투어가 다이버들의 해외투어의 대부분을 차지하는 만큼 앞으로도 다이빙 강사의 역할은 지속적으로 요구된다고 볼 수 있다.

국내, 해외 투어

다이빙 투어를 떠올리면 우선은 해외 투어를 생각한다. 그러나 국내 지역에도 다이빙을 떠날 수 있는 좋은 장소가 다양하게 있으며 적절한 프로그램을 구성한다면 해외 투어와 비교하여도 충분한 경쟁력을 가질 수 있다. 이 단락에서는 국내 투어와 해외 투어의 차이를 비교하면서 투어를 만드는 다이빙 강사 입장에서 고려해야 될 점들을 살펴본다.

국내투어

국내투어의 가장 큰 특징은 참가자의 참여기간, 참여횟수 등을 완전히 통제하기 어렵다는 점이다. 서울에서 동해안으로 투어를 나가는 경우 고속도로 만남의 광장 같은 특정한 위치에서 집결을 하고 함께 출발을 하는 방식으로 투어 계획을 수립하더라도 참가자의 개인사정으로 인하여 다이빙 리조트로 직접 오는 경우도 발생할 수 있고, 서울로 돌아오는 일정도 동일하게 맞추기 어려울 수 있다. 비용과 관련되는 이런 변수들은 투어를 진행하는 다이빙 강사의 입장에서는 매우 불편한 상황을 발생시키는 요소가 된다. 그러므로 사전에 공지하는 투어 비용에 대한 환불 규정을 정확하고 자세한 내용으로 기술해서 참가자가 충분히 납득할 수 있도록 해야 한다. 다이버의 입장에서는 다이빙을 즐기기 위한 투어이지만, 다이빙 강사의 입장에서는 다이빙 투어가 수익을 창출하는 수익모델이기 때문에 지속 가능한 다이빙 투어를 위해서는 언제나 다이빙 강사에게 합당한 보상이 이루어져야만 한다. 이를 위해서는 다이빙 강사는 다이빙 투어 비용에 대하여 정확한 공지를 하고, 집행 결과는 언제나 투명한 공개를 통하여 참가자에게 이해를 구해야 한다.

해외투어

4명 이하의 소규모 해외투어에서는 절대로 이익을 남길 수 없다. 만약 소규모 투어에서 인솔강사의 이익을 충분히 확보하려 든다면, 해외투어가 종료되고  참가자는 매우 큰 실망을 할 것이고 그 사람은 절대로 인솔강사와 다음번 투어를 같이 떠나려 하지 않을 것이다. 그것은 상식적으로 계산해보면 쉽게 알 수 있다. 참가자 4명이 인솔강사의 비용을 부담하면 25%만큼의 비용이 추가되고 인솔강사의 인건비까지 지급한다면 평균적인 가격보다 30%이상의 참가비를 지출해야 된다. 즉, 100만원으로 다녀올 수 있는 투어를 130만원을 지급하고 다녀온다면 참가자는 바가지를 썼다는 생각을 지울 수 없을 것이다. 그래서 인솔강사를 신뢰할 수 없고 다시는 그 인솔강사와 다이빙 투어를 가려하지 않을 것이다. 위에서 수차례 언급한 것과 같이 이익을 남길 수 있는 해외투어를 계획한다면

구분	국내 투어	해외 투어
참가 기간	참가자 개인사정으로 다름	동일한 일정
투어비	동일하게 책정	동일하게 책정
환불	원칙적으로 환불불가 단, 탱크비는 참여 횟수만큼 부과	원칙적으로 환불불가 대체 인원이 있다면 50% 환불
적정 인원	4~6명	10명
적정 기간	1박 2일	3박 4일

다이빙 투어 비교

10명 정도의 다이버가 참가하는 투어를 계획하는 것이 적절하다.

해외투어에서 주의할 점은 참가자의 개인적인 사정으로 투어를 2~3일 앞두고 참가하지 못하는 경우가 발생할 수 있다는 점이다. 참가자 본인이 다칠 수 있고 가족에게 문제가 발생해서 어쩔 수 없이 참가를 못하는 경우가 종종 있다. 일반적인 해외여행 패키지에서는 일부 위약금을 제외하고 환불을 해주는 경우가 많다. 그러나 다이빙 해외 투어의 경우에는 참가자가 한 명 빠짐으로 인하여 전체적인 비용이 급격히 증가할 수 있는 경우가 발생할 수 있기 때문에 환불을 해주는 것으로 마무리하기 어렵다. 그래서 반드시 대체 인원을 추가로 다이빙 투어에 참여시켜 계획된 인원으로 일정을 소화하는 것이 최선이다. 이를 위해서는 급하게 만들어진 일정이라도 쉽게 참여할 수 있는 다이버를 평소에 많이 알고 있어야 참여를 권유할 수 있다. 또한 최초의 다이빙 투어 공지에서 개인적인 사정으로 참가를 못하여도 전액 환불이 불가능 하다는 내용을 명시하여 참가자의 이탈을 사전에 막을 수 있도록 하여야 한다. 하지만 위에서 언급한 것과 같이 어쩔 수 없이 참가를 못하는 다이버에게는 50%정도의 금액을 환불해주고(원칙적으로 환불 불가) 나머지 50%는 급하게 참가하는 다이버에게 지원을 하는 방식으로 진행을 한다면 출발 인원을 어렵지 않게 맞출 수 있다.

다이빙 투어에서 각별한 주의가 필요한 다이빙

다이빙 투어를 갈 때 다이버의 수준에 따라 적절한 다이빙 프로그램을 구성하여야 한다. 초보 다이버가 많은 다이빙 투어에서 조류 다이빙이나 딥 다이빙 같은 난이도가 높은 다이빙을 무리하게 추진한다면 초보 다이버에게 위험을 가져오는 행위가 될 수 있다. 아래는 다이빙 방법에 따른 특성을 기술한 것이니 다이빙 프로그램을 편성할 때 참조해서 다이빙 투어의 참가자의 실력과 추구하는 다이빙 성격에 적합한 다이빙 프로그램을 구성하여야 한다.

흐린 물 다이빙

국내 다이빙을 하다 보면 어쩔 수 없이 흐린 물 다이빙을 경험하게 된다. 바람이 며칠간 불어 바다가 요동을 친 경우나, 장마철 육지에서 부유물질이 많이 흘러들어 오는 경우 바다가 매우 혼탁해져 흐린 물 다이빙을 할 수 밖에 없는 환경이 된다. 물론 녹조가 가득한 저수지나 강물에서 다이빙을 할 경우, 흐린 물 다이빙의 기준을 넘는 거의 보이지 않는 상태에서 다이빙을 한다고  볼 수 있지만 우리가 일상적으로 즐기는 레크리에이션 다이빙을 하는 바다 환경에서는 최악의 경우에도 1m이상의 시야는 확보되는 경우가 대부분이다. 그렇게 시야가 안 보이는 상황에서는 어떤 방법으로 다이빙을 해야 원활한 다이빙을 진행 할 수 있을까? 그것은 의외로 간단하다. 평소보다 50% 느리게 움직이면 된다. 입수를 해서 바닥에 이른 상태에서 천천히 주변을 살펴보면 흐릿하게 사물을 분간할 수 있다. 그렇게 주변에 버디를 확인하고 미리 정한 이동 순서로 이동을 하면 그렇게 어렵지 않게 다이빙을 진행 할 수 있다. 또 한 가지의 방법은 유도줄을 이용하는 방법인데 소시지(SMB)의 줄을 풀어서 선두에 있는 1번 다이버가 줄의 뭉치를 잡고 마지막 사람이 줄 끝을 BC에 연결을 하고 이동을 하며 나머지 인원은 그 줄을 붙잡고 다니는 방법을 사용하면 팀원끼리 헤어지는 일은 발생하지 않는다. 이 경우 는 반드시 직선방향으로 이동을 해서 줄이 엉키지 않도록 주의해야 한다. 물론, 줄이 엉키더라도 쉽게 풀리기 때문에 줄에 대한 스트레스는 크게 받을 필요는 없다. 이런 이동 방식은 흐린 물 상태라는 것이 확실하면 입수시점부터 이용을 하면 매우 편리하다. 반대로 상승을 할 경우는 최상급자가 소시지(SMB)를 올리고 나머지 인원이 위에서 줄을 잡고 먼저 상승하는 방식으로 상승을 하면 된다.

딥 다이빙

레크리에이션 다이버에게 필요한 딥 다이빙의 한계수심은 30~40m 구간의 다이빙을 말한다. 이러한 구간의 경험은 처음 술을 마시는 경험과 비슷하다. 30m가 넘는 수심에서는 대부분의 사람이 약간의 질소 마취를 경험하게 되는데 그것은 술에 취하는 기분과 비슷하다. 우리가 술을 마실 때 술자리 경험이 지속될수록 술을 마신 이후 실수를 범하는 행동이 줄어드는 것과 같이 질소마취의 경험도 비슷하다. 딥 다이빙을 경험하게 되면 약간의 질소마취 느낌은 별다른 실수 없이 넘길 수 있는 것이다. 즉, 술에 취한 사람들은 행동이 둔해지고 의사결정을 느리게 하는 경향이 있다. 딥 다이빙도 비슷하다. 처음 30m이상의 수심을 경험하는 사람이 아무런 대비 없이 내려갔다가 본인도 모르게 본인의 의지와는 상관없는 이상행동을 할 수 있는 위험성이 존재한다. 한 가지 다행인 것은 술에 취한 경우 술을 깨는데 필요한 시간이 있지만 다이빙의 경우는 얕은 수심으로 이동을 하면 즉시 그 증상이 완화된다는 것이다.

레크리에이션 다이빙을 즐기는 우리는 의도적으로 30m이상의 수심을 내려가는 것을 금지하고 있다. 하지만 30~40m구간의 딥 다이빙을 훈련하는 것은 본인도 모르는 사이에 깊은 수심으로 가라앉는 경우(해안지역 절벽 다이빙을 하는 경우 수심계를 확인하지 않으면 본인도 모르는 사이에 깊은 수심으로 내려가는 경우가 자주 발생하며, 갑작스러운 하강조류를 만나는 경우 중성부력을 맞추고 있다는 착각으로 수심계를 확인하지 않아 깊은 수심으로 내려가는 경우가 발생한다)와 어쩔 수 없이 깊은 수심으로 내려가야 하는 상황이 있을 수 있기 때문이다(장비를 깊은 수심으로 떨어트리는 경우 장비를 회수하기 위해 깊은 수심으로 내려가는 경우가 발생하는데 이러한 시도는 매우 위험한 경우이다. 장비가 떨어지는 것을 보고 즉각적으로 회수를 위해 10m 이내로 하강을 하는 경우는 시도해볼 수 있지만 그 이상의 수심으로 깊이 하강을 해야 하는 경우 과감하게 장비를 포기해야한다. 하지만 어떠한 경우에도 최대 40m 의 구간을 넘겨서는 안 된다). 아래는 30~40m구간에서 다이빙을 위한 준비는 어떠한 방법으로 하는지 설명한다.

www.psdc.kr

① 20m 이상의 시야, 열대바다

딥 다이빙의 훈련은 반드시 시야가 20m이상 확보되고 수온이 따뜻한 열대바다지역에서 연습할 것을 권장한다. 국내의 동해안 지역같이 여름철에도 갑작스런 수온변화가 발생 할 수 있는 지역에서 딥 다이빙은 많은 위험도 (갑작스러운 수온변화로 급격한 공기소모가 발생한다)를 가지고 있기 때문에 절대 권장하지 않는다.

② 컴퓨터를 사용하여 훈련

30m가 넘는 수심에서는 3분 이상 다이빙을 하면 감압이 필요한 상태로 넘어간다. 즉, 레크리에이션 다이빙에서 금지하는 무감압 다이빙 한계시간을 초과하는 것을 의미한다. 그것은 5m 수심의 안전정지시간에 10분 이상 감압시간을 컴퓨터에서 요구하는 상태가 된다 (최대수심의 1/2 수심에서 1분의 안전정지를 하는 deep stop 절차를 지킬 것을 권장한다). 그런 상태는 잠수병을 예방하기 위해 반드시 지켜야 하는 원칙이며 30m가 넘는 수심을 시도하는 딥 다이빙에서는 반드시 무감압 한계시간 내에서 잠깐 내려갔다가 올라오는 방식을 취해야 한다. 이러한 과정의 안전을 담보할 수 있는 것은 오직 본인이 착용한

다이빙컴퓨터뿐이기 때문에 절대적으로 다이빙컴퓨터를 착용하고 훈련에 임해야 한다.

③ BC의 공기량을 이용한 수심이동

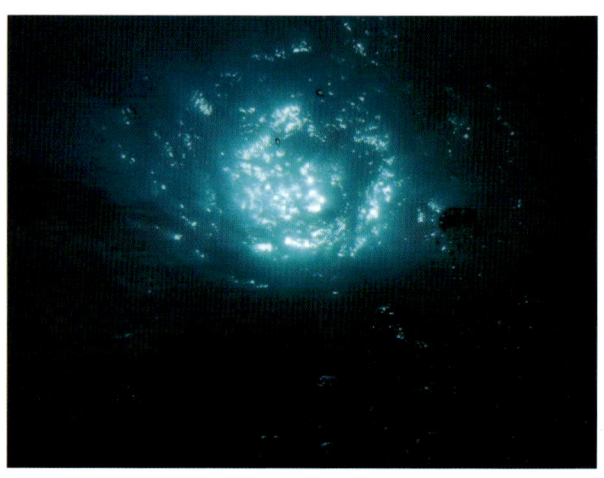

30m가 넘는 수심에서는 호흡조절을 통한 수심조절을 하지 말고 BC 내부 공기를 이용한 수심조절을 해야 한다. 레크리에이션 다이빙에서는 고수가 될수록 호흡을 통한 수심조절이 원활해지는 상태가 된다. 들숨을 깊게 쉬면 수심이 1m 정도 상승을 하고 날숨을 내쉬면 1m 정도 하강을 할 수 있기 때문에 미세한 수심 변화는 호흡을 통해서 조절을 하면서 사진촬영 같은 행동을 하게 된다. 그런데 30m가 넘는 수심에서는 그러한 호흡을 통한 수심조절이 불가능해진다. 깊은 수심의 압력에 의하여 폐가 이미 어느 정도 수축이 되어 들숨을 쉬더라도 양성부력을 가질 수 있는 만큼 폐가 부풀지 않아 호흡을 통한 수심조절이 매우 힘들게 된다. 그러므로 호흡을 하는데 사용할 공기를 무리하게 호흡조절을 통한 수심조절에 사용하는 것은 어리석은 행동이 된다. 그래서 BC에 공기를 조절해서 수심조절을 하는 것이 다이버의 신체에 무리를 주지 않는 최선의 방식이 된다.

④ 30m이상의 수심체류는 3분 이내

30m가 넘는 수심에서는 오래 머무르지 않고 신체의 움직임을 최소화한다. 위에서 언급한 것과 같이 30m가 넘는 수심에서는 짧은 시간을 보내도 무감압 한계시간을 초과하게 된다. 그렇게

감압이 필요한 상태가 되는 것은 신체에 무리를 주는 행위가 되고 그런 행동이 반복된다면 분명히 본인의 신체에 나쁜 영향을 주게 된다. 특히 깊은 수심에서 발차기를 과하게 하거나 팔을 이용해 작업을 하는 경우 관절의  원활한 움직임을 도와주는 연골이 수심의 영향으로 눌려있는 상태라 연골이 닳게 되고 심한 경우 관절과 관절이 직접 접촉하는 심각한 부상을 입을 수 도 있게 된다. 그래서 깊은 수심에서 관절을 움직이는 행동은 매우 위험도가 높은 행동이 된다. 레크리에이션 다이버는 절대 30m이상의 깊은 수심에서 오래 머무르고 이동을 하는 다이빙을 해서는 안 된다(깊은 수심을 탐험하는 테크니컬 다이빙영역에서는 수중스쿠터를 이용한다).

야간 다이빙

다이빙을 50회 이상 경험한 다이버도 야간다이빙 경험을 가지고 있는 경우가 흔하지 않다. 그것은 국내에서 다이빙을 많이 하는 지역이 강원도 지역의 동해안이고 그 지역은 아직도 야간다이빙을 금지하고 있는 지역이라, 야간다이빙을 하려면 국내의 경우 제주도나 남해안 지역을 찾아야 원활한 다이빙을 할 수 있기 때문이다. 하지만 제주도 지역 역시 다이빙을 계획하는 시점에 특별히 요청을 하지 않으면 야간다이빙을 진행하기 어렵다. 또한, 야간다이빙을 하려면 어느 정도 다이빙 기술이 있다는 것을 증명해야 다이빙 리조트에서 진행을 도와주기 때문에 그 또한 쉽지 않은 과정이다. 그래서 국내 다이버들에게는 야간다이빙의 경험을 갖기가 매우 어려운 것이 현실이다. 그러나 야간다이빙은 분명히 도전해야 하는 이유가 있다. 우선 야간다이빙을 '왜? 하는지' 생각을 해보면 유추 할 수 있다. 야간다이빙의 주목적은 주간에 관찰하던 지역에서 나타나는 생물체와 다른 종류를 관찰하기 위함이다. 야간에 주로 활동을 해서 야간에만 관찰 할 수 있는 생물체를 주간에 관찰하는 것은 거의 불가능하다. 그래서 야간에 나오는 생물체를 관찰하는 것이 야간다이빙의 가장 큰 목적이 된다. 같은 지역에서 많은 주간다이빙 경험이 있더라도, 야간에 들어가면 주간에 관찰된 생물체와는 완전히 다른 생물체들의 모습에 깜짝 놀라는 경험을 할 수 있다. 그래서 또 다른 경험을 위해 야간다이빙을 하게 되는데, 야간다이빙에는 주간다이빙보다 많은 제약 조건을 가지고 있다. 그것은 당연히 '보조 광원이 없이는 전혀 보이지 않는다'는 것이다. 즉, 수중랜턴을 반드시 두 개 이상 지참을 하고 다녀야 다이빙을 할 수 있는 것이다(한 개는 고장 또는 전원이 나갔을 때를 대비한 여분의 랜턴). 또한 주간의 이동 방식과 다른 이동을 하여야 하고 수신호를 사용할 수 없으니 랜턴을 이용한 신호교환을 하여야 한다.

이러한 방식과 과정은 별도의 스페셜티 교육과정으로 야간다이빙 부분에 나와 있으니 담당강사에게 자세히 교육을 받고 시도하여야 한다. 여기서는 중요한 몇 가지 원론적인 설명을 하면 다음과 같다.

www.psdc.kr

① 다이빙 경험이 있는 지역에서 진행

야간다이빙은 반드시 주간에 들어갔던 경험을 가지는 동일한 포인트에서 진행한다. 주간에 미리 들어가서 주변 지형지물을 확인하고 사전 위험요소를 확인하여 안전한 다이빙이 될 수 있도록 대비하여야 한다.

② 수중 랜턴은 두 개 이상 준비

수중 랜턴은 각자 최소 한 개 이상 가지고 다녀야 한다. 야간에는 시야를 확인할 수 있는 유일한 광원이 본인이 들고 있는 수중 랜턴이다. 본인이 가지고 들어가는 랜턴은 입수 전에 스위치를 on 하고, 다이빙을 끝내고 올라와서 off 하는 방식으로 진행하여야 한다(수중에서 오작동이 발생할 수 있으니 전원 버튼 조작은 하지 않는다). 또한 다이버 모두가 각자 백업 랜턴을 가지고 다니는 것이 가장 좋지만, 같이 다이빙을 하는 팀이 2개 이상 있는 경우 전체 랜턴의 개수는 '(전체 인원수 + 팀 개수)/2' 이상으로 준비하여야 한다.

③ 랜턴의 광원을 주의하여 사용

랜턴을 상대방의 얼굴에 직접 비추면 안 된다. 수중 랜턴의 특성상 매우 밝은 광원을 가지고 있어 눈으로 직접 바라보는 경우 일시적으로 보이지 않을 수 있다. 그때 당황하면 패닉같은 사고로 이어질 수 있기 때문에 절대로 상대방에게 직접 비추면 안 된다. 만약 상대방을 부르고 싶으면 상대방의 랜턴이 비추고 있는 지점을 본인의 랜턴으로 비추며 동그라미를 그려서 주변을 확인할 수 있도록 주의를 환기시켜준다.

④ 수신호를 사전에 약속

수신호가 필요하면 딸랑이 같은 것을 사용하여 소리로 본인에게 주의를 끌고 본인의 배 쪽으로 랜턴을 비추고, 손을 배 위에 올려 수신호를 준다. 그런 수신호는 상승신호 같은 것을 줄 때 사용하고 방향의 결정 같은 신호는 랜턴을 가리는 방향으로 비추며 일자로 그려주어 방향을 인식하게 해주어야 한다. 이러한 수신호방식은 입수 전 다이빙 리더가 공지를 해서 모든 팀원이 인지 할 수 있도록 교육해야 한다.

⑤ 미리정한 순서대로 이동

야간다이빙의 이동은 순번을 정해서 이동을 하고 절대 그 순서를 놓치면 안 된다. 본인의 앞뒤 순번의 버디를 확인하고 이동하는 경우나 특히 상승을 시작하는 시점에 본인의 앞뒤 순번의 버디가 같이 있는지 확인하고 상승을 시작하여야 한다. 야간다이빙의 경우 수중에서 모든 사람을 확인하기 매우 어렵기 때문에 다이빙 리더가 총 인원수를 확인하고 상승을 결정하게 되는데 앞뒤 순번이 확인되지 않으면 다른 쪽 팀원이 우리 쪽으로 합류할 수 있고 우리 쪽 인원이 다른 쪽으로 합류할 수 있어 매우 위험한 상황이 발생할 수 있다(공기를 거의 사용하고 상승을 준비하는 팀원이 방금 다이빙을 시작하는 다른 팀을 따라가는 경우 공기부족으로 혼자 상승을 해야 하는 심각한 상황이 올 수 있다).

수중 방향 찾기

수중 방향 찾기는 정말 고수의 기술이라 할 수 있다. 그것은 훈련을 통해서 습득 할 수 있는 부분이 있고, 선천적인 공간지각능력에 따라 개인적인 능력의 차이로 저절로 나타나는 경우도 있다. 우리가 운전을 할 때 길을 잘 찾아 가는 사람이 있고 네비게이션이 없으면 가봤던 지역을 다시 찾아 갈 수 없는 사람도 있다. 특히 근래에 들어 네비게이션의 성능이 좋아지고 길을 외울 필요가 없어지면서 전혀 길을 외우지 않는 사람들이 많아지고 그런 생활 습관으로 수중에서 길을 찾는 것은 거의 불가능 한 경우가 대부분이 된다. 그러나 아직까지 수중 네비게이션은 없고(아마도 GPS를 이용해 위치를 확인하는 방식을 사용하는 한, 수중까지 GPS신호를 받을 수 없어 수중 네비게이션의 상용화는 어려워 보인다) 몇 년 안에 수중 네비게이션을 사용하는 것 또한 기대하기 어렵다. 그래서 수중 방향 찾기 기술을 훈련해야 하며 최소한의 안전사항인 원점회귀방식의 수중 방향 찾기는 가능해야 하는 것이다.

위에서 언급한 차량을 이용한 이동을 할 때 100% 네비게이션에 의존을 하는 운전자도 본인의 출퇴근 길 같은 자주 다니는 길은 네비게이션 없이 다닐 수 있게 된다. 그것은 반복된 노출로 뇌에 공간을 지각하는 능력이 작동을 해서 그렇게 찾아 갈 수 있는 것이다. 그런데 수중에서 네비게이션은 시각을 이용한

공간지각을 통한 네비게이션은 매우 제한적이 된다. 즉, 매우 시야가 좋은 바다환경에서도 30m 이상의 시야를 기대하기는 어렵고 그렇게 퍼즐의 조각같이 보여지는 수중지형을 머릿속에 구조화 시켜 그 지역을 완전히 인식하려면 같은 지역을 반복적으로 들어가서 외우는 방법뿐이다(현지 가이드들은 같은 지역을 반복적으로 다니기 때문에 지역을 거의 다 외우고 있음). 하지만 우리 같은 레크리에이션 다이버가 같은 지역을 반복적으로 다이빙하는 경우는 드물며 한, 두 번의 경험으로 그 지역을 완전히 외우는 것은 거의 불가능에 가깝다. 그래서 가장 기본이 되는 나침반을 보고 이동하고 다시 나침반을 보고 돌아오는 훈련을 하는 것이다. 이러한 훈련은 생각보다 간단하다. 운동장 같은 넓은 지역에서 본인의 시작 위치를 표시하고 나침반이 표시하는 방향(남쪽, 북쪽의 정확한 방향을 따라가는 것이 편함)으로 일정한 거리를 이동하고 다시 180도를 돌아 반대방향으로 나침반을 보고 이동을 해서 본인이 표시한 시작 위치로 돌아오는 연습을 하는 것이다. 그렇게 한 방향으로 돌아오는 연습이 완성되면 일정 방향으로 20걸음 이동해서, 왼쪽으로 60도를 회전해서 다시 20걸음, 그리고 다시 60도를 회전해서 20걸음을 이동하면 다시 출발한 지점이 되는 삼각형 회귀 방법을 연습하는 것이다. 이렇게 두 가지의 네비게이션 훈련이 된다면 시작 지점으로 다시 돌아오는 원점회귀 다이빙을 가능하게 해준다. 실제 다이빙에서는 현지가이드가 지역을 소개하기 때문에 본인이 길을 찾아야 하는 경우는 거의 없다.
그래서 대부분의 다이
버가 네비게이션 훈련
경험이 다이빙 현장에
서 수행되지 않아 네비
게이션을 할 수 없다.
본인이 훈련을 통하여
직접 길을 찾을 수 있게
된다면 본인은 이미 고수의 기술을 획득한 것이 된다.

난파선다이빙

구조물을 관찰하기 위해 들어가는 다이빙 포인트가 종종 있다. 그중에 가장 대표적인 구조물이 난파선이다. 난파선이 물속에 위치하고 있는 형태를 위에서 살펴보면 매우 미묘한 느낌을 받는다. 뭔가 있을 것 같은 미지의 공간으로 두려움과 설레는 느낌이 혼재하는 지역이다. 이런 신비한 난파선 다이빙을 경험한다는 것은 매우 색다른 경험이 된다. 그런데, 그런 난파선 지역을 탐사하려면 거의 대부분 리조트에서 AD 이상의 라이선스 등급을 요구한다. 또한 실제로 난파선이 위치하고 있는 지역의 바다환경은 다이빙 수준이 중급 이상인 다이버에게 접근을 허락한다. 다이빙 관광을 위해 지역 정부에서 인위적으로 난파선을 침몰시킨 경우도 있지만, 대부분의 경우는 사고나 전쟁 같은 원인으로 난파선이 침몰한 경우이다. 이렇게 불의의 사고로 침몰된 난파선은 수심이 매우 깊은 곳에 위치한 경우가 많다. 그래서 난파선의 제일 높은 지역이 20m 수준으로 레크리에이션 다이빙의 한계에 있지만 하단 부분까지 내려가면 30m를 쉽게 넘어가는 딥 다이빙

의 한계까지 이르는 경우가 있을 수 있다. 그런 이유로 초급자의 난파선 다이빙 입수를 금지하고 있다. 또한 난파선 내부를 탐사하는 행위는 매우 위험한 행동으로 사전에 현지 가이드의 허락을 받아야 접근할 수 있다. 내부 탐사는 사진촬영 같은 특별한 목적이 있고 진입하는 다이버의 실력이 확보된 경우에만 현지 가이드의 안내에 따라 진입할 수 있다. 난파선 내부의 구조가 어떠한지 모르고, 내부 배선이나 파이프 파손 부위 같은 곳에 장비가 걸릴 위험이 있기 때문에 안전이 확인되지 않은 내부는 절대 들어가면 안 된다.

　고수의 기술에 들어가는 난파선 다이빙이라고 하는 것은 난파선을 외부에서 관찰하고 30m 이상의 수심까지 내려가지 않는 행동을 말한다(난파선 내부 탐사는 유도줄을 설치해서 안전을 확보하고 보조 탱크를 사용하는 테크니컬 다이빙 영역이다). 난파선의 천국이라 할 수 있는 'Chuuk' 지역에는 제 2차 세계대전 당시 전투 중 침몰한 일본군함이 많이 있다. 그 지역은 시야가 매우 좋아 게이지를 확인하지 않고 하강을 하면 쉽게 40m를 초과하는 다이빙을 하게 된다. 그래서 그 지역에서는 난파선을 관찰하기 위해 다이빙을 하는 다이버에게 별도로 감압을 위한 여분의 공기통을 추가로 장착을 하고 다이빙을 진행 한다. 그리고 감압이 발생하면 충분한 안전정지를 통하여 감압시간을 완전히 해소하고 올라올 수 있도록 한다. 'Chuuk' 지역의 난파선 다이빙은 수심이 깊어 1일 1회의 감압다이빙을 원칙으로 한다. 그런 진행방식은 레크리에이션 다이빙에서 권장하는 무감압 다이빙형태가 아닌 감압다이빙을  하게 되어 매우 심각하게 잠수병 위험에 노출되는 다이빙이 된다. 그런 방식으로 난파선 다이빙을 진행하는 것은 그만큼 위험을 감수하고 경험을 시도하는 매력이 있기 때문이다. 하지만 분명한 것은 레크리에이션 다이빙을 넘어선 매우 어려운 다이빙 중에 한 가지가 난파선 다이빙이라는 것을 말해준다.

300

09 PRO 강사

다이빙 강사의 자격을 획득하기까지 이미 많은 시간과 비용을 사용했을 것이다. 그리고 다이빙 강사의 자격증을 받아들고 이제부터 나도 다이빙 강사라는 자부심을 크게 느낄 것이다. 한편으로는 이제 다이빙 강사가 되었으니 교육을 하여 돈을 벌 수 있다는 생각을 할 것이다. 그래서 주변에 지인들에게 다이빙을 배워보라고 권유도 하고 반강제적으로 교육에 참여를 시키기도 할 것이다. 물론 당신이 교육을 잘한다고 주변에 소문이 난다면 많은 사람들이 당신에게 다이빙 교육을 받고자 할 것이다. 그렇게 몇 명 또는 몇 십 명을 교육하고 나면 매우 큰 만족감을 가질 수 있을 것이다. 그러나 그 과정에서 비용계산을 잘못하거나 교육생에게 너무 많은 부담을 주는 경우가 발생한다면 교육생과의 사이도 나빠지고, 당신은 큰 손해를 감수하여야 하는 경우도 발생 할 수 있다. 처음 다이빙 강사가 되려고 마음을 먹고 교육을 시작 할 때에는 분명히 잘 해야지 하는 생각을 하고 있었지만, 시간이 흐르면서 안일한 마음도 생기고 정당한 보상을 받지 못하고 있다는 생각에 억울함까지 들 수 있다. 이는 교육생들의 잘못이 아니고, 그렇게 이끌어나간 당신의 잘못일 가능성이 높다. 다이빙 투어를 간다는 것이 좋아서 본인이 즐기는 부분에 집중을 한다면 당신은 손해를 감수해야 하고, 이익을 극대화하기 위한 부분에 집중한다면 당신을 믿고 따라온 다이버들에게 실망감을 줄 수 있다. 그래서 비용 관련되는 내용은 항상 투명해야하고 비용을 지불하는 다이버가 납득할 수 있는 상식적인 수준의 금액이 책정되어야 한다.

이 장에서는 다이빙 강사로 생각할 수 있는 사업에 대하여 전반적인 전망을 하고 수익을 얼마나 어떻게 확보할 것인가를 고민해보는 노력을 하도록 한다. 다시 한 번 강조하지만 다이빙 강사로 교육을 하거나, 투어를 인솔하는 행위는 반드시 보상받아야 되는 영역이다. 다이빙 강사는 자원봉사자가 아니다.

강습비 정산

어떤 조직이든 모든 비용의 회계처리는 항상 정확해야 한다. 만약 회계처리가 부정확하다면 비리의 단초가 될 수 있고 이윤을 추구하는 조직이라면 절대 수익을 낼 수 없다. 다이빙 교육도 마찬가지다. 다이빙 강사의 주된 수익이 교육비라면 명확한 지출은 수영장 이용료, 장비 대여료 등이 있고, 다이빙 강사의 인건비, 이동 경비, 사용하는 장비의 감가상각비 등은 정확히 산정하기 어렵다. 그래서 부정확한 부분을 정확히 분석해서 금액을 책정하고 정산하는 과정이 반드시 필요하다. 이 부분이 정산되지 않는다면 아무리 열심히 교육을 하여도 통장에는 항상 만족스럽지 못한 금액이 남게 된다.

강습비를 책정할 때 주의할 점은 투입되는 경비를 명확히 계산하여야 하는 것이다. 예를 들어 강사의 인건비의 기준금액을 1회 교육에 20만원을 책정한다고 하면, 4인을 한 번에 교육하는 경우 총 80만원의 인건비 수익을 확보할 수 있다. 하지만 교육 수강인원이 3인 또는 2인이 된다면 60만원 또는 40만원이 되기 때문에 4인을 교육하면 60만원의 추가이익이 발생할 수 있고 1인을 교육하는 경우 1일 10만원의 수익만 가져갈 수 있다. 그래서 수익에 대한 기준금액을 미리 책정을 하고 교육비를 강습인원에 따라 변동을 하는 것으로 구성하며, 반드시 정산을 통한 손익계산을 하여야 한다. 아래 표는 수영장 강습비(2018년 물가기준)의 구성샘플을 제시하는 것이니 본인의 현장 상황에 맞도록 적절한 차감을 하여 사용하면 된다.

강습비는 반드시 하나의 계좌를 사용해서 관리를 하여야 하고 되도록 강습비를 송금 받는 방향으로 한다. 만약 현금으로 받는 경우 반드시 입금을 하여 기록을 남겨야 한다. 지출의 경우는 계좌와 연동된 체크카드를 발급받아 지불을 하고

항목	내용	금액(원)
강습비	강습비 수익 * 교육생이 지불하는 금액	+500,000
수영장 입장료	교육생 수영장 입장료 + 강사 수영장 입장료 * 년간 이용요금을 평균교육일로 나눠서 산정	20,000 + 10,000 =30,000X2회 = -60,000
공기통 대여료	교육생 공기통 대여료 * 강사 대여료는 무상기준	20,000 X 2회 = -40,000
장비 사용료	교육생 장비 사용료 강사 장비 감가상각비 * 장비 감가상각 적용	20,000 + 10,000 =30,000X2회 = -60,000
차량 운행비	강습을 위한 이동경비, 차량 감가상각비 * 주유대, 차량 감가상각비 적용	60,000 X 2회 = -120,000
간식대	간식대 * 휴식시간 간식	10,000 X 2회 = -20,000
수익	다이빙 수영장 강습비 수익 * 인건비 포함	+수익 500,000 -지출 300,000 = 최종수익 200,000원

수영장 강습비 구성(1인당)

리조트 등에서 현금 지급을 원한다면 미리 송금을 하거나 근거를 기록하고 현금을 인출하여 사용을 한다. 이때 주의할 점은 교육생이 시차를 두고 교육과정에 참여해서 지출이 겹치는 경우가 종종 있는데, 교육생의 교육 기록철에 별도의 지출내역을 첨부해두어야 한다.

   교육생 각자의 강습비 수익과 지출 금액을 표준 강습비 구성 내역에 적합하게 수입과 지출을 시행한다면 절대로 손해를 보는 일은 없다. 즉, 교육생이 아무리 많아도 한 명의 교육생에 대한 정산이 명확하면 전체의 손익계산도 정확히 일치하기 때문에 특별히 걱정하지 않아도 된다. 하지만 한 명의 교육생에 대한 정산이 명확치 못하면 전체의 교육비 정산이 불명확해져서 얼마나 벌었는지? 얼마나 손해를 봤는지? 정확히 확인할 방법이 없다. 그래서 각각의 교육생을 별도로 구분해서 정확한 정산을 하는 것이 원칙이다.

해양 실습비 정산

대부분의 해양 실습은 다이빙 투어와 병행을 하는 경우가 많다. 이는 교육생만 단독으로 해양 실습을 진행하기에는 적지 않은 비용이 필요하고 그 금액의 전부를 교육생에게 부담시키기에는 무리가 따르기 때문이다. 또한 아무리 유능한 강사라고 하여도 최초의 해양 실습을 나가는 실습 다이버 전부를 강사 혼자 통제하는 것은 거의 불가능에 가깝다. 그래서 해양 실습의 교육인원을 강사 한 명에 교육생 4명까지를 최대로 두고 있으며 교육생이 3명 이상 되면 반드시 보조요원을 동행하는 것을 원칙으로 한다. 즉, 강사의 비용과 보조강사의 비용까지 필요하기 때문에 전체비용이 증가하게 되며 한두 명의 교육생이라고 하여도 이동비용, 숙박비용 등 적지 않은 비용이 교육생의 부담으로 돌아간다. 이는 해양 실습을 진행하는 강사의 입장에서도 크게 남지 않고 교육생의 입장에서도 만족스럽지 못한 결과를 남길 수 있다. 그래서 해양 실습은 되도록이면 다이빙 투어를 진행할 때 병행하는 것으로 하고, 만약 빠른 시간에 해양 실습을 원하는 교육생이 있다면, 해양 실습비 부분의 수익을 포기하고 현지의 리조트에 해양 실습을 위탁하는 것이 현명하다.

해양 실습비는 아래 기술한 표와 같은 구성을 가진다. 여기서는 수도권에서 수영장 교육을 하고 동해안으로 1박 2일 해양 실습을 나가는 것으로 추정하여 산정하였다(2018년 물가기준). 수영장 강습비와 같이 강사의 수익을 확보하기 위해서는 반드시 명확한 지출기준을 세우고, 실습을 나간 현장에서는 그 기준에 따라 지출을 통제하여야 한다. 아래 표에서 확인한 것과 다이빙 강사가 가져갈 수 있는 수익은 1일 55,000원(1인당)으로 매우 적다. 즉, 위에서 언급한 것과 같이 교육생만을 대상으로 해양 실습을 진행하는 경우에는 수익을 남기는 것은 매우

항목	내용	금액(원)
실습비	실습비 수익 * 교육생이 지불하는 금액	+700,000
공기통 대여료	교육생 공기통 대여료 * 강사 대여료는 무상기준	40,000 X 4회 = -160,000
차량 운행비	강습을 위한 이동경비, 차량 감가상각비 * 주유대, 차량 감가상각비 적용	150,000 = -150,000
장비 사용료	교육생 장비 사용료 강사 장비 감가상각비 * 장비 감가상각 적용	20,000 + 10,000 =30,000X2회 = -60,000
식대	식대(4식, 강사포함 2인) * 1인당 식대기준(10,000원)을 반드시 사전에 공지하여 추가 지출위험을 차단	20,000 X 4회 = -80,000
숙박비	리조트 숙박기준(강사포함 2인) * 리조트 숙박기준으로 교육생이 원하면 별도 비용으로 변경 가능함을 공지	70,000 X 2인 = -140,000
수익	다이빙 해양 실습비 수익 * 인건비 포함	+수익 700,000 -지출 590,000 = 최종수익 110,000원

해양 실습비 구성(1인당)

어렵다는 것을 말한다. 하지만 다이빙 투어에 해양 실습을 병행한다면 차량 운행비 등 고정비용이 동일하고, 실습 강사의 인건비와 인솔강사의 인건비를 별도로 책정해서 투어 참가자에게 받을 수 있기 때문에 수익을 확보할 수 있다. 물론 이 경우에도 정확한 정산은 필수요건이 된다.

투어비 정산

다이빙 투어비 정산의 자세한 내용은 앞장에서 다루었기 때문에 여기서는 지속 가능한 투어를 위한 손익계산 부분을 중점으로 이야기한다. 아래 표는 4명의 투어참가자와 2명의 해양 실습생이 필리핀으로 3박 4일의 다이빙 투어를 떠나는 것으로 추정하여 투어비 구성을 하였다(2018년 물가기준). 여기서 중요한 것은 전체 수익이 아니라 일인당 수익이 된다. 정확히 말하면 그룹 당 수익이 중요하다. 다이빙 투어의 수익은 네 명을 한 그룹으로 편성하여 설계를 하고 그 비용을 정산하여야 한다. 이는 교육비를 계산할 때 인원에 따라 수익이 변화되는 것과 마찬가지가 된다. 그래서 다이빙 투어는 인원이 많을수록 좋지만 그보다 그룹별 수익률이 확보가 되어야 전체 수익률이 개선되는 것이다.

다이빙 투어를 만들고 참여자를 모집해서 다이빙 투어를 다녀온다면 반드시 인솔강사는 수익을 봐야한다. 단, 투어의 참가자들이 납득할 수 있는 수준의 수익을 올려야 한다. 예를 들어 참가자가 4명인 3박 4일의 다이빙 투어에서 인솔강사가 100만원의 수익을 가져간다면 참가자 1인당 25만원의 부담을 갖는 것이고 각자의 참가자는 1일 62,500원의 지출을 하는 것이다. 이는 결코 큰 금액이 되지 않는다. 하지만 이 금액의 지출을 부당한 부담으로 여기는 참가자가 있다면 인솔강사는 100만원을 빼돌린 사기꾼 강사로 전락해버린다. 물론 참가자에 따라 납득할 수 있는 금액의 범위는 다양하다. 어드밴스, 마스터 다이버 정도의 수준이 되면 다이빙 투어에서 인솔강사가 해야 할 일은 거의 없다. 즉, 당신에게 인솔비 명목으로 일정금액을 지급하는 것 자체가 부당하다고 느낄 가능성이 많다. 그러나 만약 당신이 전업강사라면 당신은 반드시 수익을 남겨야 한다. 해양 실습을 병행하여 확실한 명목인 해양 실습비를 통해 우선적으로 수익을

항목	내용	금액(원)
투어 참가비	다이빙 투어비 수익 다이빙 실습비 수익 * 참가자, 실습생(실습비12만원 추가)	+1,200,000X4인 +1,320,000X2인 = +7,440,000
공기통 대여료	참가자 공기통 대여료 * 강사 대여료는 무상기준	30,000X4회X6인 = -720,000
차량 운행비	투어를 위한 이동경비, 차량 감가상각비 * 공항까지 이동 및 주차비포함	100,000 = -100,000
장비 사용료	강사 장비 감가상각비 * 장비 감가상각 적용	10,000X2회 = -20,000
식대	식대(5식, 강사 1인 포함) * 1인당 식대기준(10,000원)을 반드시 사전에 공지하여 추가 지출위험을 차단	10,000X5회X6인 = -300,000
숙박비	리조트 숙박기준(강사 1인 포함) * 리조트 숙박기준으로 교육생이 원하면 별도 비용으로 변경 가능함을 공지	70,000X7인X3박 = -1,470,000
항공료	항공료(강사 1인 포함) * 저가항공기준	400,000 X 7인 = -2,800,000
보험료	여행자보험 * 비용을 지불하여 개인별 가입	30,000 X 7인 = -210,000
수익	다이빙 투어비 수익 * 인건비 포함	+수익 7,440,000 -지출 5,620,000 = 최종수익 1,820,000원

다이빙 투어비 구성

확보하고, 전업강사로 어느 정도 수익을 가져가는 것은 당연한 것이라는 인식을 할 수 있도록 참가자를 충분히 납득시켜야 한다. 또한 여기서 산정하는 해양 실습비는 앞 절에서 기술한 것과 같이 1인당 1일 55,000~60,000원 정도를 추가로 산정하는 것이 적절하다.

다이빙 강사의 수익

다이빙 강사의 수익은 교육비에서 발생한다. 교육비는 교육생이 다이빙 교육 서비스를 받기위해 지출하는 비용으로 다이빙 강사의 인건비, 수영장 이용료, 장비 대여료 등이 포함되어 있다. 그중에 다이빙 강사가 가져갈 수 있는 금액은 인건비 부분이다. 예를 들어 다이빙 교육비를 50만원을 받았다고 하면 위에서 언급한 표준 교육비 구성에서 고정비용을 제외하고 일당 15만원의 수익을 갖게 된다. 그리고 교육생이 4명이라면 일당 60만원의 수익을 올릴 수 있다. 다이빙 강사의 입장에서는 1명을 교육하는 것이나 4명을 교육하는 것이나 큰 차이를 느낄 수 없기 때문에 당연히 4명을 교육하는 것이 이득이다. 그런데 실제 다이빙 교육을 해보면 4명을 한꺼번에 교육하는 것은 그렇게 쉽지 않다. 교육생 모두의 일정을 한 번에 맞추기도 힘들어 처음에는 같이 시작을 하였어도 최종적으로는 다르게 끝날 수 있다. 그래서 권장하는 교육인원은 두세 명이 된다. 만약 최초에 한명의 교육생이 교육을 받으러 왔다면 혼자 교육받는 것 보다 친구나 지인과 같이 교육을 받는 것이 훨씬 재미 있으며 편안하다고 안내를 하며, 교육비에서

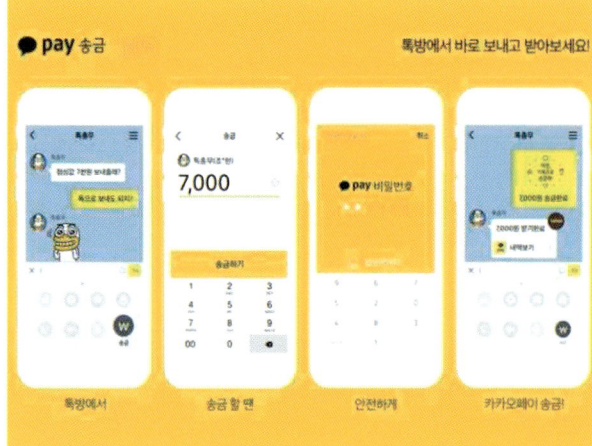

5~10% 정도의 할인을 해준다면 추가로 교육생을 받을 수 있다. 이렇게 구성된 두 명의 교육생과 친구를 구하지 못한 한명의 교육생을 함께 교육하면 3명의 교육생을 동시에 교

육할 수 있다. 이렇게 교육생을 구성해서 교육일정을 잡는다면 최적의 교육효율을 얻을 수 있다. 또한 교육일정을 공유할 수 있는 다이빙 강사가 있다면 교육생을 보내줘서 3명 정도의 교육그룹이 구성될 수 있도록 도움을 주는 것이 좋다.

다이빙 강사는 다이빙 교육을 수행하면서 정당한 대가를 교육생에게 받는 것이다. 이는 교육생에게는 당연한 지급의무가 있고 다이빙 강사에게는 교육 서비스를 제공할 책임이 있는 것이다. 이런 관계는 매우 합리적이며 보편적인 상거래이다. 그러나 다이빙 강사가 교육생에게 받는 교육비 이외의 다른 수익을 얻으려고 하면 그 순간 다이빙 강사의 권위는 땅에 떨어진다. 권위를 잃으면 신뢰도 잃게 되고 추후에는 다이빙을 같이 진행할 수 없는 불신으로 가득 찬 관계가 된다. 이글을 읽는 당신이 다이빙 강사의 자격을 취득하고 다이빙 교육을 수행하게 된다면 절대로 교육비 이외의 부분에서 수익을 보상 받으려고 하지 말아야 한다. '다이빙 교육비 무료'라는 현수막을 걸고 교육생을 모집해서 교육이 진행되는 과정에 원가에 50%이상의 폭리를 붙여서 다이빙 장비를 판매하는 몰상식한 강사가 되어서는 절대로 안 된다.

다이빙교육 전업강사

다이빙 강사를 직업으로 생각한다면 두 가지 방법이 있다. 한 가지는 프리랜서 다이빙 강사로 평소에는 다른 직업을 가지고 일을 하다가 지인을 통해 강습생이 발생을 하면 주말이나 저녁시간을 통해 교육을 실시하는 것이다. 이는 원래의 직업을 가지고 생활을 하며 다이빙 교육을 통해 부수적인 수익을 거두는 방법이다.

전업강사라는 의미는 다이빙 강사를 전문 직업으로 본인의 가계를 책임지는 수익을 거둬야 한다는 것을 말한다. 이는 위에서 수차례 언급한 것과 같이 다이빙 교육비 수익을 통해 가계의 생계를 책임져야 하는 것으로 그것은 매우 어려운 일이 된다. 2018년 기준으로 3인 가족의 가장으로 전업강사를 한다면 매월 300만원 이상의 생활비가 소요되며 1일 15만원의 수익을 얻을 수 있다면 매월 15일 이상의 다이빙 교육을 실시해야 한다는 계산이 나온다. 물론 300만원은 한명의 교육생에게 30만원의 수익을 100% 확보할 수 있다는 가정 하에 매월 10명의 교육생을 교육하면 가능한 수익이 된다. 하지만 매월 새로운 교육생을 10명 이상 유치하는 것은 정말 힘든 일이라 계절적 변동이 있어 거의 불가능에

가까운 목표라 할 수 있다. 즉, 전업강사로 가족을 책임지고 평생을 살아간다는 것은 정말 힘든 여정이 될 수 있다.

그 대안은 다이빙 교육사무실을 운영하는

방법이다. 혼자서 다이빙 강사 활동을 하는 것은 절대로 안정적인 수익을 확보하기 어렵고 이는 다이빙 강사의 길을 포기하게 만든다. 그래서 다이빙 교육사업자라는 사업자등록을 하고 전문적이고 상업적으로 다이빙 교육 사업을 하는 것이 대안이 된다. 다이빙 교육 사무실 운영에 관한 내용은 아래에서 별도의 단락으로 기술을 하고 있으니 그곳을 참고하기 바란다.

수영장 운영

다이빙 교육을 다니면서 지출하는 비용 중에 가장 큰 부분이 수영장 사용료이다. 다이빙 강사의 입장에서는 수영장 사용료가 인상된다면 강사의 수익이 감소하는 영향이 있어 수영장 사용료에 민감하게 반응을 한다. 그리고 만약 본인이 수영장을 운영한다면 좋을 것 같다는 생각을 한 번쯤 하게 된다. 그런 생각을 현실적으로 구현하는 방법은 아래 두 가지가 있다.

다이빙 수영장을 건설해서 운영하는 것이 첫 번째 방법이다. 인구가 많은 도시에 수영장 부지를 마련하고 수심 5m이상의 다이빙 풀과 2m수심의 경영 풀을 동시에 건설한다면 전체비용은 최소 50억 이상의 금액 투입이 필요하다. 추가로 헬스장, 골프장, 사우나 같은 시설을 더하면 100억 또는 200억의 금액이 필요할 수 있다. 그러면 '이런 시설들의 수익성은 어떨까?' 우리나라의 대부분의 중소도시에는 찜질방이 있다. 골프장, 헬스장 또는 작은 어린이 수영장 같은 시설을 겸하고 있는 찜질방은 쉽게 찾아 볼 수 있다. 그러나 국제 규격의 경영 풀(가로 50m, 폭 25m, 수심 2m)과 다이빙 풀(가로 25m, 폭 25m, 수심 5m)을 갖추고 있는

수영장을 쉽게 찾을 수 없다. 그리고 그런 곳은 지방자치단체가 운영하는 공공시설이 대부분이다. 이는 국제 규격의 수영장을 상업적으로 운영하면 절대로 수익이 발생하지 않는다

는 것을 의미한다. 국제 규격의 수영장을 건설하는 단계에서 스포츠이벤트를 유치하고 이후 그 시설을 주민들이 자유롭게 이용할 수 있도록 하는 스포츠복지 차원의 정책이 시행되었기 때문에 지금의 국제규격 수영장이 주변에 존재할 수 있었던 것이다. 즉, 민간에서 개인적으로 다이빙 풀을 건설하고 운영한다면 절대로 수익성을 확보할 수 없고 수익성을 포기하고 운영되는 공공시설의 다이빙 풀과 가격 경쟁을 하면 적자가 누적되어 결국은 문을 닫아야 하는 최악의 상황을 맞을 수 있다. 그래서 개인적으로 다이빙 풀을 만들어 운영하겠다는 꿈은 우리나라에서는 거의 불가능한 꿈이라 말할 수 있다.

두 번째로 수영장을 운영하는 방법은 공공시설에 운영입찰이 있다. 위에서 언급한 공공시설의 다이빙 풀은 별도의 시설 운영자를 주기적으로 입찰을 통해 선정한다. 지방자치단체에 따라 기존의 사업자에게 우선권을 주는 경우도 있고, 선정기준에 따라 공정한 평가를 통해 사업자를 선정하는 경우도 있다. 이는 계약 기간 내에 운영을 통하여 계획한 수익을 올려야 되기 때문에 입찰가를 적절하게 투찰해야 손해를 보지 않는다. 운영을 위탁받은 수영장이라고 하여도 전체적으로 공공기관에서 운영하는 시설이기 때문에 마음대로 가격을 조정할 수 없기 때문에 손익계산을 철저하게 하여야 수익을 유지할 수 있다. 또한 계약기간이 종료되면 재평가 과정에서 탈락할 수 있다는 위험성도 항시 존재하기 때문에 100% 안정적인 비즈니스라고 하기는 어렵다.

리조트 운영

 다이버가 바다로 다이빙을 나가면 공기통을 대여해주고 다이빙 포인트까지 보트로 이동을 시켜주며 샤워시설 같은 편의를 제공해주는 현지 다이빙 샵을 흔히 다이빙 리조트라고 칭한다. 다이빙 리조트의 수익은 다이빙 공기통을 대여해주면서 받은 대여료가 대부분이다. 가끔은 게스트 하우스 같은 것을 운영하면서 별도로 숙박비를 받는 경우도 있는데, 이는 숙박업이라는 다이빙과는 다른 사업을 포함하는 것이기 때문에 별도의 사업운영을 하여야 한다.

 리조트는 공기통, 공기통 충전기, 다이빙 보트, 샤워장, 다이버 휴식시설 등이 필요하며 각각의 시설을 운영하는 자격이 필요하다. 각 시설은 천차만별의 가격구성을 가지고 있어 최초의 시설투자에 얼마만큼의 비용이 필요하다고 단정할 수 없다. 그래서 다이빙 리조트를 운영하려 한다면 현재 운영되고 있는 다이빙 리조트 중에 운영이 잘되고 있는 곳을 자주 방문하여 운영현황을 관찰하는 것이 중요하다. 또한 다이빙 리조트의 스텝으로 일정기간 근무를 하면서 노하우를 익히는 것은 필수요건이 된다.

 다이빙을 다니면서 손님이 별로 없는 리조트를 보면 '이곳 다이빙 리조트는 충분한 수익을 올리고 있나?'라는 궁금증을 갖는다. 또는 '최초에 적지 않은 금액을 시설투자에 사용한 흔적이 보이는데 지금은 손익분기점을 넘었을까?' 라는 질문을 다이빙 리조트에 사장에게 묻고 싶어진다. 그런데 그 다이빙 리조트가 없어지지 않고 계속 영업을 한다는 것으로 확실한 것은 일정 수익이 유지되고 있음을 유추할 수 있다.

그러면 어떻게 운영을 하면 다이빙 리조트를 지속적인 수익을 내는 사업체로 유지할 수 있을까? 방법은 의외로 간단하다. 모든 장사가 그렇듯 단골손님을 확보하는 것이다. 다이빙은 특성상 최초에는 다이버로 시작을 하지만 지속적인 다이빙을 즐기는 사람에게는 다이빙 강사라는 자격을 획득하려는 욕구를 꾸준히 자극한다. 처음에는 다이빙 강사와 같이 방문하는 다이버가 나중에는 다이빙 강사 없이 다이빙 버디와 같이 편하게 방문할 수 있는 분위기를 이끌어주면 그 다이버는 단골 고객으로 그곳 바다를 평생 찾을 것이다.

다이빙 교육사무실 운영

다이빙 교육사무실을 운영한다는 것은 다이빙 교육을 전문으로 하는 학원을 운영한다는 것을 의미한다. 우리가 주변에서 쉽게 볼 수 있는 학원을 살펴보면 학생들의 학습을 돕는 보습학원과 태권도, 음악, 미술 등 취미활동을 지도하는 예체능 관련 학원이 있다. 이런 형태의 학원 운영형태를 보면 학생들이 활동하는 또는 공부하는 실습장소, 교실이 있고 선생님은 수강생에 비례해서 있다. 즉, 학원의 수익은 수강생의 숫자와 밀접한 연관이 있으며 수강생에 증가에 따라 실습장소, 교실, 선생님의 증원이 정비례하여 관련 비용도 같이 증가하는 모델을 가지고 있다. 이는 학원의 규모가 커짐으로 학원운영에 있어 현금흐름이 매우 중요한 부분이 되고 약간의 운영상의 실수가 있어도 심각한 손해를 발생시킬 수 있는 위험성을 가지고 있다. 이런 일반적인 형태의 학원 운영과 다이빙 교육사무실의 운영은 대동소이하다. 다이빙 교육생이 증가함에 따라 다이빙 강사가 더 필요하게 되고 그에 따른 비용이 함께 증가하는 모델을 가지고 있어 교육생이 증가한다고 해서 무한정 다이빙 강사를 채용할 수 없는 것이다. 만약 다이빙

강사를 채용하여 상주하는 강사가 교육사무실에 근무하고 있지만 교육생이 없다면 심각한 운영상의 위기가 발생할 수 있기 때문에 다이빙 강사의 채용은 신중하게 결정하여야 한

다.

  다이빙 교육사무실은 다이빙 교육서비스를 제공하는 것이 주 업무이다. 그 과정에서 필요한 수영장 실습비, 장비 대여료, 바다 실습비 등은 각각의 교육생의 교육비에서 지출하여야 하고 일인의 교육비에서 충분한 이익이 발생하지 않는다면 교육을 실시하여서는 안 된다. 반드시 명심해야 할 점은 교육비의 손익계산은 반드시 1인의 교육생 당 손익계산을 하여야 한다는 것이다. 즉, 1명일 때는 손해를 보지만 10명이면 이득을 보는 다이빙 교육은 '시작부터 손해가 발생할 수 있다는 문제'를 가지고 교육을 하는 것이기 때문에, 진행상의 작은 실수라도 발생한다면 결과적으로 심각한 손해가 발생할 수 있다.

  다이빙 교육사무실은 효율적인 운영을 한다면 충분한 가능성을 가지고 있는 비즈니스 모델이다. 규모가 있는 회사의 직원들을 대상으로 매년 2-30명의 다이빙 교육을 진행할 수 있고, 지방자치단체의 직원들을 대상으로 매년 정기적인 다이빙 교육을 실시할 수 있다. 또한 체육관련 학과의 학생들을 대상으로 다이빙 교육을 실시할 수 있어 안정적인 고객을 확보한다면 충분히 사업적으로 성공할 수 있다. 주의할 점은 이런 종류의 비즈니스모델은 지역 중심으로 운영되는 특성을 가지고 있어 지역 활동을 통해 지역 사회와 충분한 협력관계를 유지하는 것이 매우 중요하다. 다이빙이라는 취미활동을 하고 싶은 인구는 절대 사라지지 않는다.

다이빙 교육

드디어 당신은 다이빙 강사의 자격을 취득하고 오픈워터 강습을 할 수 있게 되었다. 누구라도 빨리 다이빙 교육을 하고 싶다. 그래서 주변의 지인들에게 다이빙 교육을 권하게 되고 몇 번의 교육을 수행하게 된다. 이때 느끼는 감정은 매우 다양하다. 누군가를 다이버의 길로 인도하고 오픈워터 라이선스까지 받게 했다는 성취감도 있고, 강습비 관리를 명확하게 하지 못해 수익을 전혀 올리지 못하고 뭔가 손해 본 느낌이 가득할 수 있다. 그리고 처음 다이빙 투어를 구성하고 매우 친한 주변 다이버들과 다이빙 투어를 다녀오면서 다이빙 강사의 수익률이 형편없다는 점에 다시 놀랄 것이다. 이는 어떤 종류의 장사 또는 사업을 하더라도 초창기에 많은 수익을 낼 수 없는 것과 같은 결과이다. 당신이 다이빙 강습을 사업으로 생각하고 수익을 추구한다면 당신은 보다 철저해야 하고 보다 명확해야 한다. 하지만 당신이 취미로 주변의 지인에게 다이빙이라는 아름다운 세상에 초대를 하는 전도사가 된다면 다이빙 강사는 매우 매력적인 직함이 될 것이다.

다이빙 강사는 다이빙 강습이라는 하나의 분명한 목적을 위해 존재한다. 그것이 어떤 강사에게는 직업이 될 수 있고, 어떤 강사에게는 취미활동의 일부가 될 수 있다. 하지만 분명한 것은 당신은 다이빙이라는 아름답고 경이로운 세계로 비 다이버를 안내하는

중요한 역할을 할 수 있게 되었다는 점이다.

| REFERENCE BOOKS |

Alice Roberts, The Complete Human Body, DK Publishing Inc., 2010

Bevan, John. The Professional Diver's Handbook. London, Submex, 2011

Coleman, Clay. The Certified Diver's Handbook. Camden, ME, International Marine/McGraw-Hill, 2004

Cote, Isabelle M., John D. Reynolds, and Foundation Fisheries Conservation. Coral Reef Conservation. Cambridge. New York, 2006

Davio A. Aguilar, Planets. The Latest View of the Solar System, Nationak Geographic, 2011

Dennis K. Graver, Scuba Diving, Human Kinetics, 2010

Fabien Cousteau, Ocean - The World's Last Wilderness Revealed, DK Publishing Inc., 2006

Francois Sarano, Oceans, National Geographic Society, 2010

Hal Watts, SSI Deep Diving, SSI, 2004

James E. Bruning, SSI Boat Diving, SSI, 2004

John Bantin, The Scuba Diving Handbook, Firefly Books Ltd, 2007

Lonely Planet Staff, Diving&Snorkeling Philippines, Lonely Planet, 2010

Nancy Knowlton, Citizens of the Sea, National Geographic Society, 2010

National Geographic, Edible An Illustrated Guide to the World's Food Plants, National Geographic, 2008

Nick Hanna, The Art of Diving and adventure in the underwater world, Globe Pequot Press, 2007

Nishat Fatima, 100 Natural Wonders of the World, AA Publishing, 2007

Orr, Dan, and Eric Douglas. Scuba Diving Safety. Champaign, IL, Human Kinetics, 2007

PADI, Adventures in Diving Manual, PADI, 2008

PADI, Instructor Manual, International PADI Inc., 2006

Paul Greenberg, Four Fish(The Future of the Last Wild Food), The Penguin Press, 2010

Paul Lees, Dive - Thailand, Interlink Publishing Group Inc., 2009

Peter Bond, Space a visual encyclopedia, DK Publishing Inc., 2010

Pierce Elm, Beginner's Guide to Scuba Diving What Where AND How, Dolores McElroy, 2012

React Right, Adult First Aid and CPR - VIDEO, ReactRight, 2002

Rita Carter, The Human Brain Book, DK Publishing Inc., 2009

Rob Houston, The Human Body Book, DK Publishing Inc., 2007

Ronald Van de Vooren, Philippine Diving, PDP Digital Inc., 2003

Sheppard, Charles. Coral Reefs. Stillwater, MN, Voyageur Press, 2002

김기태. 세계의 바다와 해양생물. 서울, 채륜, 2008

김승권, 권대근, 김해출, 우상연, 이병근, 이형일, 장창현. (초급자를 위한) 스쿠버다이빙. 선문대학교 출판부, 2005

김용억, 명정구, 김영섭, 한경호, 강충배, 김진구, 류정화. 한국해산어류도감. 도서출판 한글, 2006

김창원, Tatsuhide Matsuoka, 다스히데 마쓰오카. 바닷가 도감. 서울, 진선출판사, 2000

명정구, 노현수. 울릉도, 독도에서 만난 우리바다생물. 서울, 지성사, 2013

박상규. (해양 레저시대의) 스쿠버 다이빙. 서울, 대경북스, 2008

박상용, and 이주용. 갯벌 식물 도감. 파주, 보림, 2008

박수현. (재미있는) 바다 생물 이야기. 서울, 추수밭, 2006

박충일. (즐거운) 수영교실. 서울, 대경북스, 2009

보리, 편집부, 이원우, 백남호, 조광현, 천지현, 김시영, 이주용. (세밀화로 그린 보리 어린이)갯벌도감.

파주, 보리, 2007

사토우치, 아이, 다쓰히데 마쓰오카, 김창원. 자연도감. 서울, 진선출판사, 2010

삼호미디어. (파워)스쿠바다이빙. 서울, 삼호미디어, 1995

신충식, 유기성. 바다세계 엿보기. 서울, 패스타임, 2007

이점숙, 임병선, 조영복, 명현호, 민홍기. 해안식물·곤충 가이드북. 군산대학교 생물학과, 2011

이완옥, 엔터스코리아, Hutchinson, Stephen. 어류대도감. 서울, 예림당, 2010

이종인, 김우성. 스쿠버다이빙. 서울, 레인보우북스, 2007

Comdori co. Han Hyun-Dong, 深海のサバイバル, 朝日新聞出版, 2012

おきなわマリン出版 スタッフ, Diving Point Map -No.1 おきなわ本島編, おきなわマリン出版, 2008

おきなわマリン出版 スタッフ, Diving Point Map -No.2 ケラマ編, おきなわマリン出版, 2008

コブラ, スキューバダイビングに挑戰, 技術評論社, 2005

ダイビング・ア・ゴーゴー編集部, ダイビング・ア・ゴーゴー パラオ, マリン企劃, 2009

大岩弘典, 潜水医学, 水中造形センタ, 2012

木村義志, 日本の海水魚, 株式会社 学研教育出版, 2009

白鳥岳朋, 水中を撮る!, 雷鳥社, 2010

寺山英樹, スキルアップ 寺子屋 neo., 月間 マリンダイビング, 2009

小西英人, イカ,ダコ 識別 図鑑, 株式会社 エンターブレイン, 2012

小西英人, 釣魚1400 種 図鑑, 株式会社 エンターブレイン, 2011

野田 博之, DVD で学ぶ はじめてのダイビング, SJsports, 2007

月間 マリンダイビング, フィッシュウオッチング 500, 水中造形センター, 2009

月間 マリンダイビング, ダイバー英語, MarinDiving, 2009

月間 マリンダイビング, 海の生き物ウオッチング500, 水中造形センター, 2009

伊藤 博子, なでしこダイバーデビュ-BOOK, マリン企劃, 2007

竹井祥郎, 海洋生物の機能, 東海大學会, 2005

中田 誠, ダイビングセーフティブック, 太田出版, 2008

中田 誠, リキッドエリアの幸福, 成山堂書店, 2011

中村卓哉, 海の辞典, 雷鳥社, 2012

地球の歩き方, 世界のダイビング&スノーケリング 完全ガイド, ダイヤモンド.ビッグ社, 2010

荒井雪江, 海と仲間と-V, 遊人工房, 2011

後藤 ゆかり, スクーバダイビングよんどくガイド, 水中造形センター, 2011

広部 俊明, 体験ダイビングをやろう!, 株式会社 誠文堂新光社, 2005

瀬戸口 靖, スノーケリング ガイド, JTB パブリッシング, 2010

| RESEARCH AND PHOTOGRAPHIC CREDITS |

Arnold J. Kim

Denise Lee

John Mounter

Katherine Scully Kim

Kim Won Kook

Lee Jung Hyun

Park Cham Bok

Peter Bell

Stefania Makin

Yong Heo

Arnold J. Kim

자연과학자 출신의 다이버로 물리학, 공학, 경영학, 철학, 신학, 체육학 등 다양한 분야를 공부하였다. 현재는 PSDC Scuba Diving Research Center의 연구소장으로 해양환경과 다이빙산업 관련 연구기관 및 공공기관에 정책자문을 하고 있다. 자연과학, 인문사회과학 및 문화체육 분야까지 다양한 학문의 통섭을 위한 노력을 하고 있으며, 학술적으로 치우쳐 소개되는 전문서적의 표현수준을 비전공자도 쉽게 이해하고 습득할 수 있도록 경량화시키는 작업을 하고 있다. 스쿠버다이빙, 모굴스키 같은 레저 스포츠 분야에 이론과 실전을 함께 습득할 수 있는 교재를 저술하였다.